WEALTH
ENGINEERING

웰쓰 엔지니어링

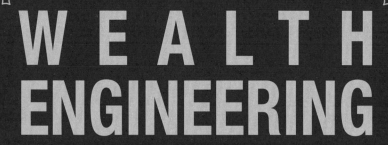

WEALTH ENGINEERING

당신의 성공을 위한 부의 공학적 접근

웰쓰 엔지니어링

10%를 향한 90%의 도전
웰쓰 엔지니어링 사다리를 타고 올라가라

· 강호남 지음 ·

"평범한 사람들의 부를 향한 위대한 여정"
10%를 향한 90%의 도전

"웰쓰 엔지니어링 사다리를 타고 올라가라!"
"We take you high up the mountain, to the next level."

"당신을 부자로 만드는 인생 계획 시스템"
"We give you a life planning system that will make you rich."

평범한
직장인들의
10억 만들기
프로젝트

성공원리로
인생을 채우는
라이프사이클
로드맵

베스트
프랙티스를 위한
부의 프레임워크
다수 수록

좋은땅

To My Hellens

To Hellen

To the glory that was Greece

And the grandeur that was Rome

from Edgar Allan Poe

이 책은 사다리다

이 책은 사다리다. 이 사다리를 타고 올라가라. 당신의 인생을 다음 단계로 더 높은 곳으로 올려라.

당신은 지금 위기에 처해 있는지 모른다. 당신은 지금 막막한 앞날을 걱정하고 있는지 모른다. 당신은 지금 오를 수 없는 곳을 바라보며 한숨을 쉬고 있는지 모른다. 인생을 쉽게, 재미있게 사는 사람들은 많아 보이고, 나는 어렵고 힘겨운 상황 속에서 벗어나지 못하고 있음에 답답하다. 어떻게 해야 하나?

위로 올라가는 사다리가 필요하다. 현실은 누구 하나 나에게 인생을 조언해 줄 사람도 없다. 멘토도 함께 걱정해 줄 친구도 없다. 하지만 걱정하지 말자. 세상 어딘가에는 당신의 입장을 진심으로 이해하고, 응원할 사람이 존재한다. 오히려 얼굴을 알지 못하는 존재가 더 나에게 위안이 된다. 더 나에게 힘이 된다. 이 책은 그 존재다. 그 위안이다. 그 힘이다. 이 책은 당신을 지금의 어려운 처지에서 운이 좋고, 즐겁고, 쉬운 단계로 올려줄 것이다. 마법은 없다. 진심 어린 조언만 존재한다. 그러나 그 조언은 마법이 된다. 당신이 마음을 열고 받아들일 때.

이 책은 편지다

위대한 인생을 향해 도전하는 당신에게 쓰는 편지다. 내가 떠올리는 사람들, 자신과 자신의 인생을 사랑하는 사람들에게 보내는 편지다.

이 책은 그 누구보다도 나에게 쓰는 편지다. 이 책을 집은 독자라면 모두, 자기 인생을 사랑한다. 즐거움을 추구하거나, 커다란 성취를 추구하거나, 작은 행복과 자유를 추구하거나 지향하는 바는 달라도 그 동기는 똑같다. 그것은 자신을 향한 사랑이다. 그 사랑을 가진 사람이라면 누구나 받게 되길 바라는 편지다.

우리는 인생에서 우연히 만났다. 하지만 이것은 우연이 아니다. 운명과, 미처 인지하지 못한 강한 파동으로 이어진 인연이다. 그러므로 우리는 이 편지가 전달하는 메시지를 서로 정확하게 이해하게 된다. 그리고 그 메시지는 우리의 인생에서 긍정적인 힘으로 작용한다. **그리고 당신은 성공한다.**

10%를 향한 90%의 도전

우리나라 중산층 가구의 2022년 평균 순자산은 2억 5900만 원이다.

2023년 기준 순자산 9억 원이면 상위 10%에 들게 된다. 5% 부자는 순자산 13억 3500만 원이면 된다. 1% 부자가 되고 싶다면 순자산 29억 원이 있어야 한다. 상위 1% 부자는 20만 9000가구, 58만 6000명이다. 0.1% 부자가 되고 싶다면 76억 8000만 원을 가져야 한다.

당신은 어디에 속해 있나?

우리는 100억 원을 벌었다는 사람들 소식을 쉽게 접한다. 그래서 '100억'이라는 재산을 너무 쉽게 생각하지만 이것은 잘못이다.

사실 우리에게 필요한 것은 10억 원이다. 10억 원이면 된다. 그러면 10% 부자가 된다.

우리의 목표는 젊어서 취하는 이른 은퇴가 아니다. 안정적인 노후가 목표다. 우리는 부자가 되고자 과도한 위험을 무릅쓰고 싶지 않다. 평범한 삶을 살아도 도달할 수 있는 부자가 되기 원한다. 우리는 부자가 되고자 관계를 파괴하고 싶지 않다. 가족, 친구와 원만하게 지내면서 적절한 부를 만들어 내고 싶다. 향락을 즐기는 것이 목표가 아니다. 검소하지만 꼭 필요하고 진짜 원하는 것은 할 수 있는 것이 목표다. 우리는 나의 일을 하며, 보람을 느끼지만 직장에서의 갈등으로 생계의 위협을 느끼고 싶지 않은 상태가 목표다.

우리는 자신만을 위해 살고자 하지 않는다. 최소한 사랑하는 가족을 부양하며 살고자 한다. 우리는 이 세계의 꼭대기에 앉아 군림하고자 하지 않는다. 다만 휘둘리고 싶지 않을 뿐이다. 우리는 위대한 업적을 남기고자 하는 것이 아니다. 나만이 느낄 수 있는 보람을 느끼고자 할 뿐이다.

'손안의 새 한 마리가 덤불 속 새 두 마리보다 낫다.'

손에 잡을 수 있는 것을 추구하자.

우리는 10%를 추구하는 90%다.

웰쓰 엔지니어링은 10%를 향하는 90%를 위한 책이다.

우리는 10억을 목표로 한다.
반드시 도달한다.
당신은 선택한다.
10억 달성 후 더 전진할 것인지를.
그리고 우리는 100억에 도전한다.

왜 웰쓰 엔지니어링인가?

세상에 부를 향해 가는 길을 일러주는 방법은 이미 공개되어 있다. 부에 대한 인식을 바꾸는 고전적인 방법부터 몸과 마음의 변환 기술과 부를 축적하는 금융기법 등 최신의 방법까지 마음만 먹으면 얼마든지 찾아볼 수 있다.

그러면 이 책은 그들과 무엇이 다르고 왜 이 책을 보아야 하는가?

이 책은 부를 향한 인생 여정을 만드는 길을 제시한다.

부에 관한 각 방법론과 통찰은 이미 뛰어넘기 어려운 수준으로 제시되어 있다.

그러나 그 **보배들을 하나의 묶음으로 꿰어 인생궤적을 통합적으로 알려 주는 책**을 보지 못했다. 이 책은 그것을 시도했다.

전 인생에 걸친 부를 향한 여정을 제시한 것이다.

이미 어디선가 들어본 듯한 교훈과 방법의 기시감을 뛰어넘어 보면, 이 책만이 가진 메시지를 발견할 수 있을 것이다.

그것은 **나의 인생계획을 어떻게 구성할 것인가에 관한 문제**다. 그리고 그 **해법에 대한 모색**이다.

부는 어떠한 기계적 구조에 따라 움직인다. 부는 소심하고, 단순하며, 순수하다. 부는 부의 원리에 의해 움직인다. 그러므로 부를 얻고 싶다면 부의 원리를 이해해야 한다. 그리고 실천해야 한다. 그렇다면 부는 반드시 당신에게 올 것이다.

이제는 웰쓰 엔지니어링(Wealth Engineering)이다.

당신이 부를 통제할 수 있다면, 거기에 당신만의 이상과 가치를 담아라. 그렇다면 그 부는 정말 멋지고 의미 있는 성과가 될 것이다. 그때, 당신이 소유한 부는 당신만의 것이 아닌 사회적으로 존경받을 만한 공헌으로 재창출될 것이다. 그 순간에 당신은 진정한 자아실현을 이룰 수 있을 것이다.

그럴 수 있다면 얼마나 멋진 인생인가! 얼마나 보람된 삶인가!

평범한 사람들의 부를 향한 위대한 여정

우리는 모두 웰쓰 엔지니어(wealth engineer)다.

갑자기 큰 부자가 되는 길은 없다. 공부에 왕도가 없듯이 부자가 되는 길에도 왕도는 없다. 다만 현명한 길이 있을 뿐이다.

세상 사람 중에 태어나면서 부자인 사람도 있고, 어느 순간에 갑자기 부자가 되는 사람도 있다. 그러나 대부분 사람은 긴 인생을 살면서 점진적 변화를 일구어 나간다. 우리는 그런 보통 사람들이다. 이 책은 바로 그런 평범한 사람들을 위한 책이다.

이 책은 개인의 무용담과 같은 성공을 말하지 않는다. 지루하고 긴 일상을 반복하면서 꾸준히 거쳐 온 작은 투쟁을 말한다. 어떤 시점에 달성한 부를 말하지 않는다. 안정적인 부, 탄탄한 부, 지속적인 부를 말한다. 이 책은, 평범한 사람들이 성실한 삶을 영위하며 결국 도달하고야 마는 성공의 여정을 제시한다. 이것은 개인의 승리다. 위대한 성공이다. 우리는 그 성공을 위해 나아간다.

평범한 사람들의 부를 향한 위대한 여정이다.
우리는 웰쓰 엔지니어다.

세상의 모든 웰쓰 엔지니어들을 위해

이 책을 읽는 독자들은 단언컨대, 모두 자신을 사랑하는 사람들이다.

당신이 어디 출신인지, 어떤 신체를 가졌고, 어떤 배움의 과정을 거쳤는지, 어떤 부모를 두고 있고, 어떤 가정환경에서 자랐는지 중요하지 않다. 이 책을 펼쳐 든 당신은, 지금 당신 자신을 사랑하고 있음을 확인해 주었다. 이것이 중요하다. 전 세계에서 활동하는 성공자들이 가진 공통된 속성이다.

그들은 자신을 사랑했다. 부유하고 잘 뒷받침되는 환경에 있다면 감사했고, 불우하고 역경 속의 환경에 처해 있다면 도전했다. 자신이 그저 그렇게 끝날 인생이 아님을 스스로에게 깨우쳤다.

당신은 이미 부의 출발점에 서 있다.

그러니 당신은 부의 목표에 도달할 것이다.

당신의 미래를 미리 축하한다. 함께 웰쓰 엔지니어가 된 당신의, 고되지만 즐거운, 부를 향한 위대한 여정을 응원한다.

제4장 부의 방향타
현금흐름, 인과법칙, 패러다임

제5장 규율, 훈련, 도전, 관리, 지속
라이프사이클 로드맵

제6장 부의 레버리지
나를 뛰어넘는 생산성 만들기

제7장 부의 보이지 않는 영역
부를 만드는 뿌리, 어떻게 키울 것인가

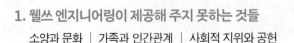

제1장

부를 찾아서

우리는 어디로 갈 것인가

신들이 일어나 말을 데려와 달리니
비프로스트 다리를 건너, 헤임달이 지켜보는 가운데
물푸레나무 이그드라실로, 이다볼드의 평원으로 간다.

_매슈 아널드

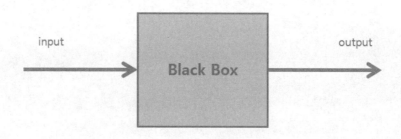

input   **Black Box**   output

1

부자가 될 것인가
평범함에 머물 것인가?

부자가 될 것인가?

1982년 5월, 지방의 한 초등학교 운동장 응원석 나무 그늘 아래 앉아 있던 학생이, 십수 개의 초등학교가 연합으로 개최한 사생대회를 마치고 우르르 흩어져 가는 많은 학생을 보며 고민에 잠겨 있었다. 멀리서도 그 느낌이 전해졌는지 큰 웨이브 긴 머리를 한 담임 선생님이 웃는 낯으로 우아하게 걸어왔다.

"여기 혼자 앉아 있었구나. 무슨 생각하고 있었니?"

"선생님, 어차피 인생을 살아도 밥을 먹는 건 똑같은데 왜 누구는 엿장수가 되고 누구는 대통령이 되는지 궁금해요, 왜 어떤 사람들은 힘들이지 않고 쉽게 살고, 어떤 사람들은 힘들게 공부도 하고 일도 많이 하면서 열심히 살아가야 하는 걸까요?"

선생님은 알겠다는 표정으로 친절하게 대답했다.

"그래서 고민이 많았구나. 그래도 한 번 사는 인생인데 더 잘 살면 좋지 않겠니?"

소년은 그 대답이 선뜻 이해하기 어려웠다. 이후로도 그는, 왜 이 힘든 공부를 계속하고 있는 걸까 하는 고민을 계속했다.

내가 기본적으로 이러한 사고방식을 가지고 있어서 그런지 물질적 성공으로 가는 길은 쉽지 않았다. 출발도 늦었고 감각도 둔했다. 하지만 그 덕에 나는 성공 즉, 부로 향하는 원리를 자세히 관찰할 수 있었다. 부에 관해 꾸준히 관심을 가지고 연구한 결과 세상에 제시된 수많은 이론이 결국 부로 통합되고 있음을 깨닫게 되었다. 나는 자연스럽게 부와 성공에 대한 이론과 주장, 방법론을 정리하게 되었다.

세상 모든 사람들이 추구하는 성공과 부를, 어찌 한 사람의 짧은 지식과 편협한 통찰만으로 설명할 수 있겠는가. 그러나 분명한 것은, 이 작은 고찰이 누군가에게는 확실한 동력으로 작용해 그 사람의 성공을 도와줄 것이라는 점이다.

나는 그 사람이 이 책을 펼쳐 든 당신이기를 바란다.

또한 간절히 당신의 성공을 염원한다.

자본주의 : 부자 철학의 탄생

막스 베버는 1905년 발행한 《프로테스탄트 윤리와 자본주의 정신》을 통해 세속적 성공은 장래 구원의 증거로서 간주될 수 있다고 주장했다.

그는 장 칼뱅의 예정론을 중시하여 세속적인 성공은 성스러운 구원의 증거가 될 수 있다고 생각했다.

직업적 성공의 추구가 종교적 구원에 이르는 정당성을 부여한다는 사고방식은 강력한 힘을 발휘했다. 사람들은 더 이상 갈등하지 않아도 됐다. 돈을 좇는 사람은 탐욕을 좇는 것이 아니라 구원을 좇는 것으로 간주될 수 있었다. 직업 활동에 대한 강력한 동기부여다. 이 사상은 자본주의의 윤리적 토대가 되었고 프로테스탄트 국가를 중심으로 자본주의가 탄생한 이유가 되었다.

이제 우리는 정당하고 떳떳하게 그리고 존경을 받으면서까지 부를 추구하는 일에 몰두할 수 있게 되었다. 부자철학의 시대가 열린 것이다.

여기서 더 나아가 모든 직업에는 귀천이 없다는 사고가 받아들여진다. 불법적인 방법, 남에게 피해를 주는 방법이 아니고서는 모든 건전한 직업 활동(그 경계에 대해서 많은 갈등과 질문이 있을 것이지만)은 귀한 것이고 존중받아야 한다. 그러므로 우리는 우리가 종사하는 모든 직업 활동을 소중히 생각한다. 그리고 그 일을 통해 나 자신을 만들어 가고 나 자신을 발견해 나간다.

부를 향한 길이 있을 것이다

우리는 살면서 항상 비슷한 고민에 빠진다.

왜 누구는 같은 시간을 투자하는데 우수한 성과를 내는가? 왜 누구는 열심히 전력하는데도 성과를 내지 못하는가? 부에 대한 성취, 업적에 대한 성취 때도 그렇다.

부를 향한 길이 있을 것이고, 부를 거머쥐는 방법이 있을 것이다.

부는, 이상적으로 추구할 수 있는 다른 많은 분야의 기초적 자원으로 활용된다. 없다고 안 되는 것은 아니지만 있다면 큰 도움이 된다. 그러므로 부는, 한 사람이 비범함에 이를 수 있는 귀한 자원으로 사용된다.

우리는 이러한 자원인 부를 얻고 싶다.

부를 얻는 길이 있을 것이다.

평범함에 머물 것인가?

평범함에 머물 것인가?

우리는 생각한다.

나는 평범함에 머물 것인가 아니면 비범한 경지에 이르러 볼 것인가?

그렇다면 나는 평범함을 넘어서는 자원을 획득하고자 노력할 것인가 아니면 평범한 삶을 살다가 인생을 보낼 것인가?

나는 나를 위한 부를 이루고자 한다.

혹은 나를 통해 평범함을 넘어서고자 하는 사람들을 위한 부를 이루고자 한다.

어디로 갈 것인가?

그렇다면 어디로 갈 것인가?

사람이 길을 걷는데 어떤 길을 가야 '부'의 방향으로 갈 것인가? 어떻게 하면 '평범'이나 심지어 '가난'으로 들어가지 않고 '부'로 도착할 수 있을까? 그것은 이 책의 주제다.

이 책은 천재들을 위한 책은 아니다. 남다른 재능으로 비범한 행태를 보이는 사람들을 위한 책도 아니다. 그저 평범한 인생의 흐름 속에서 다른 사람들과 비슷한 속도를 유지하며 살아가는 사람들을 위한 책이다. 그러나 자기 자신을 소중하게 생각하고 자신의 삶을 아름답게 가꾸고자 하는 사람들을 위한 책이다. 그리고 그 목적을 달성하기 위한 방편으로 부를 획득하는 것을 집중적으로 알아보고자 하는 사람들을 위한 책이다.

처음에 만드는 작은 차이가 나중에 드러날 큰 차이를 만들어 낸다. 그 처음의 작은 차이를 만들어서, 그 차이를 겨냥해서 성실히 살다 보면 삶의 큰 차이를 가져다줄 것이라 믿는 믿음으로 선택하는 길이다. 우리는 이제 그 길을 간다.

그 마음을 가진 사람이 이 책에게 묻는다.

어디로 갈 것인가?

2

부자란 무엇인가?

한국의 부자들

부자란 무엇인지 살펴보자.

KB금융지주에서 한국의 부자를 조사하여 결과를 발표했다.

금융자산 10억 원 이상, 거주주택 포함 부동산자산 10억 원 이상 보유한 사람 중 400명을 표본으로 추출하여 면접 조사했다.

KB금융지주에서 정의한 부자는, 자신이 사는 집(약 10억 원)을 포함한 부동산과 그 외 금융자산으로만 10억 원 이상을 보유한 사람이다. 그러므로 부자란 순자산 25억 원 정도인 사람이다. 우리나라에는 45만 6천 명이 있다(2023). 인구의 약 1% 이내다. (가구원 전체를 생각하면 3% 내외라 보아도 무방할 것이다.) 2022년에는 42만 4천 명, 2021년에는 39만 3천 명이다. 매년 8%씩 늘어나고 있다.

부자의 정의	10억 원이 넘는 자기 집을 소유하고 있으며 동시에 금융자산 10억 원 이상을 보유한 사람. 총 순자산 25억 원 이상으로 추정됨			
구분	2020년	2021년	2022년	2023년
부자의 수	354,000명	393,000명	424,000명	456,000명
전년대비 증가율	9.6%	10.9%	8.0%	7.5%
부의 원천(2023년 기준)				
상속/증여	부동산 투자소득	금융 투자소득	사업소득	근로소득
20.0%	24.5%	13.3%	31.0%	11.3%

[표 1-1. 한국 부자의 일반적 특성]
출처 : KB금융지주연구소, 2023

부자가 된 원인 즉, 부의 원천은 상속 및 증여가 20.0%, 부동산 투자가 24.5%, 금융 투자가 13.3%, 사업소득이 31.0%, 근로소득이 11.5%였다. 이는 2022년도도 비슷하다.

부를 쌓는 방법은 이 다섯 가지로 압축된다. 그리고 우리가 다루어야 할 방법은 근로소득, 사업소득, 금융 투자소득, 부동산 투자소득 네 가지다. 자수성가형 부자 유형에 해당한다.

자수성가형 부자 중 30대는 3.6%, 40대는 18.9%, 그리고 50대는 36.7%, 60대는 40.2%, 70대 이상은 0.6%였다. 그들의 직업은 전문직이 22.5%, 사무근로직이 7.1%, 사업체운영이 66.9%, 기타가 3.6%였다. 자수성가형 부자들의 나이대를 보면, 30대에 부자가 되는 것은 매우 빠른 성공이며, 40대에 부자가 되는 것도 쉬운 일은 아니다. 반대로, 60대에도 부자가 되는 경우는 적지 않으며, 이것을 단지 늦었다고 말하기도 어려워 보인다.

서울의 부자들

우리금융경영연구소에서도 부자연구를 발표한 바 있다. '2023년 '서울 부자' 보고서'다. '서울 부자'의 특징을 간단히 살펴보자.

서울 부자 평균 총자산은 67억 9천만 원이다. 자산 비중은 부동산이 42억 2천만 원으로 59.3%에 달한다. 그다음은 22억 7천만 원의 금융자산이고 실물자산도 3억 원어치 가지고 있다. 부채는 대출이 1억 7천만 원, 임대보증금이 4억 3천만 원이다.

서울 부자는 모두 자기 집을 가지고 있다. 그 외에 평균 2.3채의 부동산을 보유하고 있다. 이들이 거두는 임대소득은 연간 5,546만 원이다. 첫 부동산의 소유 시기는 38세다. 부동산을 직접 상속받은 경우는 18.0%이지만 증여와 상속을 통한 재원마련이 부동산 구매에 중요한 기여를 했다고 대답했다. 기여도는 32.0%였다. 다른 수익원의 기여도는 사업소득이 22.7%, 대출이 20.2%, 근로소득이 18.0%, 금융소득이 6.3% 순이다.

서울 부자들은 부동산 불황기에 부동산을 취득하고, 호황기에 처분해서 최대수익을 실현하는 패턴을 보였다. 부동산 평균 보유기간은 7.4년이었다. 서울 중 강남 3구에 위치한 부동산은 6.8년, 노원, 도봉, 강북 지역은 6.8년, 마포, 용산, 성동 지역은 7.3년, 그 외 서울 지역은 7.7년, 경기, 인천 지역은 9.1년을 보유했다가 처분한 것으로 나타났다. 또한 이들은 부동산 하락기인 2022년도에도 부동산 취득을 마다하지 않았다.

세계의 부자들

다음은 전 세계 부자들을 살펴보자.

크레디트스위스연구소(The Credit Suisse Research Institute, CSRI)가 2023년 세계부보고서(Global Wealth Report 2023)를 발표했다. 그 내용을 보면 미화 기준 1백만 달러 즉, 한화 12억 9,600만 원(2023.12.26. 환율 기준) 이상을 보유한 개인을 부자(HNW : High-Net-Worth Individuals)로 규정했다. 전 세계에 5,940만 명이 있다.(자산 인플레이션으로 인한 경계부자가 440만 명이 포함되어 있다고 밝혔다. 그러므로 5,500만 명이 진짜 부자라고 할 수 있다.) 이들은 세계 인구의 1.1%에 해당한다.(이 통계는 보고서의 수치를 그대로 인용한 것으로서, 즉, 산출결과는 보고서가 지정한 기준에 따른 것으로서, 실제 전 세계 인구 대비 비율과는 다르다.) 초고액자산가(UHNW : Ultra-High-Net-Worth Individuals)는 미화 5천만 달러 이상을 기준으로 했고 이들은 243,060명으로 추산했다. 미화 5백만 달러 이상의 부자들은 7,841,310명으로 HNW의 13.2%에 해당한다.

당신은 어디에 속하는가? 지금 당신은 어디까지 왔는가?

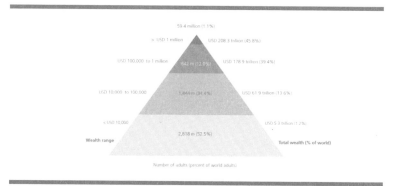

[그림 1-1. 전 세계 부의 분포도]
출처 : Global Wealth Report 2023, CSRI

세계 부의 보고서를 조금 더 분석해 본다. CSRI의 예측에 따르면 전 세계 부는 향후 5년 동안 38% 증가하여 2027년에는 629조 달러에 이를 것으로 전망된다. 2027년에 성인 1인당 부가 110,270달러에 도달하고 백만장자 수가 8,600만 명에 도달할 것으로 추산하며, 초고액자산가(UHNWI)의 수는 372,000명으로 증가할 것으로 예상한다.

사람들은 점차 잘사는 쪽으로 이동하고 있다. 세상의 부는 점차 넓게 퍼지고 있으며, 더 많아지고 있다.

세계의 추세는 뚜렷하다. 부는 증가하고 있다!

이 현상을 찬찬히 들여다보고 있노라면 자연스럽게 떠오르는 생각이 있다.

'우리는 이 흐름에 뒤 쳐져서는 안 된다!'

3

당신은 부를 원하는가?

당신은 부를 원하는가

이 길을 걷기 위해서 나는 당신에게 한 가지 질문을 해야 한다.

"당신은 부를 원하는가?"

다음 질문에 대답해 주기 바란다.

질문	대답
1) 당신은 이미 부자입니까?	예□, 아니오□
2) 당신은 부자가 되고 싶습니까?	예□, 아니오□
3) 당신은 부자가 되기 위해 대가를 지불해야 한다고 생각하십니까?	예□, 아니오□
4) 당신은 당신의 환경과 과거가 어떠하든 부자가 되는 기회가 주어진다고 생각하십니까?	예□, 아니오□
5) 당신은 즉시 결정하고 행동할 수 있습니까?	예□, 아니오□

[표 1-2. 현재 상태와 목표, 의도에 대한 질문]

웰쓰 엔지니어링이 찾는 사람은 이런 사람이다.

나는 아직 부자가 아니다. 나는 부자가 되기를 원한다. 부자가 되는 것은 당연히 그에 상응하는 대가를 지불해야 한다고 생각한다.

나는 나의 과거가 어떠하든 나의 환경이 어떠하든 나에게 부자가 될 기회는 주어진다고 생각한다. 나는 즉시 결정하고 즉시 행동할 수 있다. 만약 이러한 습관이 익숙하지 않다면 나는 배워서 그렇게 될 마음이 있다.

자, 당신은 그런 사람인가?

그렇다!

당신은 웰쓰 엔지니어링이 찾는 바로 그 사람이다!

웰쓰 엔지니어링의 여정에 참여한 것을 환영한다!

이제 우리는 같은 목표를 향해 함께 나아간다!

웰쓰 엔지니어링은 근로소득, 사업소득, 금융 투자, 부동산 투자 4가지 방법론을 다룬다. 즉, '자수성가형 부자'의 길을 모색하는 것이다.

앞으로 우리는 '자수성가형 부자'가 될 것이다.

부자들은 매년 8% 내외로 늘어나고 있다. 이 추세라면 10년 뒤인 2033년에는 986,000명을 상회하게 된다. 즉 100만 명이 부자가 된다는 말이다.

축하한다. 이 책을 읽는 당신도 10년 내, 올해부터 추가로 부자가 되는 54만 명에 들게 될 것이다! 10년에 달성하기 어렵다면 걱정하지 말자. 20년 뒤에 부자가 되면 된다.

그리고 우리는 1% 부자를 지향하지 않아도 된다. 우리는 우리 기준의 성공이 필요한 것이다. 그러므로 상위 10%를 지향하는 것이 바람직하다.

당신의 나이는 상관없다

당신의 나이는 상관없다.

당신이 10대라면, 큰 목표를 세우고 이 책을 통해 미래의 진로와 인생 계획을 그려 보기 바란다. 당신의 성숙함과 용기에 박수를 보낸다. 당신은 일찍 출발하기를 이미 시작했다. 당신은 분명 앞선 인생을 살아낼 것이다. 내가 10대 때 보았던 책에 이런 말이 있었다. '지금 이 책을 10년 전에 읽었더라면 내 인생은 달라졌을 것이다.'

당신이 20대라면, 이제 시작할 때다. 현실을 점검하고 꿈을 다듬어 보자. 이 책에서 배운 내용을 즉시 적용해 보자. 그리고 긴 호흡으로 하나씩 목표를 실행해 나가자. 당신이 그릴 수 있는 영역은 사실상 무한대다!

당신이 30대라면, 적시에 선택했다. 당신의 경쟁력을 파악하라. 지금 속한 위치를 바라보라. 그리고 웰쓰 엔지니어링을 시작하라. 퀀텀 점프를 기대하라. 그러나 시간이 필요하다는 점을 명심하라. 당신에게는 더 많은 능력이 필요하다.

당신이 40대라면, 좋은 때를 만난 것이다. 대부분의 한국 자수성가형 부자들은 40대에 종잣돈을 마련했다. 이제 비로소 시작할 때인 것이다. 당신의 시스템을 만들어라. 중요한 지점을 파악하고 전략적으로 집중하라. 웰쓰 엔지니어링이 작동될 것이다.

당신이 50대라면, 박수를 보낸다. 아마 당신은 40대부터 시작한 시스템을 궤도 위에 올려놓느라 구슬땀을 흘리고 있을 것이다. 지금이야말로 당신만의 시스템을 점검하며 부를 지킬 시기다. 웰쓰 엔지니어링은 이미 전문가인 당신에게 약간의 도움이 될 뿐이다. 그러나 든든할 것이라 확신한다.

당신이 60대라면, 당신이 살아온 인생과 비교해 보길 바란다. 내 주변엔 아직도 도전을 멈추지 않은 선배들이 많다. 너무 늦은 것은 없다. 시간은 충분하다. 부족한 것은 식어 가고 있는 나의 열정뿐이다.

당신이 70대라면, 그리고 그 이상이라면 감사의 인사를 드린다. 나는 아직도 필드에서 현역으로 뛰고 계시는 70대 선배들을 많이 알고 있다. 그들은 40대에 뒤처지지 않는다. 그들과 함께라면 50대 거인들도 난장이처럼 여겨진다. 나에게도 멋진 선배인 당신은 인생의 조언처럼 이 책을 활용하길 바란다. 그리고 후배들에게 당신만의 스토리와 함께 성공을 조언해 주길 바란다. 당신도 이 넓은 세상에서 활약할, 한 사람의 웰쓰 엔지니어다!

이 책의 독자는 누구인가? 성공자다! 웰쓰 엔지니어다!

내가 이 책의 독자에 적합하다고 생각하는 분들은 아직 부자가 아니며, 부자가 되고자 하는 열망이 가득한 사람들이다.

당신은 지금부터 즉시 결정하고 행동하면 무엇이든지 이룰 수 있다는 진취적인 자세를 가지고 있다.

이런 사람들은 세상을 바꾼다.

나는 그들을 성공자라 부른다.

그리고 웰쓰 엔지니어라 부른다.

내가 그런 멋진 사람들과 소통할 수 있다는 것은 영광이고 감사한 일이다.

나는 그렇게 멋진 사람들과 웰쓰 엔지니어링을 펼쳐나간다.

4

어떤 꿈을 꿀 것인가?

큰 꿈을 꾸자

큰 꿈을 꾸자.

큰 꿈은 우리의 인생을 일생토록 이끌어 줄 수 있다. 그러나 그런 꿈이 바로 이루어질 것이라는 기대는 하지 말자. 왜냐하면 그 꿈과 현실을 비교하면 너무 터무니없어 당장 포기하고 싶어지기 때문이다.

하지만 그 꿈이 이루어질 리 없다는 생각은 절대 가지지 말자. 포기하는 것은 우리의 자세가 아니다.

꿈을 꾸되, 그 꿈을 잊어버리고 현실에만 집중하다 보면 어느덧 그 꿈을 훨씬 넘어선 자신을 발견하게 된다.

우리는 단 하루만 주어진 듯 살고, 영원을 기대하며 꿈꾸어야 한다.

작은 꿈을 꾸자

작은 꿈을 꾸자.

가까운 미래에 도달할 수 있는 꿈을 꾸자. 버킷 리스트다.

성취가 필요하다. 작은 성취를 반복해 보자. 성취는 자신감을 준다. 성취가 반복되는 경험은 좋은 것이다. 자신감을 반복해서 느껴야 한다. 자존감을 높여 준다. 자존감이 높으면 멀리 갈 수 있다.

자존감이 높은 사람은 작은 어려움에 흔들리지 않으며 주변 사람들을 편안하게 하여 그들을 끌고 가는 리더십을 발휘한다. 자존감이 높은 사람은, 다른 사람들이 모여들게 하여 자연스럽게 일에 대한 추진력을 형성한다. 그래서 멀리 갈 수 있는 것이다.

우리는 작은 성취를 통해 멀리 가야 한다. 작은 꿈을 꾸자.

기한과 수량이 명확한 꿈을 꾸자

기한과 수량이 명확한 꿈을 꾸자.

정량적 목표다. 정량적 목표를 달성하는 경험을 쌓아야 한다.

신혼이던 2003년 12월, 나는 두 가지 목표를 세웠다. 하나는 15년 이내 서울 시내 30평대 아파트를 마련하겠다는 것이었고, 둘은 경영학 석사학위를 딴다는 것이었다. 당시 보증금이 얼마 안 되는 집에 살았기 때문에 30평형 아파트를 산다는 것은 꽤 오랜 시간이 걸릴 것으로 생각되었고, 그런 목표를 추구하면서 동시에 비싼 학비를 들이는 진학목표는 역시 시간이 많이 걸릴 것으로 예상되었다. 전진과 후퇴를 한 번씩 한 뒤 결심한 시점으로부터 9년 6개월 후 40평대 아파트를 마련했다. 경영학 석사학위는 11년 2개월 뒤에 받았다.

내면화된 목표는 자연스럽게 나의 삶을 이끌어갔다.
기한과 수량을 정해야 한다. 그래야 현실에서 작동하는 힘을 발휘한다.

우리는 꿈을 꾸어야 한다

우리는 꿈을 꾸어야 한다.

큰 꿈을 꾸자. 인생의 방향과 그곳을 향한 거대한 흐름을 이끌어 줄 꿈을 만들자.
작은 꿈을 꾸자. 성취를 반복하며 자존감을 기르자.
기한과 수량이 명확한 꿈을 꾸자.
반드시 달성될 것이다.

5

부를 향한 체계적인 길이 있는가?

나폴레온 힐이 집대성한 부에 이르는 원칙

영원한 고전, 나폴레온 힐의 《생각하라 그리고 부자가 되어라》를 보자. 이 책은 1937년에 미국에서 출간한 책이며, 나폴레온 힐의 과거 저작인 《성공의 법칙(The Law of Success, 1925)》을 발전시킨 결과물이다. 아이러니한 것은, 나폴레온 힐은 이 책을 저술할 당시 두 번째 이혼 직후였으며, 자기 집이 없어 이사를 다녀야 했고, 출판을 위해 돈을 빌려야 했다. 그러나 그는 전 세계 부자들의 스승이 되기에 부족함이 없었다.

그는 성공을 완성했기 때문에 원리를 저술한 것이 아니라 원리를 깨달았기 때문에 성공을 완성할 수 있었다.

이 책도 마찬가지다. 여기서 제시하는 성공 메커니즘은 작동한다.

그러니 믿음을 가지고 계속 읽어 나가자!

부에 대한 정량적인 접근

부에 대한 측정은, 건강에 대한 측정보다 더 쉽다.

부는, 목표를 돈의 단위로 할 수 있으며, 시점을 정하면 그 시점의 부의 양을 정확하게 계량할 수 있다.

부는 단순하며, 물리적이 심지어 공학적이기까지 하다.

공학이란 무엇인가?

공학이란 기계적인 것을 의미한다. 기계적이라는 말은 인과관계가 뚜렷한 장치가 일정한 패턴에 따라 동력을 만들어 낸다는 의미다. 정확한 메커니즘을 품고 있다.

부도 그렇다.

조셉 머피는 현실에서 부가 나타나는 원리는 우주의 법칙처럼 정확하다고 했다.

그러니 우리는 부에 대한 접근을 공학적으로 할 필요가 있다.

이제 그 영역에 들어가 보자.

웰쓰 엔지니어링 블랙박스

어떤 사람이 삶을 살고 있다.

그는 어떤 길을 걸어간다.

그는 높은 길도 가고 낮은 길도 간다.

오른쪽으로도 가고 왼쪽으로도 간다.

사람은 태어나서 성장하고 일을 하며 은퇴한 후 죽음을 맞기까지 긴 시간을 살아간다.

한 사람이 살아온 결과는 바로 드러난다. 부의 척도로만 볼 때, 상, 중, 하로 평가할 수 있다.

그러면 의문이 든다. 도대체 무엇이 달랐던 것일까? 태어날 때부터 겪었던 극도의 가난? 열악한 교육? 헤픈 씀씀이? 잘못된 투자? 무엇이 문제였을까? 부를 많이 남긴 사람은, 무엇이 달랐던 것일까? 운이 너무 좋아서? 투자를 잘해서? 엄청난 유산? 뛰어난 교육? 돈 많은 배우자? 과연 무엇일까?

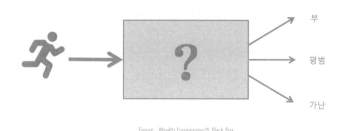

Figure. Wealth Engineering의 Black Box

[그림 1-2. 웰쓰 엔지니어링 블랙박스]

이 선택의 갈림길을 그려 본다면 위 그림과 같을 것이다.

한 사람이 길을 걷는다. 그리고 어떤 상자 안으로 들어간다. 나올 때는 크게 세 갈래길 중 하나다. 부, 평범, 가난.

우리는 그 상자 안을 들여다보고 싶다. '웰쓰 엔지니어링 블랙박스 (Wealth Engineering Black Box)'다.

우리는 저 블랙박스가 궁금하다.

그 탐색의 길을 가 보자.

부를 찾아서 SUMMARY

1. 부자가 될 것인가, 평범함에 머물 것인가?
   부자가 되는 길이 있을 것이다.

2. 부자란 무엇인가?
   한국 부자의 기준과 세계 부자의 기준이 있다.
   우리는 세계 부의 흐름에 뒤쳐져서는 안 된다.

3. 당신은 부자가 되기를 원하는가?
   당신은 부자가 되기를 원하는가?
   당신은 성공자다. 당신은 웰쓰 엔지니어다.
   우리는 자수성가형 부자가 될 것이다.

4. 어떤 꿈을 꿀 것인가?
   큰 꿈, 작은 꿈, 기한과 수량이 명확한 꿈을 꾼다.
   우리는 꿈을 꾸어야 한다.

5. 부를 향한 체계적인 길이 있는가?
   성공학의 선배들은 부를 향한 길을 탐색해 왔다.
   웰쓰 엔지니어링 블랙박스를 연구하자.

제2장

블랙박스로 들어가기

시작해야 한다

신이 세계를 준 목적은
근면하고 합리적인 사람들이 사용하도록 하기 위해서이다.

_존 로크

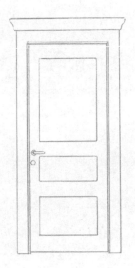

1

웰쓰 엔지니어링 블랙박스로 들어가기 전에 생각해 두어야 할 것들

부를 알고, 부를 얻는 방법을 이해하기 위해서 부자들의 특성을 먼저 살펴보자.

부자들의 일반적인 특성을 파악하는 데는 토마스 스탠리가 쓴 《백만 장자 마인드》만 한 것이 없다. 조지아 주립대학에서 마케팅을 강의한 토마스 스탠리 교수는 체계적인 통계학적 조사를 통해서 미국 부자들의 일반적인 특성을 규명하는 데 큰 공헌을 했다.

부자들은 정직하다, 자기 관리가 철저하다, 자기 사업에 투자한다 등 30가지 특성이 있다. 그리고 위기를 극복하는 부자들의 방법도 제시했다. 육체노동, 계획, 단호함, 긍정적 사고, 마음 통제, 정신적 조언, 운동선수의 마음가짐, 종교 등이다.

일단 제시된 특성을 받아들이기 바란다. 이 내용들은 당신이 걸어가는 부를 향한 여정에 많은 도움이 될 것이다.

2

돈을 버는 다양한 방법, 그러나 반드시 통과해야 하는 단 하나의 길

고전 성공학의 모델들

우리는 웰쓰 엔지니어링을 이해하기 위하여 성공학의 스승들이 분석했던 모델들을 살펴볼 필요가 있다. 그중에서 성공의 모델들은 어떤 방식의 일을 했는지 살펴보면 도움이 된다.

나폴레온 힐이 조사한 유명 인사들이 있다. 헨리 포드, 존 워너메이커, 존 록펠러, 토마스 에디슨과 같은 사람들 40여 명이다.

나폴레온 힐의 저서를 보완하여 출간한 빌 하틀리가 영향을 받았다는 인물들은 데일 카네기, 노먼 빈센트 필, 얼 나이팅게일, 켄 블렌차드, 잭 켄필드, 맥스웰 몰츠, 스티븐 코비, 앤서니 로빈스 등이다.

연구대상자들의 공통점은 무엇인가? 그것은 자기 직업이 있다는 것이다.

부란 직업을 통해서 형성된다는 것을 의미한다. 이것은 중요하다.

오스 기니스는 《소명(Calling)》에서 직업은 매우 중요한 것이며, 그 사람의 정체성을 의미하기도 한다고 말했다. 보통 우리는 "나는 ~을 하는 사람입니다."라고 소개한다고 했다.

우리는 직업을 통해서 부를 획득한다.

현실에서 돈을 버는 방식들

현실세계에서 돈을 버는 방법은 다양하다. 우리는 돈을 버는 주제에 대해 재미있는 사례를 듣곤 한다.

> 십수 년 전에 파주시청에 업무차 방문을 했다가 1층 민원봉사
> 실에서 몇 년 만에 마주치게 된 선배가 있었다.
> "아니, 선배님. 여기엔 어쩐 일이세요?"
> "아, 반갑군. 나도 볼일이 있어서 오게 됐네. 그때 같이 봤던 자
> 네 동생은 잘 있나?"
> 우리는 가족들의 안부를 잠깐 물은 뒤 방문하게 된 용건을 알
> 렸다.
> "사실 나는 얼마 전에 돌아가신 아버지가 남기신 땅이 있다고
> 해서 말이야. 나도 뒤늦게 통보를 받고서야 알았지 뭔가. 하하,
> 살다 보니 이런 일도 다 있네."
> 평소에 돈과 관련한 말씀을 거의 안 하시는 학자 같은 타입의
> 선배는 그날 다소 상기돼 보였다. 나는 일 잘 보시라는 인사를

드리고 헤어졌다.

그런데 현실은 어떤가? 이런 일을 기대하는 것은 무리가 있다.

돈을 버는 방법은 다양하지만, 반드시 통과해야 하는 길이 있다. 그것은 내가 직접 노동을 제공함으로써 돈을 버는 길이다. 우리는 모두 어딘가에 취업해야 한다.

3

블랙박스로 들어가는 것은
돈 버는 길로 들어가는 것

블랙박스로 들어가는 것은 돈을 버는 길로 들어가는 것이다.

그러므로 우리는 돈을 버는 길로 들어가야 한다.

돈을 버는 길에는 어떤 것이 있는가? 근로를 제공하는 것과 투자를 하는 것이 있다.

우리는 어떤 길을 걷는 것이 좋겠는가? 그렇다. 우리는 돈을 버는 시스템인 어떤 직장에 취업해야 한다. 나의 노동을 제공함으로써 돈을 벌어야 한다. 그것이 첫 번째 길이다.

블랙박스로 들어가는 것 즉, 돈을 버는 첫 단계에서 자금과 자산을 갖추고 있기 어렵다. 그러므로 돈을 버는 첫 단계는 자신의 노동력을 제공해 돈을 버는 것이다.

블랙박스로 들어간다는 것은 행동을 시작한다는 말이다.

우리는 행동을 시작해야 한다. 기회를 찾아야 한다. 기회가 나오는 곳을 찾아가야 한다. 기회의 문을 두드려야 한다. 그리고 그 문 안에 있는 사람들에게 말해야 한다.

"나는 이 기회를 잡고 싶습니다. 저에게 일할 기회를 주십시오."

이것이 행동이다.

4

부자들은 어떻게 시작했는가?

성공한 부자들의 일 시작하기

부자들은 대개 일을 일찍 시작하는 경향이 있다.

일론 머스크는 대학교 3학년 때 프로그램 개발 파트타임 근무를 했다. 이후 그는 1995년에 사업체를 설립하여 지도 소프트웨어에 전화번호와 길 안내를 결합한 서비스를 개발한다.

천재들의 이야기 즉, 그들의 경제활동 진입 시기를 살펴보면, 다양한 개인적 동기들이 작용한다. 또한 그 동기로 인해 나타난 결과는 경제활동을 시작했다는 것이다. 일론 머스크는 십 대에 《우주 히치하이커를 위한 여행안내서》와 《파운데이션》을 읽고 큰 감명을 받은 나머지 자신은 "기술, 우주, 화성"이라는 테마로 나아가고 싶다고 결심했다. 그래서 그는 하이테크 분야인 컴퓨터 프로그래밍을 처음 일로 선택하고 시작했다.

사람이 부자가 되었다는 결과는, 한평생 살면서 다른 사람들보다 더 많은 부를 가지게 된 상태다. 부의 축적 기울기가 상대적으로 큰 것이다. 혹은 부 축적 시기가 다른 사람들보다 긴 것이다.

어느 쪽이든 부자가 되려면 부 축적 활동은 시작되어야 한다.

성공의 필수조건은 한 가지 일에 집중하기

다시 일론 머스크의 사례로 돌아가 보자. 그는 지나치게 일에 몰두하는 행태를 보였다. 그는 자기 세계를 중시했고, 조직을 고려하지 않는 타입이었다. 1995년 대학을 막 졸업한 머스크는 동생 킴벌과 함께 집투(zipto)를 설립했다. 전화번호부를 온라인 지도상에 나타나게 하는 소프트웨어를 개발하기로 했다. 그는 사무실에서 먹고 자면서 구상한 프로그램 개발에만 몰두했다. 마침내 그는 성과물을 만들어 냈다. 고객도 유치했고 투자도 받았다.

성공한 부자들의 특성 중 하나는 한 가지 일에 집중한다는 것이다. 그 집중도는 깊다. 다른 것을 고려할 겨를 없이 매진한다. 즉, 한 가지 일에 투입하는 시간이 많다. 절대적으로 많은 양의 시간을 투입한다. 이것을 기억해 두자.

나는 한 분야에서 전문성을 획득하기 위해서 1만 시간을 투입해야 한다는 말콤 글래드웰의 주장을 지지한다. 중학교 때 교장 선생님이 나에게 말씀하셨다. "한 직장에 들어갔으면 무조건 3년 동안은 거기서 일을 해야 한다." 그래서 나는 3년이라는 시간을 투입의 최소 단위라는 개념을 가지게 됐다. 훗날 말콤 글래드웰의 책을 읽고 더 확신을 가지게 되었다.

시간을 계산해 보자. 구체적인 규모를 파악해 두자.

1만 시간은 하루에 10시간이라면 1,000일이다. 1,000일은 2.7397년이다. 하루에 8시간이라면 1,250일이다. 1,250일은 3.4247년이다. 그래서 우리는 통상 '1만 시간은 3년'이라고 표현한다.

직장에 다니는 20대 청년을 상상해 보자. 매일 아침 8:30경에 직장에 도착한다. 9시부터 업무를 시작하고 11:40경부터는 점심시간이다. 오후 1시부터 자리에 앉아 업무를 시작하지만 실제 집중이 시작되는 것은 약 30분 뒤부터다. 6시에 퇴근한다. 간혹 2시간 이상의 야근을 한다.

1년 중 주말은 52주, 104일은 쉰다. 그리고 법정 공휴일은 15일이다. 여기에 개인 휴가를 합치면 15~20일은 더 쉬게 된다. 그러므로 일 년 중 근무일수는 226일 남짓이다. 여기에 8시간을 곱해 보자. 1,808시간이다. 이 속도로 1만 시간을 채우려면 5.531년이 소요된다.

직장에서 하루에 근무하는 시간은 8시간가량이다. 하지만 그 8시간은 온전한 나의 시간이 아니다. 대화, 휴식, 갑작스러운 전화나 호출, 방문, 의도하지 않은 잡무가 끼어든다. 내가 한 가지 주제로 일한다는 느낌을 받는 시간은 대략 4시간 정도다. 그래서 3년으로는 어떤 일을 제대로 이해한다는 자신이 없다.

큰 회사일수록 일하는 절대 시간이 많다. 그리고 그런 회사 직원들이 실제로도 일을 잘한다. 투입한 시간의 양이 많다는 것과 이것을 통제하는 시스템이 발달한 덕이라고 생각된다.

한 가지 일에 집중해야 한다.

일찍 성공하는 좋은 방법 : 일찍 시작하기

나는 군대를 다녀왔지만 친구 중에는 방위산업체에 취직하여 직장경력을 인정받아 계속 근무하는 친구들이 있었다. 내가 군대를 전역한 후 같은 계열사 직장에 취직하여 신입사원을 지내던 시절에 그 병역특례 친구는 벌써 대리 진급을 앞두고 있었다. 내가 주임이라는 타이틀을 달게 될 무렵, 나보다 두 살 많은 사람이 신입사원으로 취직했다. 나는 그 신입사원이 30세일 때 군대를 대신하여 방위산업체로 입사한 내 친구가 이미 과장이 되는 시점이 되었음을 깨닫고 충격을 받았다.

이것은 〈일찍 시작하기〉가 보여 주는 차이다. 웰쓰 엔지니어링은, 하나의 결과를 얻기 위해 투입하는 노력의 양은 같다는 대전제로 부를 바라보기 때문에 **〈일찍 시작하기〉 전략은 가장 확실한 성공방법 중 하나가 된다.**

〈일찍 시작하기〉의 사례는 또 다른 억만장자인 테드 터너에게서 찾아볼 수 있다.

CNN 창립자 테드 터너는 10대 초반부터 집안 회사였던 빌보드 회사에서 아르바이트를 시작했다. 아버지의 압력으로 대학을 마치지 않고 그 회사에 입사하게 된다. 그는 20대 중반, 아버지의 갑작스런 유고에도 불구하고 빌보드 회사를 성공적으로 경영했다. 마침내 42세가 되는 1980년 6월 1일 뉴스 전문채널 CNN을 개국하기에 이른다.

세기적인 투자가 워런 버핏은 또 어떤가? 그는 8세 때부터 돈을 버는 방법을 연구하기 시작했고, 11세 때 주식을 사기 시작했다. 14세 때부터는 신문 배달부터 돈을 버는 일을 시작했다. 심지어 농장을 사고 게임기를 사서 돈을 벌었다. 16세 때는 6,000달러의 재산을 일구었다.

자, 어떤가? 일찍 시작하고 싶지 않은가?

5

반드시 시작하기

늦어도 상관없다

중요한 것은 반드시 시작해야 한다는 것이다. 이것을 명심하자.

'시작'해야 한다.

설령 당신이 걸어온 길이 잘못됐다는 명백한 판단을 내려야 할 때조차 '시작'을 해야 하는 것이다.

늦게 시작하는 사례로 대표적인 것은 KFC의 샌더스의 경우다. 샌더스는 50세가 되는 1940년 7월에 노스캐롤라니아 애슈빌에서 닭고기 튀기는 비밀 레시피를 만들었고, 켄터키 프라이드치킨을 처음 프랜차이즈로 판 것은 62세 때다. 반도체 장비 제조회사이자 한국 벤처 1세대 대표 주자인 미래산업 창업자 정문술도 48세에 시작했다. 물론 그 기간까지 공무원으로 근무는 했다. 하지만 진짜 사업이력은 48세부터 시작된 것이다. 그에 걸맞게 시행착오도 거창하게 겪는다.

나는 늦게 시작하는 것은 큰 문제가 아님을 한 멘토와 대학원 지도교수님을 통해 깨닫게 되었다.

내가 갓 40이 되었을 어느 날이다. 회사 주요 투자자인 70대 조회장과 식사를 하고 있었다. 당시 회사의 실적이 좋지 않아서 투자자의 기분이 좋지 않을 때였다. 나와 단둘이 몇 차례 만나고 나니 만남 자체는 어색하지 않게 되었다. 그 후 우리는 이런저런 대화를 많이 나누게 됐다. 여느 때처럼 양재천변 어느 아파트 상가 지하 식당에서 만났다. 김치찌개 2인분을 시켜 놓고 반찬으로 나온 김치를 끓는 냄비에 넣으면서 나에게 물었다.

"강 팀장, 올해 나이가 몇이지?"

"예, 이제 40이 됐습니다."

"좋은 나이구만. 그 정도라면 지금부터 새로 배워도 무슨 일이든 할 수 있어!"

"네?"

나는 맥락 없는 발제에 잠시 당황했다.

"아, 네."

당시에는 이 의도를 파악하지 못했다. 나중에 생각해 보니 만약 당시 상태가 위태롭다면 전혀 새로운 일을 시작해도 충분히 성공할 수 있다는 조언이었다.

대학원 4학기였다. 논문을 쓰겠다고 지도교수님을 열심히 따라다니는 중이었다. 교수님의 지도지침은 이랬다.

"아, 그래서 무슨 연구를 하겠다고? 그래, 그러면 그 논지를 한 문장으로 얘기해 봐요."

자료를 잔뜩 들고 설명하려는 나에게 자신의 눈을 쳐다보며 말로 해 보라는 것이었다.

"자, 그러니까 자네 연구는 이런 점에서 기존 연구들과 차별점이 있겠구만."

"네, 그렇습니다."

그렇게 연구가 진행되고 논문의 윤곽이 잡혀갈 무렵이었다.

"혹시 자네, 잡 체인지(job chage)할 생각은 없나?"

"네? 어떤 방향으로 말씀이신지요?"

"교수가 되어 볼 생각은 없냐는 거지."

나는 생각지도 못했던 방향에 당황스러웠다. 교수님은 내가 박사과정에 지원할 것을 아시고 한 말씀이었다. 하지만 직업까지 바꾼다는 것은 쉽지 않은 일이었다. 이내 씩 웃으며 대답했다.

"저는 일단 제 일을 열심히 해야 할 거 같습니다."

이 상황도 돌이켜 보면 칭찬이고 격려였다. 가끔 감사한 마음과 함께 그때 정말 새로운 도전을 했다면 어땠을까 돌이켜 보게 된다.

나이는 중요하지 않다. 중도에 길을 바꾸는 것이 실패를 인정하는 것이라는 생각을 버리면 된다. 길을 바꾸어야 한다면 기존에 쌓아 온 경험은 새로운 강점으로 작용할 것이라는 믿음을 가지면 된다. 내가 만나 본

성공한 사람 중에도 시장의 변화로, 개인적 사정으로 직업을 바꾼 경우가 있었다. 그들은 늦은 나이에 새로운 일을 시작한 셈이었다. 그러나 성공했다.

나이가 많아도 충분히 할 수 있다.

늦어도 상관없다.

반드시 시작되어야 한다

일은 시작되어야 한다. 언제인가는 중요하지 않다.

맥도널드의 레이 크록은 54세에 시작했다. 스타벅스의 하워드 슐츠도 30대 후반에 시작했다. 하지만 그들은 그 나이에 이미 자기 분야에서 전문가였다.

내가 지금 시작하는 일이 인생의 큰 의미와 성과로 남게 될 것인지 아니면 그저 일의 기초를 닦기 위한 견습 과정에 머무를 것인지 알 수 없다.

중요한 것은 시작해야 한다는 것이다.

시작하라.

모든 일은 결국 통하게 되어 있다.

6

이제 부를 향한 여정은 시작되었다

자, 이제 부를 향한 여정은 시작되었다.

출발하자.

파도는 높고 바람은 분다.

하지만 인생의 선장인 당신이 가는 길에는 아름다운 항구와 멋진 보물
이 기다리고 있다.

블랙박스로 들어가기 SUMMARY

1. 웰쓰 엔지니어링 블랙박스로 들어가기 전에 생각해야 할 것들
   기존 성공학의 연구 결과를 받아들여라.

2. 돈을 버는 다양한 방법, 그러나 통과해야 하는 단 하나의 길
   우리는 직업을 통해서 부를 획득한다.

3. 블랙박스로 들어가는 것은 돈 버는 길로 들어가는 것
   "저는 이 기회를 잡고 싶습니다. 저에게 일할 기회를 주십시오."

4. 부자들은 어떻게 시작했는가?
   한 가지 일에 집중해야 한다.
   〈일찍 시작하기〉 전략은 가장 확실한 성공 방법 중 하나다.

5. 반드시 시작하기
   늦어도 상관없다. 반드시 시작해야 한다.

6. 부를 향한 여정은 시작되었다
   출발하자. 파도는 높고 바람은 분다.
   당신의 길에 아름다운 항구와 보물이 기다린다.

제3장

웰쓰 엔지니어링

부 창출 시스템

. . . .

인간은 세상을 파악할 줄 아는 지혜를 갖고 있다.

_칼 세이건

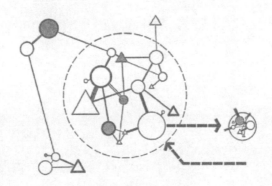

A System by McLoughlin

1

부로 가는 체계적인 길은 무엇인가?

부로 가는 체계적인 길은 있는가?

부로 가는 체계적인 길은 있는가?

세계의 많은 사람이 이 길에 도전했다. 적지 않은 거인들이 등장했고 많은 영감과 지혜를 제공했다. 이 책은 그들의 도움에 힘입은 바가 크다. 그러나 조금 다른 접근을 시도한다. 기계적인 접근이다. 그 방식은 공학과 경영학의 도움을 받았다.

부를 쌓는 과정을 경험해 보면 이것이 결코 쉽지 않은 일임을 절실히 깨닫게 된다. 그리고 왜 그리 많은 사람이 그토록 애를 써서 도달해야 했는지, 왜 그리 많은 사람이 그토록 애를 써서 도달하고자 했으나 도달하지 못했는지 깊이 공감하게 된다.

간혹 선배들의 조언을 듣노라면 와닿지 않을 때가 있다. 너무 멀게 느껴지기 때문이다.

반대로 와닿는 조언이 있다. 치열한 경험이 생생하게 전해질 때다. 공감을 부르기 때문이다.

부로 가는 체계적인 길을 찾으려 하는 노력은, 그 길을 찾는 사람의 만족을 위한 것이 아니다. **절박한 사람들을 위한 안개 속 등불과 같은 것이다.**

웰쓰 엔지니어링이 그 빛이 되기를 소망한다.

당신이 만나는 많은 부분에서는 희미할 것이나 **어떤 지점에서 아주 밝게 빛날 것이다.**

경영학의 원리에서 찾아보는 방법론 : 투입(inputs)과 산출(outputs)의 원리

경영학의 기초원리는 투입과 산출의 원리다.

단순한 이론이다. 무언가 투입하면 결과가 얻어진다는 것이다.

그리고 투입물과 산출물 사이에 특정한 과정이 개입된다. 그 과정을 메커니즘이라고 부르기도 하고 함수라 부르기도 한다. 정량적 투입물로 정량적 산출물을 창출한다. 이 둘의 관계를 규명해 나간다. 독립변수와 종속변수 관계다.

독립변수와 종속변수 사이에는 종종 매개변수가 개입되기도 한다. 입력층(input layer)이 있고, 출력층(output layer)이 있다. 그리고 그 사이에 은폐층(hidden layer)이 있다. 그야말로 블랙박스다. 그러나 그 은폐층 내부에는 수많은 관계의 끈이 연결되어 있다.

웰쓰 엔지니어링의 기본 개념을 소개한다.

투입(inputs)은 시스템(systems)을 거쳐 산출(outputs)한다.

투입은 주체인 '치열한 투쟁', 환경인 외부환경과 구조적 환경, 자원인
개인적 자원과 직업적 자원으로 구성된다.

시스템 즉, 메커니즘은 '웰쓰 엔지니어링 시스템'이다.

산출은 성과인 '웰쓰(Wealth)'다.

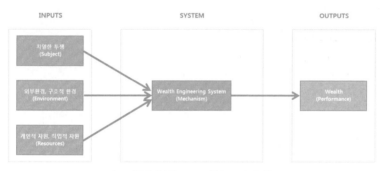

Figure. SER-M 패러다임으로 본 Wealth Engineering의 이해

[그림 3-1. 투입-시스템-산출의 Wealth Engineering 구조]

2
엔지니어링적 접근

공학적 접근에 대하여

공학적 접근에 대해 설명하기 위해 두 가지 측면에서 살펴본다.

하나는 기계공학적 측면이고 다른 하나는 건축공학적 측면이다.

전자는 정해진 시스템이 자동적으로 구현되는 방식이고 후자는 계획 안을 마련해서 다양한 요소들을 하나씩 맞춰 가는 방식이다.

부를 쌓아 가는 과정은 이 두 가지 방식이 동시에 작용된다.

부에 있어서 돈이 벌리는 것은 한순간이다. 하나의 활동이다.

또한 부에 있어서 돈이 쌓이는 것은 긴 과정이다. 연속적인 활동이다.

이 둘 중 어느 하나가 결여되면 부가 되지 않는다. 그러므로 부는 이 두 활동 모두를 필요로 한다.

우리는 이 두 측면 모두를 다룰 수 있어야 한다.

공학은 정해진 틀에 자원을 투입하면 자동적으로 산출이 나타난다

　기계공학적 원리를 살펴보자.

　하나의 엔진은 4개의 과정을 거치며 반복적으로 구동한다.

　엔진축이 회전하면서 실린더 중심부에 있는 피스톤이 아래로 내려간다. 이때 실린더 상단 밸브가 열리면서 외부에서 실린더 내부로 공기가 들어온다. 〈흡기〉다. 연료도 같이 들어온다.

　실린더 하부에 위치한 회전축이 돌면서 피스톤을 다시 위로 끌어올린다. 피스톤은 회전축과 연결되어 원형을 그리며 돌기 때문에 상하운동을 반복한다. 이때는 아까 열렸던 실린더 상단의 플러그는 이미 닫혀 있기 때문에 공기가 강하게 압축된다. 〈압축〉이다.

[그림 3-2. 엔진의 4행정 : 흡기, 압축, 폭발, 배기]
이미지출처 : https://byjus.com/physics/four-stroke-engine/

　공기압축이 최대가 되는, 피스톤 끝이 실린더의 최상단부까지 도달하면 이번에는 실린더 상부 중앙의 점화 플러그에서 스파크를 발생시킨다. 그러면, 연료와 함께 압축되었던 공기가 펑 하고 폭발한다. 〈폭발〉이다.

　폭발력은 피스톤을 아래로 강하게 밀어내고 회전축을 회전시키는 힘으로 작동한다. 내려갔던 피스톤이 다시 올라올 때는 실린더의 상단에 있는 밸브가 열리면서 실린더 내부에서 압축되었던 공기가 외부로 빠져나간다. 〈배기〉다.

피스톤 끝이 실린더 최상단부까지 도달하면 회전축의 회전력에 의해서 피스톤을 하부로 밀어내는데, 이때, 실린더 상단의 밸브가 열리면서 외부에 있던 공기를 빨아들인다. 다시 〈흡기〉로 이어진다. 4개의 절차가 계속 반복된다. 엔진의 4행정이다.

이 시스템에서 사용되는 공학 원리는 흡입-압축-폭발-배기 과정이 이어지면서 연료를 주입하면 힘을 발생시켜 물체를 이끄는 동력이 생긴다.

요약하면 엔진 시스템은 [(투입) 연료, 불꽃, 공기 → (작동) 흡기 - 압축 - 폭발 - 배기 → (산출) 엔진의 구동 : 차를 움직이게 함]으로 표현할 수 있다.

부의 창출도 웰쓰 엔지니어링 시스템이 엔진처럼 작동하여 [(투입)주체, 환경, 자원 → (작동) 웰쓰 엔지니어링 → (산출) 부 : 삶을 움직이게 함]으로 나타난다.

이 원리는 한 시점에 부가 산출되는 원리를 이해하도록 돕는다.

기계공학적 원리는 어떤 시점에서 부가 창출되는 활동을 이해하도록 돕는다.

설계도를 따라가며 완성되어 가는 방식의 엔지니어링

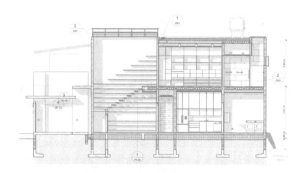

[그림 3-3. 건축도면 : 단면도]
이미지출처 : https://www.firstinarchitecture.co.uk/technical-drawing-layout

건축공학적 원리를 살펴보자.

이것은 하나의 흐름을 관리하는 원리다.

건축을 위해서 설계를 한다. 기초, 기둥, 바닥, 벽, 지붕 순서대로 계획을 한다. 그리고 그 계획 즉, 설계도서에 따라 건축행위를 한다. 그리고 건축물이 완성된다.

이것은 하나의 거대한 시스템이다. 특정한 한 주체가 모든 것을 좌우하지 않는다. 그리고 이것은 시간과 사람, 돈과 재료의 총합적 자원의 투입에 따라 성과가 나타난다.

공학적 시스템은 설계도다. 투입의 과정은 시공에 들어가는 각종 자원과 기술, 노력들이다. 산출의 결과로 건축물이 지어진다. 건축물은 공학을 구동하는 시스템이 아니고 공학의 복합적 작동 결과로 나타난 결과물이다.

건축 과정은 하나의 프로세스이며 시간이라는 변수가 적용되는 영역이며 다양하고 복잡한 개별 공학의 집합체다. 이러한 복잡다양성은 기계공학과 차별되는 지점이라고 할 수 있다.

건축공학을 요약해 본다.

건축공학 시스템은 [(투입) 사람, 재료, 자본 → (작동) 설계도에 따라 각종 자원을 순차적으로 투입함 → (산출) 건축물의 탄생 : 사람이 생활할 공간을 제공함]으로 표현할 수 있다.

부의 축적도 웰쓰 엔지니어링 시스템이 건축공학적 설계도와 시공과정처럼 작동하여 [(투입) 주체, 환경, 자원 → (작동) 웰쓰 엔지니어링 → (산출) 부 : 사람이 생활할 수 있는 환경을 제공함]으로 나타난다.

이 원리는 처음과 끝이 있는 과정에서 부가 축적되는 원리를 이해하도록 돕는다.

건축공학적 원리는 인생의 전 과정에서 부가 축적되는 활동을 이해하도록 돕는다.

응용 부(富)의 엔지니어링

웰쓰 엔지니어링에 적용해 보자.

	지침	꿈, 목표, 인생계획, 방침, 웰쓰 플랜(wealth plan)
투입	**자원**	자본, 기술, 경험, 인맥 등
	환경	구조적, 직업적 시스템, 조직, 장소와 시간 등
	주체	끊임없이 노력하는 주체, 치열한 투쟁, 지속적인 배움과 개선

시 스 템	웰쓰 엔지 니어링 시 스템	일 시작하기 - 하위 10%에서 배우기 - 숙련 - 상위10%로 올라가 기 - 지출을 통제하면서 자금 모으기 - 기초적 생활환경 마련하기 - 종잣돈 마련하기 - 부의 레버리지 구축하기 - 부의 목표 달성하기
산출		원하는 수준의 부를 달성함

[표 3-1. 웰쓰 엔지니어링의 적용]

우리가 부를 바라볼 때, 공학적으로 접근한다는 것을 이렇게 생각하기로 하자.

일정 틀이 갖춰진 환경이라면 기계공학적으로 사고하기로 하고, 일정 영역만 주어진 환경이라고 하면 건축공학적으로 사고하기로 하자. 한 시점에서, 한 대상에서 활동을 해야 한다면 기계공학적으로 사고하고, 인생 전반에 걸쳐 마라톤처럼 뛰어야 한다면 건축공학적으로 사고하기로 하자.

하나의 상품을 파는 것은 기계공학적 행동이다. 상품을 팔아 남은 이윤을 차곡차곡 쌓아 투자하고 관리해 나가는 것은 건축공학적 행동이다.

이 모든 과정들이 통합되어 부를 이룬다.

3

웰쓰 엔지니어링

웰쓰 엔지니어링의 정의

자 이제 본격적으로 '웰쓰 엔지니어링'을 시작해 보자.

'웰쓰 엔지니어링'은 '부를 창출하는 시스템' 혹은 '부를 창출하기 위한 공학적 메커니즘', '부를 창출하는 공학적 방법론'을 의미한다.

용어에 충실하자면 웰쓰 엔지니어링이란 '인력, 재료, 기계 따위를 부를 창출하기 위한 생산 목적에 따라 유기적인 체계로 구성하는 활동'이 된다.

이것을 요약하여 **'웰쓰 엔지니어링(Wealth Engineering)'은 '부를 창출하는 공학적 방법이론' 혹은 '부를 창출하는 공학적인 활동'**이라고 이해하기로 한다.

웰쓰 엔지니어링의 얼개

웰쓰 엔지니어링에 대해 개략적인 윤곽을 잡아 보자.

당신은 부를 쌓은 활동을 시작하는 시점으로부터 종료하는 시점까지 시간 축을 설정한다. 대략 20대 초중반부터 60대 초중반까지로 설정할 수 있다. 가로축으로 설정한다.

부가 쌓이는 정도는 세로축으로 설정하면 이해가 쉽다.

일반적인 직장에서의 활동기간은 대략 30년 정도다. 길면 40년이다. 기업가라면 더 연장할 수도 있다. 종합하면 25세에서 65세까지다. 이것보다 더 연장되거나 짧아진다.

근로활동을 하는 약 30년 시기는 3기의 단계로 구분할 수 있다.

처음 10년 즉, 제1기다. 이때는 근로활동 중에 사업 분야의 전문적 기술과 경험을 축적하는 시기 즉, 배우는 시기다. **첫 10년은 배우는 시기다.**

제2기, 두 번째 10년이다. 이때는 전문가가 되어 몸담은 조직에 사업적 성과를 내는 단계다. 35세에서 45세를 전후한 시기다. **둘째 10년은 기여하는 시기다.**

제3기, 마지막 10년이다. 이때는 조직에서의 위상이 높아지고 업무에서의 장악력도 높아진 상태다. 축적된 전문지식과 해당 분야 장악력이 높기 때문에 적은 노력으로 큰 효과를 낼 수 있다. 높은 수입을 거둔다. **셋째 10년은 거두는 시기다.**

부를 창출하는 능력이 높은 사람들은 한 가지 수입에 의존하지 않는다. 적어도 두 가지 수입원은 가지게 마련이다. 대개 근로소득과 투자소득을 갖는다. 어떤 경우에는 근로소득과 또 다른 근로소득을 갖는다.

투자소득의 시기는, 통상 근로소득을 통해 얻은 종잣돈을 이용하게 되므로 근로소득 중 제2기 정도에 해당한다.

한국 부자들은 2/3가 사업체를 운영한다. 그러니 우리는 사업체 운영을 주의 깊게 보아야 한다. 사업체 운영은 어느 분야, 어떤 형태든 어느 정도의 지식과 경험, 자본과 자원이 쌓인 후에 시작한다. 아무리 '스타트업'이라 할지라도 전문적 지식과 경험이 없이는 시작할 수 없다. 그러니 웰쓰 엔지니어링에서는 근로소득 중 제2기 이후에 사업체 운영을 시작하는 것으로 간주한다.

투자활동 및 사업체 운영은 한 개인의 활동을 넘어서는 수입을 창출하게 된다. 동시에 한 개인의 노력을 넘어서는 손실도 가져오게 된다. 이것은 레버리지 효과다. 투자를 한다는 것이 항상 이익만 가져다주는 것은 아니다. 사업을 한다는 것은 더더욱 그렇다. 그러므로 부의 창출을 위한 레버리지 활용을 시작한다는 것은 긍정적 효과와 동시에 부정적 효과도 고려해야 한다. 레버리지는 시간축을 따라 근로소득 활동(자신의 사업체 운영에서 발생하는 근로소득을 포함하여)과 동시에 벌어지는 것으로 간주한다.

웰쓰 엔지니어링은, 부를 축적하는 활동이 가시적, 정량적, 기계적, 인과적임을 전제로 한다. 동시에 부 축적 활동은 매우 정신적인 것임을 부인하지 않는다.

부를 축적하는 활동은 미래를 상상하며 계획하고, 현실을 통제하는 활동이다. 따라서 웰쓰 엔지니어링은 부를 추구하기 위한 정신적 활동을 중시한다.

시간축이 가로축, 부의 정도가 세로축인 틀을 상상한다. 이것은 웰쓰 엔지니어링의 바탕이 된다.

이런 개념을 가지고 더 구체화해 보자.

4
부의 함수

부를 근로소득의 함수로 표현하기

부의 함수를 구해 보자.

함수란 독립변수인 X값과 종속변수인 Y값의 상관관계다. $f(x) = y$다.

웰쓰 엔지니어링에서 시간은 가로, 부의 정도는 세로라 가정했으므로, x는 시간, y는 부다.

우리는 t라는 변수 즉, 시간(time)을 투입하여 w라는 변수 즉, 부(wealth)를 구하고 싶다. 이렇게 표현된다.

부의 함수	$w = f(t)$ $f(t) = at + b$
	w : 부 t : 시간 a : 단위 시간당 임금 b : 이미 모아둔 돈의 양

[표 3-2. 부의 함수 1. 부 축적의 기본]

여기에서 a는 단위 시간당 임금이다. b는 내가 이미 모아둔 돈의 양이다.

내가 2,000만 원을 가지고 있는 상태에서 연봉 4,000만 원씩 5년간 받았다고 가정해 보자.

5년 뒤 내가 벌어들인 소득의 총량은 4,000만 원 / 연 × 5년 + 2,000만 원 = 2억 원 + 2,000만 원 = 2억 2,000만 원이 된다.

하지만 현실은 어떤가? 내가 4,000만 원을 번다고 하여 그 돈이 다 남아 있지 않다. 돈 일부를 생활비로 사용해야 하기 때문이다.

그러면 여기에 '잔존률(saving rate)' 's'라는 개념을 도입한다. 잔존률은 반드시 은행에 적립하는 것이 아니어도 되고 나에게 남기는 소득의 비율을 잔존률이라고 이해하자.

s는 0~1의 값으로 s = 1이면 버는 돈 전부를 남기는 것이고, s = 0이면 버는 돈 전부를 사용하는 것이다. 일정기간 t년 동안 버는 부의 양 $w = f(t) = ast + b$가 된다.

단위 시간당 수입을 꾸준히 축적하여 부를 쌓는다.

이것은 부를 창출하는 기초원리다.

부를 근로소득과 저축의 함수로 표현하기

그러면, 여기서 투자를 생각해 보자.

투자 중 첫 번째는 저축이다.

저축에는 복리가 작용한다.

만약 금리 2%인 예금에 100만 원을 저축한다면, 1년 말에는 102만 원이지만 2년 말에는 원금 102만 원의 102%인 104만 4백 원이 되며, 3년 말에는 원금 104만 4백 원의 102%인 106만 1,208원이 된다. 그렇게 10년을 반복하면 10년 말에는 121만 8,994원으로 늘어난다. 두 배가 되는 시점은 36년을 채울 때다.

금리가 3%라면 두 배가 되는 시점은 24년이 되고 5%라면 14.4년이 된다. 10%라면 7.2년 걸린다. (금리에 따라 복리로 두 배가 되는 시점을 쉽게 계산하려면 72 ÷ 금리(%)로 계산하면 된다. 이 산식은 기억해 둘 필요가 있다.)

그러므로, 일정기간 후 축적할 수 있는 부의 양 w는 다음 함수로 표시할 수 있다.

부의 함수	$w = f(t)$ $f(t) = ast + b$ $f(t) = (as-i)t + i(1+r)^{t-1} + i(1+r)^{t-2} + i(1+r)^{t-3} + \cdots + i(1+r)^{1} + i + b$
	t : 시간 (연단위) s : 저축률 (임금 대비 저축하는 비율) a : 임금 (연봉액) b : 측정 시작 시 가지고 있던 부 (혹은 부채) i : 저축액 (저축액은 매년 동일하다고 가정한다) r : 이자율 (복리)

[표 3-3. 부의 함수 2. 저축과 복리의 계산]

예를 들어서 계산해 보자.

당신은 31세가 되고, 현재 연봉은 4,000만 원이다. 지금 가지고 있는 부의 양은 2,400만 원이다. 39세 말이 되기까지, 9년 동안 모을 수 있는 부의 양을 측정하고 싶다.

9년 동안 평균임금은 5,000만 원으로 예상된다. 그리고 생활비, 물가상승률까지 감안, 매년 평균 3,000만 원을 사용한다. 따라서 잔존금액은 매년 2,000만 원(잔존률 40%)이고 복리로 저축할 수 있는 금액은 매년 1,000만 원이다.

그렇다면 당신이 39세 말에 되었을 때 축적할 수 있는 부의 양은 얼마일까? 위 함수를 적용한다. 결과는 210,445,814원이다.

이 금액은 $f(t) = ast + b$ 산식인, 단순 잔존금액 2,000만 원을 9년 동안 모아 마련한 1억 8,000만 원에 보유한 자금 2,400만 원을 더한 2억 400만 원보다 6,445,814원이 더해지는 결과를 가져왔다. 즉, 복리저축을 실시하지 않을 때에 비해 644만 원을 더 벌어들인 결과를 가져왔다.

그런데, 문제는 무엇인가?

문제는, 아무리 열심히 일해도 40세가 됐을 때 겨우 2억 원을 가지게 된다는 것이다.

이래서는 집을 사기는커녕 전세자금 마련도 어렵다. '현타'가 온다.

어떻게 극복해야 할까?

그리고 부자도 아니고 평범해 보이는 수많은 인생의 선배들은 도대체 어떻게 이 장애를 극복했단 말인가?

부 축적의 한계를 극복하는 일반적인 방법 하나 : 두 경제를 하나로 합치기

그렇다고 해서 이대로 주저앉을 수는 없다!

다른 사람들은 도대체 어떻게 이 한계를 극복했을까? 웰쓰 엔지니어링을 동원해 보자.

첫 번째, 수입을 두 배로 높이는 방법.
수입을 두 배로 높이는 방법은 다시 두 가지가 있다.
하나는 능력치를 최대한 끌어 올려서 단위시간당 버는 수입을 두 배로 높이는 방법.
두 번째, 수입이 그대로인 사람 둘이 만나 부를 합치는 방법.
주변 사람들을 둘러보라. 생각보다 많은 사람이 수입을 두 배로 늘리는 방법을 사용하여 부를 축적하고 있다. 과연 그 방법은 무엇일까?
그렇다. 남녀가 결혼하여 부부가 동시에 근로소득을 올리며 생활비를 줄이는 것이다!
아니, 이게 무슨 해법인가? (정말 그렇게 생각하는가? 잘 생각해 보라.)
다시 한번 말하는데, 주변을 잘 관찰해 보라.
남성과 여성이 힘을 합쳐서 두 사람이 벌어들인 수입을 합치고, 남성과 여성이 살림을 합쳐서 두 사람이 쓰던 생활비를 절반으로 줄인다. 그러면 부의 축적은, 두 배 이상으로 빨라진다!
독립적이던 두 경제를 하나로 합치는 것이다.
이것은 은행에 적용되는 자본주의 원리와 비슷하다. 은행은 고객들로부터 예금을 받아 예치금 자산을 가지고 있는데, 동시에 그 돈을 대출해 줌으로써 채권 자산을 가지게 된다. 한 자원으로 두 배의 자산효과를 내게 된다.
경제를 하나로 합친 두 남녀는, 상대방의 재산을 합산한 자산을 자신의 자산이라고 말할 수 있게 된다. (이 관점은, 이혼이 왜 당사자들에게 경제 타격을 주게 되는지 짐작할 수 있게 해 준다.)

함수로 이렇게 표현할 수 있다.

부의 함수	$w = f(t) = a_1s_1t + a_2s_2t + b_1 + b_2$
	t : 시간 (연단위) a_1 : 남성의 연봉 (정확히 말하자면 측정 기간의 평균 연봉) s_1 : 남성의 잔존률 (정확히 말하자면 측정 기간의 평균 잔존률) b_1 : 남성이 측정 시작 시점에 가지고 있던 부의 양 a_2 : 여성의 연봉 (정확히 말하자면 측정 기간의 평균 연봉) s_2 : 여성의 잔존률 (정확히 말하자면 측정 기간의 평균 잔존률) b_2 : 여성이 측정 시작 시점에 가지고 있던 부의 양

[표 3-4. 부의 함수 3. 두 수입을 하나로 합치는 경우]

예를 들어보자. 30세의 남성과 30세의 여성이 각각 2,400만 원씩 재산을 가지고 있고, 31세부터 9년 동안 30대 때 모을 수 있는 부의 양을 측정하고자 한다. 이들은 30세에 결혼을 해 살림을 합치게 되었다. (결혼하는 비용을 고려하지 않는다.)

연봉은 9년 동안 남녀 모두 평균 5,000만 원으로 동일하다. 그리고 저축하는 양은, 남자와 여자가 살림을 합쳐서 연평균 4,000만 원을 쓸 것으로 예상되어 매년 인당 2,000만 원을 지출하고 평균 3,000만 원씩 남길 수 있을 것으로 예상된다.

그렇다면 9년 후 이 남녀가 축적할 수 있는 부의 양은 얼마인가?

w = 588,000,000원

만약 여기에서 남녀 각각 1,000만 원씩 연리 2%의 복리저축을 활용한다면 수입을 더 올릴 수 있다. 그렇게 된다면,

w = 600,890,628원

복리를 활용하면 그냥 모으기만 했을 때보다 12,890,628원을 더 벌어들일 수 있다. 매년 저축하는 금액을 늘이면 그 효과는 더 커진다.

어떤가? 설득력 있지 않은가?

'더블인컴(double income)'에 '하프(half)소비'라면 축적할 수 있는 부의 양은 3배쯤 커지는 효과를 기대할 수 있다.

부 축적의 한계를 극복하는 일반적인 방법 둘 : 수입원을 하나 더 만들기

두 번째, 수입을 높이는 다른 방법을 생각해 보자.

그것은 부업을 하는 경우다.

수입원을 하나 더 만드는 것이다.

부업도 앞의 방법에서 썼던 배우자의 수입처럼 이렇게 표시할 수 있다.

부의 함수	$w = f(t) = a_1 s_1 t + a_2 s_2 t + b$
	t : 시간
	a : 개인의 직장 연봉 (측정 기간의 평균 연봉)
	s : 개인의 직장 연봉에 대한 잔존률 (측정 기간의 평균 잔존률)
	a : 개인의 부업 연봉 (측정 기간의 평균 연봉)
	s : 개인의 부업 연봉에 대한 잔존률 (측정 기간의 평균 잔존률)
	b : 개인이 측정 시작 시점에 가지고 있던 부의 양

[표 3-5. 부의 함수 4. 두 수입원을 만든 경우]

다시 한번 상황을 가정해 보자.

개인은 측정 시점에 가지고 있는 부의 양이 2,400만 원이다. 개인은 현재 30세이고 연봉은 4,000만 원인데, 향후 31세부터 39세까지 9년 동안 평균 연봉은 5,000만 원으로 예상된다. 잔존률은 40%이다.

여기에, 개인은 수입이 부족하다고 느껴 정기적인 부업을 하기로 했다. 그 부업은, 자신이 업무와 관련된 부가적인 일을 하여 그 결과물을 다른 회사에 제공하는 것이다. 한 달에 한번 꼴로 성과물을 제출하면 매번 100만 원을 받을 수 있다. 그리고 이 일을 하면서 들어가는 비용을 제하고 남는 비율은 50% 정도 된다.

자, 이제 이 개인의 9년간 축적할 수 있는 부의 양을 계산해 보자.

f(9) = 2억 5,800만 원

수입이 하나일 때보다는 많이 늘었다. 다행이다.

**이것은 수많은 부의 구루가 가르쳤던,
'다양한 수입원 만들기'의 첫 시도다.**

그러므로 부자가 되는 영역에 발을 들이는 것이다.

그러나 아직도 모자란 상황이다.

수입을 더 늘리는 방법을 연구해야 한다.

부 축적 함수를 준비하는 이유

지금까지 소개한 내용은 크게 어렵지 않을 것이다. 이미 거의 모든 사람이 자연스럽게 체득하고 있는 내용들이다.

그렇다면 굳이 그 내용을 반복하여 제시할 필요가 있는가?

있다!

너무 당연하게 알고, 당연하게 행하던 일들도 체계적으로 정리할 필요가 있다. 체계적 정리는 위기 상황에서 중심을 잡도록 도와준다. 이것은 긴 인생의 방향을 잡고 나아갈 때 중요한 역할을 한다. 위기 돌파나 사다리 올라가기는 그 바탕 위에 무언가 더 뛰어난 것을 덧붙이는 것이다. 새로운 시도 이전에 기본기를 다져야 하는 법이다.

부 축적의 함수란 부를 축적하는 마법의 지팡이나 요술봉이 아니다. 부 축적 함수란 돈이 자연스럽게 모이는 이치를 조금 더 개념적으로 정리하여 인과관계를 확인하고 하나의 자원이 투입된다는 것의 의미와 결과를 예측하여 규모 있게 살아가기 위한 것이다. 그렇지 않은 경우와 비교하면 엄청난 위력을 발휘한다.

규모 있게 사는 것의 표상은 가계부다. 개인 장부를 쓰는 것이다.

가계부를 쓰는 사람과 쓰지 않는 사람의 차이는 크다. 인생계획을 세우는 사람과 세우지 않는 사람의 차이는 크다. 사업계획과 목표를 세우고 시작하는 일과 그렇지 않은 일의 결과 차이는 크다. 하루에 업무를 정리한 후 활동하는 날과 그렇지 않은 날의 차이는 크다.

우리는 그 차이를 가져오고 싶다. 부 축적의 함수 개념을 정립한다면 그렇지 않을 때에 비해 더 높은 생산성을 가져올 수 있다.

돈은 생물과 같다. 돈은 자신을 좋아하는 사람을 좋아한다. 돈을 모으고자 계획을 하고 절제하는 사람을 좋아한다. 그에게 돈이 모인다.

돈을 모으는 일은 엔트로피 법칙과 같다. 에너지가 투입되어야 한다. 돈을 모으지 않는 일은 그냥 내버려 두면 흩어진다. 무질서로 가는 길에 에너지는 필요치 않다.

돈을 모으는 일은 질서로 나아가는 것이므로 통제력이 요구된다. 저절로 되지 않는다. 여기에 부 축적 함수를 찾아내고자 하는 의의가 있다.

여유 있을 때, 아직 때가 오기 전에 미리 준비하자. 대비하자. 부 축적의 함수를 이해하고 연습해서 부를 축적할 그릇을 만들어 두자.

부 축적 함수의 구조적 이해

부 축적 함수를 다시 정리해 보자.

부를 축적하는 데 가장 효과가 큰 것은 사업소득이다. 그러나 사업소득은 일정한 공식으로 표현하기 어렵다. 수입의 정도도 불규칙하지만 손실의 경우도 발생하기 때문이다. 그러므로, 지금까지 소개한 '시간당 소득', '시간당 수입' 또는 '소득'(고정적 소득 및 우발적 수입을 합한 개념으로서)에 사업소득이 포함된 것으로 이해하자. 사업소득에 관해서는 변수가 너무 많다. 이것은, 목표를 정하고 달성하고 어려움을 극복할 주제로 바라보는 것이 더 바람직하다.

부의 함수	• 부 = 수입 - 지출
	• 부 = 수입 - 지출 + 일정 시점에서 보유한 부의 양
	• 부 = 시간당 수입 × 시간 - 시간당 지출 × 시간 + 일정 시점 보유 부의 양
	• 부 = 소득(고정적 소득) - 지출(고정적 지출) + 우발적 수입이나 지출
	• 부 = 시간당 소득 × 시간 - 시간당 지출 × 시간 + 우발적 수입 - 우발적 지출 + 일정 시점에 보유하고 있는 부의 양
	• 부 = (시간당 소득 × 잔존률 - 시간당 저축액) + 시간당 저축액 × $(1 + 이자율)^{시간(연)-1}$ + 시간당 저축액 × $(1 + 이자율)^{시간(연)-2}$ + 시간당 저축액 × $(1 + 이자율)^{시간(연)-3}$ + ⋯ + 시간당 저축액 × $(1 + 이자율)^1$ + 시간당 저축액 + 일정 시점 보유 부의 양
	• 부 = (시간당 소득 × 잔존률 - 시간당 저축액) + 시간당 저축액 × $(1 + 이자율)^{시간(연)-1}$ + 시간당 저축액 × $(1 + 이자율)^{시간(연)-2}$ + 시간당 저축액 × $(1 + 이자율)^{시간(연)-3}$ + ⋯ + 시간당 저축액 × $(1 + 이자율)^1$ + 시간당 저축액 + 우발적 수입 - 우발적 지출 + 일정 시점 보유 부의 양

[표 3-6. 부의 함수 5. 부 축적 함수의 다양한 접근]

이 개념 즉, 부의 공식 개념을 기억한 후 나중에 실제 사례를 통해 어떤 변수들이 개입되고 실제 축적의 과정은 어떻게 흘러가는지 살펴보자.

5

하나의 시스템은 S곡선을 그린다

일반적 현상에서 채택되는 부의 함수 : S곡선 이론

자, 이제 현실 세계에서 작동되는 부의 현상을 살펴보자.

프로젝트 매니지먼트에서 다루어지는 일반적인 이론을 소개한다.

'S곡선 이론'이다. S곡선 이론은 건설프로젝트에서 상식으로 통한다.

다음 그래프를 보자. 12개월 표준 공정율 그래프다. 건축물을 지으면서 매월 공정율을 합하여 나타나는 결과다. S곡선을 그린다.

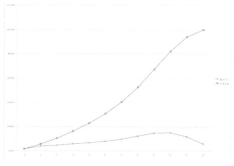

[그림 3-4. S곡선 : 건축공정 그래프, 12개월]

처음에는 완만하게 증가하다가 공사 중간 부분에서 갑자기 기울기가 커지며 진도가 빨라진다. 그리고 마지막 완료 단계에서 다시 처음과 비슷한 기울기로 줄어든다. 이것을 형상으로 말하자면 S자와 닮았다고 하여 S-Curve 즉, S곡선이라고 표현한다.

대부분의 프로젝트는 이와 같은 양상을 보인다. 그 이유는 사업의 초기에는 준비 과정, 숙달 과정, 현장에서의 적응 과정에 시간이 소요되어 느리게 진척된다. 사업 중반에는 그러한 낭비요인이 최대한 제거되고 능률이 오르게 된다. 그리고 마지막 단계에서는 다시 마무리를 위한 신중함과 작업 간의 간섭으로 인한 대기 시간들이 필요해지면서 다시 늦춰진다.

부의 형성도 이와 비슷할 것으로 유추된다. 특히 사업 초반에서 중반으로 들어가는 과정은 매우 유사하다.

이것은 보스턴컨설팅에서 제시한 사업수명주기를 연상시킨다. BCG 매트릭스로 불리는 사업의 성숙과정은 물음표(형성기) → 스타(성장기) → 캐쉬 카우(성숙기) → 개(쇠퇴기)로 표상된다. S곡선의 특성과 닮았다. 부의 형성과정은 이와 비슷할 것이라고 예상하자.

S곡선의 적용

자, 그러면 S곡선의 함수를 어떻게 적용해야 하는지 생각해 보자.

1996년 분당 수내동 14번지에 문을 열었던 청구블루힐은, 대형 매장이 정상화되기까지 시간이 필요함을 알려 주는 좋은 사례다.

건립 당시 자금력에 자신이 있었던 청구건설은, 분당에 토지를 매입하고 백화점을 지었다. 그리고 직접 운영하기로 결정하고 모든 준비를 마쳤다.

유통 및 서비스업의 각 분야 전문가들을 모아서 '멀티서비스 백화점'을 시작했다.

그러나 1999년 2월, 폐업을 맞았다.

왜 그랬을까? 당시 청구블루힐백화점은 분당 내 대형 유통시설 규모 면에서도 최대였다. 원인은 여러 가지였다. 가장 결정적인 것은 한국 거시경제 최대의 위기였던 IMF 사태를 맞은 것이었고 두 번째 원인은 뉴코아백화점 서현점, 삼성플라자 분당점 등의 강력한 경쟁자가 등장한 것이었다.

그러나 진짜 중요한 원인은 다른 곳에 숨어 있었다.

그것은 사업의 처음과 끝을 명확하게 알고 일하던 건설회사가 처음은 알 수 있는데 끝은 알기 어려운 유통사업에 뛰어들었다는 것이다. 가시적인 시작과 끝을 통제하는 데 익숙했던 청구건설은 백화점 사업의 하드웨어적인 측면에만 집중했다. 부지매입비, 건설비, 시설비, 인력과 조직 배치에 투입되는 비용, 초기 마케팅 비용, MD구성을 위해 투입해야 하는 인테리어나 물품 구입비 등에 대해 면밀히 계산했다. 이에 맞춰 자금을 준비했다.

그러나 그 거대한 시설이 제 기능을 발휘하기까지 무려 4년이나 적자를 견뎌야 한다는 사실은 몰랐다. 백화점이 손익분기점을 맞춰 이익을 내기까지 감내해야 하는 매몰비용을 알지 못했고 그에 대한 대비를 하지 못했다.

S곡선을 수시로 체험하던 건설회사는 진짜 S곡선을 그리는 사업인 백화점 사업의 숨은 속성을 이해했어야 했다.

자, 당신은 어떤 형태든 사업을 경험해야 한다.

그것이 당신이 직접 운영하는 사업이든, 다른 사람이 운영하는 사업이든 말이다.

그러니 일이라는 것은 처음에는 느리게 굴러가다가 점차 속도를 내고 빨라지는 것임을 이해할 필요가 있다.

하나의 사업은 하나의 사이클을 가지며,

사업은 그 사이클 내에서 S곡선을 그리며 완성된다.

이 속성을 이해하면 **생애주기(life cycle) 관점의 사업관리능력**을 가지게 된다.

시작에서 끝이 있는 하나의 프로젝트가 기승전결식 단계적 흐름을 가진다. 사업 과정의 투입과 산출은 정비례 관계로 나타나지 않는다.

전 과정적 관점에서 사업을 관리해야 한다.

6

웰쓰 엔지니어링 주체, 사람

웰쓰 엔지니어링에서 가장 중요한 요소가 있다.

웰쓰 엔지니어링에서 가장 중요한 것은 사람이다.

바로 당신이다.

다른 중요한 요소의 중심에 있는 것은 사람이다. 치열한 투쟁으로 표현되는 사람이다. 그 사람은 목표를 향해 돌진하는 주체로서, 목표와 결과를 향유하는 주체로서 존재한다.

그렇다면 그 중요한 사람은 어떻게 처세해야 하는가?

배움이다. 계속 배워야 한다. 배우는 사람은 성장한다.

성장하는 것은 웰쓰 엔지니어링의 요체다.

성장하는 방법은 여러 가지다.

성장은 배우는 것이므로 성장하는 방법은 배우는 방법을 찾는 것이다. 배우는 방법은 여러 가지다. 배움의 기본은 독서다. 독서에서 확장하여 강연을 듣는다. 세미나에 참석한다. 사람들과 대화하고 특정한 상황에 들어가 직접적인 교육을 받는다. 배우는 과정이고 방법이다. 사람은 끊임없는 배움을 통해 성장한다.

웰쓰 엔지니어링의 흐름 한가운데 사람이 있음을 기억하자.

그 사람은 변화하는 환경에 맞게 자신도 계속해서 변화하고 성장하는 존재여야 한다.

7

인적 자원의 경쟁력 어떻게 강화할 것인가?

인과의 법칙에 적용하기 위한 성공 환경 분석

경영전략의 대가 마이클 포터는 산업경쟁력을 분석하기 위하여 기업 환경을 5가지 요소로 분석했다. 기업이 제공하는 제품과 서비스의 차별화를 제공할 수 있고 기업활동의 전방통합에 영향을 주는 '공급자의 교섭력', 기업이 제공하는 제품과 서비스의 구매 형태를 결정하고 기업활동의 후방통합에 영향을 미치는 '고객의 교섭력', 한 산업의 외부에서부터, 그 산업으로 새롭게 들어와 경쟁을 벌이고자 하는 '신규 진입자의 위협', 기업이 제공하는 제품과 서비스의 존립에 위협을 줄 수도 있는 '대체품' 그리고 이러한 환경에 둘러싸여 경쟁우위를 달성하고자 하는 기업 자신의 '치열한 투쟁'이다.

성공전략을 수립하기 위해 이러한 구조로 환경을 분석해 보자. 5가지 요소다.

먼저 나를 형성시켜주는 공급 요인인 '개인적 환경'이 있다.

개인적 환경이란 나라는 사람을 만들어 낸 원초적 요인이다.

나를 낳고 길러 주신 부모님, 성장해 온 가정, 형제들과 가족들, 성인이 될 때까지 받았던 공적인 교육과 가정교육 등이다. 이것은 나라는 사람의 성별, 인종, 얼굴 생김새와 키, 몸무게 등의 신체적 특성, 성격적 특성을 포함한 기질과 육체적 정신적 재능, 기초적인 사고방식과 가치관을 결정하여 한 사람의 존재에 가장 큰 영향을 주는 요인이 된다.

두 번째는 나의 사업적 가치를 드러내 주는 '직업과 산업 환경'이다.

내가 생산을 하고 돈을 벌고 가치를 생산하는 활동 영역이다.

그 직업과 직장이 속한, 사업장이 속한 국가, 지역, 산업, 제도적 특성, 함께 일하는 사람들과 회사의 특성, 경쟁사, 업계의 특성, 그리고 그 필드에 직접적 영향을 주는 외부환경을 말한다.

세 번째는 '시장 환경'이다.

이것은 시대, 국가, 지역, 산업이 가지는 특성이다.

자본주의 시스템, 국가의 조세제도와 산업구조를 규제하는 법적 환경, 정책들, 금융시장 환경, 부를 창출하는 환경을 제공하는 토지와 건물, 부동산의 특성, 시대적인 성격을 드러내는 사회분위기 등을 망라한다.

네 번째는 '사회문화적 환경'이다.

이것은 시장과 다르게 나와 직접적인 연관성을 가지는 사회환경을 의미한다.

　나와 어울리는 사람들의 그룹, 사는 지역, 학연이나 지연, 동호회 등으로 어우러지는 작은 사회, 가족이나 직장 관계자들과 연계된 일련의 인맥들, 그리고 이러한 작은 사회를 둘러싼 문화와 사회 분위기를 말한다. 시장 환경보다는 작은 범위이다.

　마지막 다섯 번째는 이러한 환경 속에서 보다 좋은 위치를 점하고자 열심히 노력하는 개인 당사자다. '치열한 투쟁'이다.

　이것은 앞서 언급했던 사람이다.

　웰쓰 엔지니어링의 주체이자 목적이다.

　이 다섯 가지를 개인의 **성공전략에서 경쟁우위를 달성하기 위한 5-Forces** 라 규정한다.

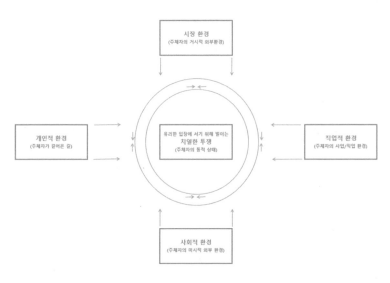

Wealth Engineering 경쟁우위 결정 5 요인

[그림 3-5. 웰쓰 엔지니어링 경쟁우위 5 결정요인(5-Forces)]

성공 경쟁력 강화 방안

　성공을 위한 경쟁우위 5 결정요인에 대해서 더 생각해 보자.
　그리고 성공 경쟁력 강화 방안을 찾아보자.

방안 1. 개인적 환경

　첫째 요소는 '개인적 환경'이다.
　'개인적 환경'은 성공을 열망하는 개인 자신의 고유한 내부환경이다.
　매우 특수하고 독특하며, 자신만이 알 수 있는 영역이다. '개인적 환경'은 웰쓰 엔지니어링 주체자가 경쟁우위를 구축하고 부를 축적하는 활동을 함에 있어서 가장 근원적인 내부 환경이 된다.
　당신의 재능은 무엇인가? 당신이 잘하는 것은 무엇인가? 당신이 좋아하는 것은 무엇인가? 당신이 어릴 적부터 키워 온 가치관은 무엇인가? 당신 어릴 적부터 훈련받은 기술이나 성향은 무엇인가?
　당신의 고유한 속성을 웰쓰 엔지니어링으로 활용하기 위해서는 당신이 잘할 수 있는 것, 좋아하는 것 중에서 사업적 재능을 신중하게 골라 육성해야 한다. 웰쓰 엔지니어링은 당신이 핵심역량과 자원기반관점을 갖추길 권고한다.
　핵심역량이란 '다른 회사가 모방하기 어려운 기술이나 능력'이다.
　자원기반관점이란 '가치 있고 희소성이 있으며, 모방 가능성이 낮고 대체 가능성도 낮은 자원이 다른 기업과 차별화를 가능하게 하고 이를 지속시키는 힘을 가지므로 이 자원은 지속가능한 경쟁우위의 원천이 된다'는 것이다.

요약하면 '당신은 당신만의 차별화 요소를 가져야 한다'는 말이다.

차별화를 위한 노력은 무수히 많다.

학교가 요구하는 교육에 적응하지 못하던 토머스 왓슨 2세는 군입대 후 2차세계대전을 지휘하는 브래들리 장군 밑에서 자신만의 교육을 경험하게 된다. 말썽꾸러기로 인식되던 그는 어엿한 책임감을 지닌 성인으로 성장하여 마침내 1956년, 아버지 왓슨이 일구어 놓은 대기업 IBM을 물려받아 성공적인 경영활동을 펼쳤다. 세계사적 대사건인 2차세계대전에 참전하여 장교로서 자신의 역할을 수행하면서 토머스 왓슨 2세는 큰 기업을 경영할 자신의 핵심역량을 기를 수 있었던 것이다.

나는 대학을 졸업하고 군 입대를 포함하여 직장에 취업한 이후 기사, 기술사, 석사, 박사 과정을 긴 인생의 관점에서 밀고 나갔다. 주변의 반대와 부족한 학비조달 여력에도 불구하고 24년 만에 완성했다. 자기 경쟁력 향상을 위한 여정이었다. 다양한 개인적 특성과 수많은 사업적 경험과는 별개로 이 객관적인 자격들은 나의 든든한 자원이 되어 주고 있다.

'개인적 환경'에서 흥미로운 사실이 하나 있다.

어릴 적에 중요하다고 생각되던 요소가 나이가 들수록 중요하지 않는 점이다.

점점 성장하고 사회적 활동영역이 넓어지면 그런 것들보다 더 중요한 요소들이 등장한다.

사람들과 잘 어울리는가? 예의 바르고 매너 있게 행동하는가? 사회적 활동에 필요한 지식을 갖추고 있는가? 자신의 분야에 전문적인 지식과 경험을 가지고 있는가? 어떤 일이 주어진다면 그 일을 맡을 책임감과 자세는 충분한가? 모르는 사람들과 함께 일을 하더라도 금방 적응하고 그들과 조화롭게 협력할 수 있는가? 새롭고 어려운 일을 만났을 때 당황하지 않고 침착하게 도전하여 결과를 이끌어 낼 가능성이 있는가?와 같은 특성이 더 중요하게 작용하기도 함을 발견한다.

나의 오래된 친구가 있다. 키가 크지 않고 빼어난 운동신경을 가진 것도 아니다. 게다가 활동하는 일터에서 다수를 점유하는 인종도 아닌 데다 여성이다. 그러나 그녀는, 세계적으로 가장 큰 비영리 조직인 자신의 일터에서 직원에서 출발, 국장급으로 꾸준히 승진했다.

지금은 자신이 맡은 부문에서 전결권을 가지고 일하는 중이다. 그녀는 잘 웃는 편이고 사람들과 금세 어울리고 주어진 업무의 본질을 빨리 파악하며, 신속한 결정과 실행을 무리 없이 반복한다. 전 세계에 흩어진 수많은 그 부문의 팀원들과 부서장들은 그녀의 지휘에 잘 따르며, 몇 안 되는 상관들은 그녀에게 부여한 권한에 의문을 품지 않는다.

이 요소를 한 단어로 규정한다면 '인재'다.

당신은 스스로 '인재'가 되어야 한다.

'인재'란 '핵심역량'을 갖춘 사람이다.
그러므로 당신은 '핵심역량'을 길러야 한다.

방안 2. 직업과 산업 환경

둘째 요소인 **'직업과 산업 환경'**을 보자.

직업과 산업 환경은 내부 환경에 속한다.

활동주체인 당사자가 직접 고르고 역할을 수행할 수 있는 영역이다.

당신의 직업은 무엇인가? 또는 어떤 직업을 고를 계획인가? 만약 당신이 사회에서 첫 직장을 골라야 하는 입장이라면, 사실상의 선택권은 직장 쪽에 있다고 느껴질 것이다. 대기업이나 공무원같이 안정적인 직장을 추구하는 것이 당연하기 때문에 내가 어떤 직무를 한다고 생각하기는 어렵고 어떤 분야로 진출할 것인지 정도를 선택할 수 있을 것이다. 좋다. 당신이 전공을 한 분야로 진출하든 우연히 만나게 된 기회를 잡아 진출하든 당신이 선택한 직장은 당신의 직업과 산업 환경이 된다.

미국의 산업별 평균 투자수익률에 근거한 순위로 보면 증권업, 식음료, 반도체, 의료기기, 철강, 출판, 호텔, 항공 순으로 수익성이 좋다. 하지만 직업 환경을 임의대로 선택하기에는 현실적 한계가 있다.

내가 고른, 또는 내가 진입하게 된 직업과 산업 환경에서 경쟁우위를 찾는 방식으로 접근하면 좋다. 전체를 보고 현재 처해 있는 상태를 파악한 뒤 가장 좋은 포지션을 마음속으로 정해야 한다. (여기에는 믿음도 필요하다.)

웰쓰 엔지니어링의 중요한 기법 중 하나는 무엇이든 정하는 것이다.

결정하는 것이다.

결정이 틀리다면 바꾸면 된다. 다시 결정하면 된다. 효율을 떨어뜨리는 것은 결정하지 않고 넘어가는 것이다. 지나친 결정행위가 사람을 피곤하게 할 수도 있다. 하지만 정해야 한다. 먼저 마음속으로 내가 가고자 하는 곳, 가야 하는 곳을 정하라. 그리고 다음 단계를 진행하라.

자, 사업영역을 어떻게 할 것인지에 대한 문제를 고민하자.

'어떤 직업을 선택할 것인가?' 혹은 '어떤 사업을 할 것인가?'

더 본질적인 차원에서 고민해 보자.

당신이 선택하는 사업의 영역은, 10대 시절, 전공의 방향 선택에서부터 시작한다.

일찍 시작하는 경우는 신체적 재능을 발견하고 그 재능을 살려 운동을 하거나 음악, 미술 등을 하는 경우다. 수학적 재능을 중심으로 문과와 이과로 나눈다. 그리고 대학 진학 때 전공을 선택한다. 하지만 대학 전공을 가지고 한 사람의 인생의 사업영역을 결정하는 것은 다소 무리가 있다. 많은 경우, 자신의 적정이나 능력보다는 점수에 맞춰 선택하기 때문이다.

이때는 내가 잘하는 일을 할 것인가, 좋아하는 일을 할 것인가 고민에 휩싸이게 된다. 그래서 20대 초반의 귀한 몇 년을 학위와 고민의 시간으로 보내 버리게 된다.

만약 당신이 이 시절에 속해 있다면 좀 더 치열한 고민과 다양한 실험적 경험해 보라고 권한다. 당신이 이 시절을 한참 벗어나 있다 하더라도 정말 잘할 수 있는, 정말 좋아할 수 있는 분야에 몸을 담고 있는지 돌아보라고 조언한다. 늦지 않았다.

방향 전환은 언제나 가능하다. 인생은 길고 기회는 많다. 당신을 기다리는 기회, 조직, 사람, 일이 분명 있다.

그러나 잘하거나 좋아하는 분야에 속해 있지 않고 그렇다고 현실적으로 다른 방향으로 돌이키기도 어렵다면 어쩌란 말인가? 좌절은 금물이다. 방법은 있다.

지금 하고 있는 일을 잘하게 만들거나
그 일을 좋아하게 만들면 된다!

다시 한번 말한다.
지금 당신이 몸담고 있는 분야와 일을 잘하도록 훈련하라.
그리고 그 분야와 일을 좋아하도록 마음가짐을 바꿔라.
분명 할 수 있다. 의미를 찾고 재미를 찾고 그 안에 담겨진 숨은 능력들을 찾아라. 생각보다 좋은 많은 것들을 발견할 것이다.

그 후 이 분야에서 경쟁우위를 높일 방법을 찾아보자.

방안 3. 시장 환경

셋째 요소는 '시장 환경'이다.

시장 환경에서 웰쓰 엔지니어링 주체자는 수동적일 수밖에 없다. 내가 결정해서 움직일 수 있는 대상이 아니다.

21세기 이후 등장한 시장 환경의 주요 이벤트는 2008년에 촉발된 세계 경제위기, 2019년에 등장한 코로나19, 2022년의 미국 금리 인상 등이다. 최근에는 러시아와 우크라이나의 전쟁, 이스라엘과 팔레스타인의 전쟁 등이 거시경제 변수들로 등장했다. 그 외에도 자국 또는 주변 주요 국가들의 정치 지형의 변화, 정책의 변화 등을 고려해야 한다. 정치 지형이 변화한다는 것은 한 국가나 지방정부의 집권 세력이 바뀌거나 주요 정책 기조가 바뀐다는 것을 의미한다.

이러한 외부 환경은 예측이 사실상 불가능하다.

단지 발생했을 때 신속하게 대처하는 수준으로 대응할 수 있다.

혹은 그러한 대형 변화요인이 발생할 것이라는 가정하에 충분한 대비를 사전에 해 두는 수밖에 없다.

이러한 시장의 급변 상황은 때로는 엄청난 기회를 가져다주기도 한다.

결혼 후에 미국으로 건너가 사업을 하던 40대의 사업가가 있었다. 건축을 전공하고 설계사무실에서 일을 시작했으나 자신의 사업을 하고자 독립하였다. 한국에서 일하다 결혼 후 미국으로 건너갔다. 하지만 미국으로 이주한 지 10여 년이 지나도록 손을 댔던 사업에서 진전을 보지 못하고 있었다. 그러던 어느 날 함께 골프를 치던 선배로부터 아크릴 공장을 인수해 보지 않겠냐는 제안을 받았다. 미국에서는 아크릴을 사용할 일이 많지 않아 운영에 어려움을 겪고 있는 공장이었다. 인수 비용은 비싸지 않았다.

그 사업가는 곧장 비행기를 타고 가 공장을 방문했고 이내 인수하겠다는 결정을 내렸다.

그의 구상은, 자신은 건축 관련 일을 할 수 있으니 낡은 건축물을 보수하는 개념에서 활용하면 되겠다는 것이었다. 즉, 일종의 인테리어 공사의 재료로서 아크릴을 사용한다면 시장성이 있다는 판단이었다.

그는 주요 설비와 인력을 자신이 거주하던 지역으로 옮기게 하고 사업을 시작했다. 하지만 뜻대로 되지 않았다. 주문을 따는 일은 복잡하고 더뎠으며, 주문 생산은 공정이 복잡했다.

그러다 기회가 왔다. 코로나19가 터진 것이다. 갑자기 주문이 밀려들었다. 주문내용은 단순했다. 학교와 관공서에 책상마다 칸막이를 쳐 달라는 것이었다. 그저 규격에 맞춰 재단하고 재단된 아크릴 패널을 책상이나 상담 공간에 부착하기만 하면 됐다. 그는 마침내 큰 기회를 맞았고 부를 일구었다.

그가 그 공장을 인수하겠다는 결정을 내린 것은 자신의 사업에 충실히 하는 자세로 결정한 것이지 다가올 큰 기회를 예상하고 준비한 것은 아니었다.

그는 자신에게 주어진 큰 기회에 깊은 감사를 느꼈다.

거시경제의 변화가 항상 부정적인 방향으로만 흐르는 것은 아니다. 때로는 정반대의 방향에서 크게 작용하기도 한다.

그래서 말한다.

위기가 기회다.

거시경제분석에 대한 이슈는 사업에서 중대한 방향을 결정할 때 큰 의미를 가진다.

어떤 기술을 채택할 것인지, 어떤 산업을 육성하고 어떤 산업에서 벗어날 것인지를 결정하는 데 중요한 요인이 된다. 사업이 커질수록 산업이 복잡할수록 거시경제를 통찰하며 내려야 하는 의사결정은 사업과 기업의 생존과 지속가능성에 가장 큰 영향을 주는 행위가 된다. 이것은 최고 의사결정자의 영역이다. 단번의 결정으로 그 효과를 알 수 없기에, 그리고 어디까지가 충분하고 어디까지가 부족한지 알 수 없기에, 투입되는 노력에 비해 결과를 측정하기 어려운 영역이다.

하지만 당신이 당신의 기업의 최고책임자라면, 최종책임자라면, 오너라면 이 책임을 회피할 수 없다.

1983년 1월, GE 회장으로 임명된 잭 웰치는 1등, 2등 전략을 구상한다.

그리고 그는 1983년 11월 28일 블랙 앤 데커 회장 래리 팔레에게 매각가 3억 달러를 제시하면서 아무 문제가 없는 소형가전 사업부 매각 작업을 추진했다.

내외부의 반대와 부정적 여론에도 불구하고 거시적 관점에서의 전략을 밀고 나갔다. 그는 우여곡절 끝에 철강, 구리 광산 회사인 유타인터내셔널을 1984년 2사분기까지 24억 달러를 받는 조건으로 BHP에 매각함으로써 GE의 체질을 완전히 바꾸었다. 1, 2등 사업만을 그룹에 남겨둔 것이었다.

결국 잭 웰치는 1990년대 GE그룹의 성장에 큰 기여를 한다.

거시경제를 예측하는 것은 매우 어려운 일이다.

그 어려운 일에 대한 책임은 당신에게 있다.

그 책임은 예기치 못한 위기를 감당해야 하는 과업을 요구하기도 한다.

당신은 그 책임을 기회로 바꿀 줄 알아야 한다.

당신의 운명은 당신이 바꿔 나간다.

방안 4. 사회적 환경

'사회적 환경'이라는 것은 성공의 주체인 내가 처해 있는 미시적 환경을 말한다.

이것은 내가 어디 살고 있는지, 어느 곳에서 근무를 하는지, 주로 활동하는 지역과 인간관계, 사회적 관계는 어디인지 등을 의미한다.

이 환경은 내가 선택해 온 다양한 환경들의 집합체다.

개별적인 환경은 주체가 선택을 할 수는 있지만 일단 선택한 후에는 개별 특성을 바꾸기는 어렵다. 이것이 사회적 환경이다.

웰쓰 엔지니어링의 주체자는 사회적 환경을 자신에게 이롭게 만들어 나가야 한다.

방안 4-1. 물리적 환경 유리하게 만들기

사회적 환경은 크게 두 요소로 구분된다.

하나는 물리적, 지리적 요인이고 다른 하나는 비물리적, 관계적 요인이다.

물리적, 지리적 요인은 주체자가 움직이고 있는 현실의 공간을 의미한다.

주체자가 어디에 살고 있는지, 어디에서 근무하는지, 활동은 어느 범위에서 움직이고 있는지, 그 공간의 범위는 어디인지의 문제다.

비물리적, 관계적 요인은 주체자가 움직이고 있는 관계의 공간을 의미한다.

주체자가 누구와 가족 관계를 맺고 있는지, 누구와 직장이나 직업의 관계를 맺고 있는지, 누구와 사적 교류를 하고 있는지, 어떤 사람이나 조직에 대한 책임을 맡고 있는지, 어떤 권리를 가지고 있는지 등의 문제다.

이러한 요인들은 성공을 추구하는 주체자의 경쟁우위에 영향을 준다. 객관적으로 어디에서 움직이는지는 그 주체자의 생산과 소비의 특성에 영향을 주게 된다. 특히 의무를 가져야 할 책임은 무엇인지도 중요하다. 부를 쌓는 저해 요인이 될 수 있다.

사회적 환경에서 공급은 어떻게 오는가? **부가 오는 통로는 인간관계를 통해서다.**

그래서 성공자들은 더 좋은 사람들을 만나려고 노력한다. 그 방편 중 하나는 주체자 자신이 더 좋은 사람이 되는 것이다. **좋은 사람 곁에는 좋은 사람이 오게 마련이다.**

직주근접은 경쟁우위를 높이는 하나의 방침이 될 수 있다.

서울과 같은 대도시에서 직장을 가지고 있는 사람들은 직주근접의 환경을 만들기 어렵다. 직장이 모여 있는 지역에 주거를 마련하는 것이 비싸기 때문이다. 그래서 통근거리 1시간 내외의 지역에 있는 주거 밀집 단지에 거주하는 경우가 많다. 서울 시내에서 직주근접 환경을 가지고 있는 것은 운이 좋거나 능력이 좋은 것이라 할 수 있다.

내가 아는 어떤 기업가는 새롭게 조성된 업무단지에 사무실을 차리고 그 인접 블록에 있는 오피스텔을 거주지로 삼았다.

또 다른 경우는 지방에 집을 두고 강남권에 있는 오피스텔을 하나 얻어 지내고 있다. 사무실이 한 블록 떨어져 있는 지하철역 부근에 있기 때문이다. 출퇴근은 걸어서 하고 있다.

이러한 형태를 구성하는 것은 업무 효율을 올리기 위한 노력이다. 출퇴근 시간을 줄여 더 많은 일하는 시간을 확보할 수 있다.

방안 4-2. 모임을 통한 관계의 보완

사적인 모임을 가지는 것도 사회적 환경을 구성하는 하나의 요소가 된다.

내가 15년째 출석하고 있는 이업종 전문가들의 모임이 있다.

여기에는 다양한 업종의 사람들이 회원이다. 그래서 만나면 다양한 분야의 소식을 듣게 된다. 어떤 회원은 특별한 강의나 지식 전달의 대화가 아니어도 다른 참석자들의 말을 차분하게 경청한다. 듣고 있노라면 세상 돌아가는 감각을 얻을 수 있어서라고 했다.

더 좋은 인간관계를 맺는 방법 중 하나는 어떤 프로그램에 들어가는 것이다.

대표적인 것이 대학원에 진학하는 것이다.

직장인으로서 어떤 목적의 대학원에 진학하면 자신과 비슷한 의도를 가진 사람들을 만나게 된다. 그리고 학업을 통해서 자연스러운 교류가 가능하다.

나는 벌써 40대 기수를 배출한 동문회 회원이 되었다. 같은 과정을 거친 동문이 4천 명이 넘는다. 부담 없이 만날 수 있는 좋은 관계다. 그들과 어울리는 것은 이해관계와 도움 여부를 떠나서 정서적인 안정을 준다. 나에게는 관계의 큰 자원이다.

인간관계를 맺는 기본 수칙은 소개받는 것이다.

좋은 사람들은 좋은 친구를 두게 마련이어서 그 사람에게 인정받게 되면 자기 친구를 소개받을 수 있다. 혹은 좋은 거래처를 소개받을 수도 있다. 추천인이 좋은 경우 대부분의 소개된 사람은 좋은 사람들이다.

방안 4-3. 효율적 환경의 구축 사례

샌프란시스코만 근처의 마운틴뷰에 자리를 잡은 구글은, 기업의 생산성을 최대한 효율적으로 이끌어내기 위해 직원들의 〈사회적 환경〉을 인위적으로 구축한 사례를 보여 준다.

브린과 페이지는 비즈니스의 원동력인 컴퓨터시설을 구축하는 데 집중하고자 하는 입장이었으나 구글 문화도 중요함을 깨달았다. 그들은, 샌프란시스코 마운틴뷰 엠피씨어러 파크웨이 1600에 있는 회사 내부에서 직원들에게 공짜 식사와 음료, 스낵 그리고 운동시설, 미용실, 세탁소, 치과, 세차장과 같은 각종 편의시설을 최대한 제공했다. 심지어 애완견을 키우게 해주기까지 했다. 창의력을 극대화할 수 있는 환경을 제공하고자 했다.

자신의 사회적 환경을 구축하는 데 있어서 신경을 쓰는 사례는 워렌 버핏에게서도 나타난다.

워렌 버핏은 사무실의 물리적 환경뿐 아니라 만나는 사람들과의 관계인 사회적 환경을 유리하게 만들고 있다.
그는 골프, 테니스, 브릿지 등의 최고 선수들과 직접 만나며, 세계 최고의 기업가들뿐 아니라 정치인들과도 만남으로써 자신의 직업적 식견을 탁월하게 유지하려 한다.

가까운 곳에 생활에 필요한 모든 기능을 모아두는 환경을 추구한다.
각 분야에서 최고 수준인 사람들과 관계를 맺고 유지해 나간다.
이런 지향점은 그 환경 속 주체자들의 경쟁력을 높여 준다.
효율적이고 생산인 환경은 성공을 향한 길에 경쟁우위를 가져다준다.

방안 5. 치열한 투쟁

'치열한 투쟁'은 성공을 추구하는 주체자의 역동적인 움직임을 말한다.

'치열한 투쟁'은 목표를 행해 나아가는 상태다. 열정적이고 의지적인 움직임이다. 경쟁이고 싸움이지만 이것은 자신과의 경쟁이고 자신과의 싸움이다.

'치열한 투쟁'이란 성공을 추구하는 주체자가 에너지를 응집시켜 원하는 목표를 향해 나아갈 수 있는 힘을 축적한 상태이며, 축적된 힘을 발산하는 상태다.

그러므로 치열한 투쟁은 크게 두 부분으로 분석할 수 있다.

첫째는 에너지를 비축한 성공의 주체자의 상태이고 둘째는 그 주체자가 나아가고자 하는 방향 혹은 지점이다.

이 두 가지가 준비되면 주체자는 에너지를 사용하여 원하는 방향, 지점을 향해 움직인다. 그리고 그 과정에서 장애를 극복하거나 더 효율적인 방법을 찾거나 필요한 활동을 한다.

에너지를 응축한다는 것은 열망과 뜻을 깊게 품는 것을 말한다. 그리고 하고 싶은 마음, 해야겠다는 마음을 크게 가진다는 것을 말한다. 이것은 원자가 에너지를 띠어 부양된 상태를 연상할 수 있다.

'치열한 투쟁'에서 중요한 것은 어떻게 에너지를 만들 것인가다.

좋은 에너지를 많이 만들어야 한다.

좋은 에너지라는 것은 밝고 환한 에너지, 긍정과 성장의 에너지, 조화와 평화의 에너지, 사랑과 포용의 에너지다. 좋지 않은 에너지는 반대의 속성을 지닌 에너지다. 좋은 에너지는 생명을 살리는 쪽으로 움직이고 나쁜 에너지는 반대로 움직인다. 우리는 좋은 에너지를 길러야 한다.

에너지를 많이 만들어야 한다는 것은 그 깊이를 깊게, 유지를 길게 하는 것을 말한다. 뜻을 깊게 가지고 오랫동안 간직하는 것이다. 오랜 훈련과 연습, 반복된 경험이 필요하다.

이것은 꾸준한 교육을 통해서 기를 수 있다. 자기 스스로에게 좋은 에너지를 갖도록 교육하는 것이다. 학교에서, 교육기관에서, 어떤 프로그램들을 통해서, 자기 주변의 사람들을 통해서, 책이나 매체를 통해서, 직장이나 단체에서, 건전하고 생산적인 경험을 통해 기른다.

때로는 역경이나 어려움을 통해서 기른다.

역경이나 어려움을 만나면 '치열한 투쟁'의 주체자는 포기하지 말고 당연히 그 어려움을 극복해야 한다. 역경이나 어려움은 좋은 에너지를 사용할 대상이 되고 또 좋은 에너지를 공급받는 동력원도 된다.

방안 5-1. 성공 선배들의 치열한 투쟁

치열한 투쟁은 성공한 사람들에게서 꾸준히 나타나는 특징일 뿐 아니라 성공으로 가는 과정에서 드러나는 피할 수 없는 핵심 속성이다.

다음 성공자들의 치열한 투쟁을 살펴보자.

버진그룹의 창업자 리처드 브랜슨은 20세인 1972년에 첫 사업인 버진 레코드를 설립한다. 시작한 사업이 적정한 이익을 내지 못하고 있었지만 그는 치열한 투쟁을 통해 위기를 극복했다.

리처드 브랜슨은 음반 우편주문 사업체를 설립하여 큰 인기를 끌었지만 수익을 거두지 못하고 있었다. 인기 비결인 파격적 가격과 무조건적 환불은 반대로 기업의 이익에는 좋지 않았다. 그는 큰 부채를 지고 건강도 악화됐다.

그러나 직접 음반을 제작하기로 마음먹는다. **1973년 봄, 마이크 올드필드는 《튜블러 벨스》 음반 녹음을 한다.** 그의 무모한 결정 덕에 버진 레코드는 세계에서 가장 큰 음반 회사로 성장한다. 1992년에 EMI가 인수한 가격은 5억 6천만 파운드였다.

리처드 브랜슨은 처음부터 **열망과 높은 비전을** 가지고 일을 시작했다. 그것이 무엇이라고 규정하기는 어려웠지만 에너지가 가득했던 그는 무언가 더 크고 높은 것을 향해 전진해야 한다는 의식을 가지고 있었다. **그리고 그 과정은 힘들 것이며 위험을 감수해야 하는 것**이라는 것을 알았다. 그래서 그는 오랜 시간의 업무와 불리한 조건의 약속을 지켜내려 했고, 위기를 극복하기 위해 현상을 뛰어넘는 **도전적인 과제에 부딪쳐야 한다는 것**을 알고 있었다. 그는 마침내 **멈추지 않는 성실성 위에 과감한 투쟁을 더해 단계를 뛰어넘게 된다.** 이것이 치열한 투쟁이다.

존 아사라프도 〈치열한 투쟁〉에 대해 다른 방식으로 설명한다.

하는 일이 번창하는 사람에게는 피해의식이 끼어들 여지가 없다. 피해의식과 기업가정신이라는 두 개의 정신 상태는 결코 양립할 수 없다. 어떤 사업을 일으키고 성공적으로 꾸려 나가려면, 그리고 궁극적으로 인생의 승리자가 되려면 자기 자신이 결과가 아니라 **원인이 되겠다는 강력한 의지가 필요**하다.

사업에 성공하려면 꼭 알아야 할 것들이 많이 있다.

하지만 단 하나 오로지 본인만이 가지고 있어야 할 게 있다. 그것은 바로 사업에 도움이 되는 **여러 가지 생각들을 창조**하는데 익숙해져야 한다는 것이다.

존 아사라프가 단 하나는 자신이 가지고 있어야 한다고 말한 것은 생각이다.

그리고 생각을 창조한다는 것이다.

이것은 일종의 의지이고 결심이다.

이것은 기업가정신이다.

그리고 새롭게 만들고자 하는 마음이다.

없던 것에서 새롭게 만들기 위해서는 움직여야 한다. 움직여서 기존의 경계를 넘어가야 한다.

그 과정은 매우 동적이다. 일종의 파동이고 진동이며, 떨리는 에너지다. 이것이 웰쓰 엔지니어링 주체자가 품어야 할 경쟁우위에 영향을 주는 요소 중 중심에 있어야 할, '치열한 투쟁'이다.

켈리 델리의 CEO 켈리 최의 이야기는 더 직접적인 감흥을 준다.

나는 지방의 한 가난한 농가에서 태어난 흙수저 중의 흙수저였다. 부모님은 매일 눈코 뜰 새 없이 일하며 우리 육 남매를 힘겹게 키워야만 했다. 고등학교에도 갈 수 없어 소녀공으로 낮에는 공장에서 일하고, 밤에는 야간고등학교에 공부하며 힘겨운 시절을 보냈다. 게다가 난독증이 심해 제대로 읽지 못한 탓에 성적은 늘 밑바닥을 맴돌았다.

성인이 되어 어쩌다 시작하게 된 사업으로 10억 원의 빚만 떠안게 되었다. 그때 내 나이가 30대 후반이었다. 그런 나에게 어떤 희망이 있었을까? 차라리 죽는 게 더 낫다고 생각한 날들이었다.

하지만 나는 그 순간에도 삶을 포기하지 않았다.

다시 한번 엄마를 위해 살아내겠다고 굳게 마음먹었다.

예전의 나를 버리고 새로운 사람으로 재탄생하기 위해 뼈아프지만 내 실력이 부족했다는 사실을 정직하게 인정했다.

그리고 나와 비슷한 배경과 실패를 딛고 성공한 1,000명의 부자를 **공부하기 시작했다.** 나는 부자들의 공통된 사고방식을 **하나씩 따라하고 완전히 체득했다.**

그 결과, 5년 만에 내가 **목표했던 모든 것을 이루게 되었다.**

이것은 켈리 최의 '치열한 투쟁'이다.

나는 그의 글을 읽고 깊은 감명을 받았다. 내가 좋아하는 스토리였고 진솔한 회고가 마음에 커다란 울림을 주었다. 그리고 확신에 찬 목소리가 내 머릿속을 울렸다. 센강에 몸을 던져 버리겠다고 했던 심정을 나는 이해한다.

방안 5-2. 나의 치열한 투쟁

나도 한때는 한강 변을 거닐며 다리 위로 올라가고 싶다는 생각을 한 적이 있었다.

어느 날 나는 우울한 생각에 잠겨 중랑천 쪽 한강 변 산책로를 따라 쭉 걷다가 마포대교 아래에서 문득 여기가 어디지 하며 잠에서 깨듯 놀란 적이 있었다. 되는 일이 하나도 없던 시기였다. 걸으면서 마음속으로 '도대체 왜', '나에게 왜'라고 외치고 있었다. 집으로 돌아서면서 누구에게 원망할 일은 아니라고 생각을 정리했다.

대오각성의 순간이 찾아온 건 아니었다. 의지가 됐던 것은 한 변호사 선배의 조언이었다. 그는 고민에 싸여 있는 나에게 말했다. 사람은 누구나 때가 있어서 아무리 발버둥 쳐도 가라앉는 시기가 있고, 반대로 내가 무얼 하지 않아도 올라가는 시기가 있으니 자책 말라고. 그리고 지금은 인생에서 가장 가라앉는 시기이고, 앞으로는 계속 올라가기만 할 것이라고 말해 주었다.

나는 그 말을 믿고 좋아질 것이라 생각하기로 결심했다.

실제로 차츰 나아졌다.

이것은 나의 치열한 투쟁 중 한 장면이다.

무언가 운명의 굴레에 사로잡혀 벗어나지 못하고 있다는 생각이 들 때가 있다. 마음도 어지러운데 몸도 힘들고 주변 사람들까지도 힘들다는 얘기를 듣게 된다.

어떻게 할 것인가?

마음을 바꾸어야 한다.

내 기운을 다스려 아래로 내려가게 내버려두지 말고 위로 올라가게 긍정적 마인드의 스위치를 켜고 에너지를 공급해야 한다. 패러다임을 바꾸는 시도다. 이것은 치열한 투쟁의 과정이다.

방안 5-3. 우리는 치열한 투쟁을 해야 한다

우리는 치열한 투쟁을 해야 한다. 인생은 애당초 치열하지 않은 것이 없다.

그러나 너무 걱정하지 않아도 된다. 그 치열함의 시기는 곧 종료되고 안정적인 상태에서 주로 거하게 된다. (모든 것은 지나가게 마련이다.) 그때는 최소한의 치열의 감각만 유지하면 된다. 당신은 이미 이륙한 상태인 것이다.

비행기의 치열한 투쟁은 이륙하는 3분이다. 길어야 8분이다. 각도도 위로 솟게 되고 기체는 큰 소리와 함께 진동하게 되고, 엔진은 가장 빠르게 돌며 공기를 밀어낸다. 여객기는 적어도 270㎞/h의 속도를 내야 한다. 날아오르기 위한 투쟁이다.

하지만 일단 7620m 이상의 적정 고도에 오르게 되면 엔진은 무리하게 작동하지 않아도 되고 비행기 기체도 크게 떨릴 일이 사라진다. 활공 상태에 들어간 것이다. 이제 바람을 타면서 궤도만 유지하면 된다. 치열함은 사라진 듯 보이지만 완전히 사라진 것은 아니고 언제라도 가동할 수 있는 정도로 유지하고 있다. 그 정도면 된다.

치열한 투쟁은 웰쓰 엔지니어링에서 제안하는 성공을 위한 경쟁우위 5-Forces 중 핵심을 차지하는 요소다. 기업가정신의 본체다.

주체자의 정신이며, 움직임이며, 현재 모습이다.

그리고 이것은 목표와 방향에 의해 이끌려 간다. 치열함은, 도전과 응전을 반복하며 자신의 통제를 유지하는 과정에서 불안정 상태에서 안정 상태로 들어가게 된다.

8

웰쓰 엔지니어링 모델링

웰쓰 엔지니어링 모델링

자, 지금까지 설명한 것을 중심으로 웰쓰 엔지니어링 시스템을 모형화한다.

웰쓰 엔지니어링 모델링이다.

다음 그림을 살펴보자. 그리고 이 그림에서 소개된 개념들은 다음 장에서부터 차례로 설명하게 된다.

웰쓰 엔지니어링을 향한 진짜 여정을 시작해 보자.

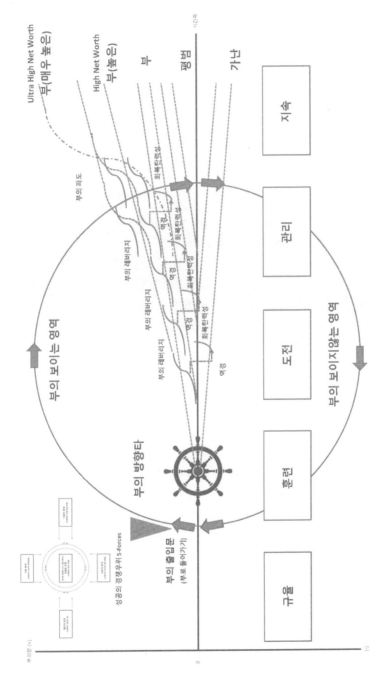

[그림 3-6. 웰쓰 엔지니어링 모형(Wealth Engineering Modelling)]

웰쓰 엔지니어링 SUMMARY

1. 부로 가는 체계적인 길은 무엇인가?
   투입(inputs)은 시스템(systems)을 거쳐 산출(outputs)한다.

2. 엔지니어링적 접근
   기계공학은 돈을 버는 순간을, 건축공학은 과정을 알려 준다.

3. 웰쓰 엔지니어링
   웰쓰 엔지니어링은 부를 창출하는 공학적 방법론을 말한다.
   가로축은 시간을, 세로축은 부의 양을 의미한다.

4. 부의 함수
   w = f(t), 시간과 부의 양의 함수. 다양한 방법으로 부를 산출한다.
   부 축적 함수는 다가오는 부를 체계적으로 관리하기 위함이다.

5. 하나의 시스템은 에스곡선을 이룬다
   생애주기(life-cycle) 관점의 사업관리 능력을 길러야 한다.

6. 웰쓰 엔지니어링 주체, 사람
   웰쓰 엔지니어링에서 중요한 것은 사람이다. 웰쓰 엔지니어다.
   성장하는 것은 웰쓰 엔지니어링의 요체다.

7. 인적 자원의 경쟁력, 어떻게 강화할 것인가?
   성공 요인 5가지(Success Competence 5-Forces)
   개인적 환경, 사회적 환경, 산업적 환경, 시장 환경, 치열한 투쟁
   당신은 당신만의 차별화 요소를 가져야 한다.

8. 웰쓰 엔지니어링 모델링
   그림을 기억하라. 당신 인생의 지도가 된다.

제4장

부의 방향타

현금흐름, 인과법칙, 패러다임

.
.
.
.
.
.

내 목표는
죽을 때까지 해가 저무는 곳, 온갖 서녁 별들이 몸을 씻는 곳 너머로
꿋꿋하게 항해해 가는 것이야.

_알프레드 테니슨, 《율리시스》 중에서

1

부를 쌓는다는 것은 무엇인가?
어디서 시작하나?

부의 방향타

자, 우리는 이제 웰쓰 엔지니어링 시스템에 본격적으로 들어왔다.

그 첫 관문은 시작하기다. 시작하기는 제2장에서 이미 시작했다. 그다음으로 넘어갈 차례다.

웰쓰 엔지니어링을 시작한 이후 가장 기초적으로 다루어야 할 것은 **'부의 방향타'**다. '부의 방향타'란 나의 삶이라는 배를 성공적인 인생항로로 이끌기 위해 선장인 내가 원하는 방향, 가고 싶고 가야 하는 방향으로 방향타를 돌리는 것을 말한다.

방향타는 세 가지 원칙에 따라 움직여야 한다.

첫째는 현금흐름 방향타다.

현금흐름은 항상 양(+)의 상태를 유지해야 한다.

둘째는 인과법칙 방향타다.

부를 쌓기 위해 내가 들여야 할 노력과 자원은 기대하는 결과보다 항상 더 많이 투입해야 한다. 자원투입이라는 원인은 부라는 결과를 가져온다.

셋째는 패러다임 방향타다.

사고방식은 항상 긍정적이어야 하며, 사고의 방향은 항상 확장과 성장의 방향에 맞춰져야 한다.

이 세 방향타는 웰쓰 엔지니어링을 움직임에 있어서 가장 기초가 되는 것이므로 명심하여 몸과 마음에 새겨지게 하자. 습관이 되게 하자. 좋은 습관이 좋은 운명을 낳는다.

돈을 번다는 것의 의미

얼 나이팅게일은 "우리가 평생에 걸쳐 받는 보상은 우리가 하는 봉사에 비례한다."고 했다. 알베르트 아인슈타인은 "우리는 오직 서로에게 도움이 되기 위하여 존재한다."라고 말했다.

위대한 통찰이다. 나이팅게일은 여기에 덧붙인다.

"당신은 이미 자신의 두뇌와 능력을 요구하는 유용한 서비스를 세상에 성공적으로 제공하고 있을지도 모른다. 하지만 확실한 사실이 있다. 그 서비스를 지금보다 더 개선할 수 있다는 것."

그러면서 고객을 확장하는 방법이 있을 거라고 조언한다.

부를 향한 출발은 이것이다.

2

제1방향타 : 현금흐름 방향타

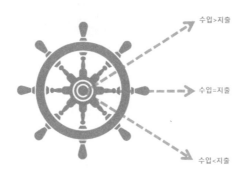

현금흐름의 방향타

[그림 4-1. 현금흐름 방향타]

현금과 손익

우리는 어릴 때 부모로부터 돈을 받아쓴다. 처음에는 돈이라는 것에 대해 개념이 없다가 이내 이것이 중요한 것임을 깨닫게 된다. 돈이라는 자원을 가지고 있어야 소비라는 것을 할 수 있다는 것을 알게 된다. 돈을 더 달라고 요구하게 된다.

이 과정에서 한 가지 배우는 것이 있다. 그것은 돈을 가지지 못하면 쓰지 못한다는 사실이다. 이 기초 원리를 무너뜨리는 것이 신용카드다. 신용카드를 쓰기 시작하면 내가 얼마를 가지고 있는지 잊어버리게 된다. 내가 얼마를 쓸 수 있는지에만 집중하게 된다. 이것은 신용카드 회사와 신용사회가 만든 소비 촉진 메커니즘이다. 신용카드의 장단점과 상관없이 현대 사회는 이 시스템에 적응해 버렸다. 편리하기 때문이다.

주식거래도 마찬가지다. 자신이 투입한 돈의 양과 주식계좌에 들어 있는 돈의 양, 그리고 매도되어 현금화되거나 매수하여 외상으로 채무가 생긴 상황이 섞인다. 진짜 가지고 있는 돈이 얼마인지 흐려진다. 가진 것보다 더 많은 투자를 실행하게 된다.

회사를 운영하면 항상 자금기록을 작성하고 관리한다. 회사가 커지면 회사에 있는 자금이 어떤 용도로 들어왔으며, 어떤 용도로 지출해야 하는지 구분이 어렵다. 돈은 한 덩어리로 뭉쳐있기 때문에 세금, 급여, 채무, 계획된 지출 등이 혼재되어 있다. 그래서 재무부서는 항상 바쁘다. 매일 계산하고 기록하며 확인하고 있다. 직관적인 이해가 어렵기 때문이다.

다 현금흐름에 관한 문제다. 현금은 돌고 있지만 돌고 있는 현금이 내 돈인지 남의 돈인지 구분이 어렵다. 그러나 구분해야 한다. 그리고 지출은 항상 수입보다 작아야 한다. 현금흐름이 유지됨과 동시에 이익인 상태를 유지해야 한다.

현금흐름 방향타

위렌 버핏은 투자의 제1원칙으로 절대로 돈을 잃지 않는 것이라고 했다. 부를 쌓는 것의 출발은 번 돈을 남기는 데 있다.

지출은 항상 수입보다 적어야 한다.

아버지 후배 중에 이런 분이 계셨다.
"저는 항상 가진 돈보다 적게 씁니다."
그분은 정신없이 지출하다가 돈을 빌리는 사람들을 이해하지 못했다.
"없으면 쓰지 않으면 됩니다. 그저 가만히 있기만 하면 되죠."

그렇다. 그저 가만히 있기만 하면 된다. 왜 필요한 것들을 떠올리며 소비하려 하는가?

소비가 자신을 표출하는 수단이 되고 소비가 자신을 표현하는 상징이 되고 있다. 한 사람이 자신을 드러내고자 한다면 진짜 중요한 것은 어떤 소비를 하는가가 아니라 어떤 일을 했는가다. 부자들은 만족을 연기할 줄 안다. 당장 가진다면 좋을 것들을 뒤로 미룰 수 있다. 이것이 부자가 되는 사람들의 방식이다.

이 행동을 배워야 한다. 지금 가지고 싶은 것을 잠시 미뤄두자. 당신은 쓰지 않을 돈을 지갑에 넣고 다녀야 하고 저축하게 될 돈을 계좌에 남겨 두어야 한다. 계좌에 한 번 넣어둔 돈은 남의 것인 것처럼 잊어버리

라. 그 돈은 언젠가 큰 덩어리로 뭉쳐져서 당신의 진정한 힘이 되어 줄 것이다.

돈은 뭉쳐야 힘이 있다. 목돈이 될 때까지 참고 기다려야 한다.

가계부

현금흐름을 어떻게 통제할 것인가?

가계부를 쓰자.

가계부는 지출을 통제하는 아주 효과적인 방법이다.

록펠러는 1855년 9월 신입직원 시절부터 장부A라는 것을 적어서 자신의 재무업무를 충실하게 해 냈다. 그는 장부를 쓰면서 자신의 업무를 이해했고, 그는 자신의 업무에 집요하게 매달렸다. 장부쓰기는 록펠러의 상징이 되었고 장부A는 록펠러의 분신이 되었다. 그가 장부를 소홀히 쓴 것은 신혼여행 때뿐이었다.

가계부에 대한 실제 데이터를 보자. 다음은 나의 가계부다. (사실은 내가 아니라 나의 아내가 정리한 것이다. 내 아내는 이런 분야에 탁월한 재능을 가지고 있어 실제와 기록 간의 오차가 거의 없을 것이라 믿고 있다.)

나는 서울 시내에서 생활을 했고 보통의 소비를 하며 지냈다.

월	1	2	3	4	5	6	7	8	9	10	11	12
수입 급여	2,625	2,625	2,880	2,565	2,500	2,500	2,774	2,774	1,000	4,548	-	5,500
기타	2,786	1,928	240	1,160	380	1,133	1,280	580	810	8,946	595	5,880
합계	5,411	4,553	3,120	3,725	2,880	3,633	4,054	3,354	1,810	13,494	595	11,380
지출 생활비	2,403	4,219	2,005	5,217	2,486	1,822	2,651	2,357	2,531	9,365	2,035	3,251
기타	54	29	107	91	132	145	125	109	66	144	270	45
합계	2,457	4,248	2,112	5,308	2,618	1,967	2,776	2,466	2,597	9,509	2,305	3,296
Cash	2,954	305	1,008 -	1,583	262	1,666	1,278	888 -	787	3,985 -	1,710	8,084
누적Cash	2,954	3,259	4,267	2,684	2,946	4,612	5,890	6,778	5,991	9,976	8,266	16,350

[표 4-1. 가계부 2005 (단위 : 천 원)]

이해의 매월 급여 실수령액은 262만 원 정도다. 그 외에 수입으로 24만 원부터 890만 원까지 생겼다. 자격증 수당을 받았고 가지고 있던 차량이나 귀금속을 팔아 처분했다. 이렇게 1년 동안 벌어들인 돈의 총량은 5,800만 9,000원이다. 지출은 매월 250만 원 전후다. 1년 동안의 총량은 4,165만 9,000원이다. 따라서 1년 동안 남은 돈의 양은 1,635만 원이 됐다.

이것을 부 축적의 함수 방식으로 표현하면, 연간 소득은 5,800만 원이고, 잔존률은 28.18%가 된다.

w = ast + b = 5,800만 원 / 연 × 28.18% × 1년 + 0원 = 1,635만 원

다른 해의 데이터도 살펴보자.

구분 연도 월	2008 1	2	3	4	5	6	7	8	9	10	11	12
수입 급여	3,900	4,221	4,076	3,135	4,795	4,584	4,584	4,584	4,584	4,584	4,584	2,640
기타	2,420	3,258	2,192	4,533	4,460	4,617	4,024	2,674	3,484	2,778	2,334	2,710
합계	6,320	7,479	6,268	7,668	9,255	9,201	8,608	7,258	8,068	7,362	6,918	5,350
지출 생활비	4,128	3,834	3,527	3,688	6,781	4,168	3,548	5,367	4,572	4,009	3,825	3,525
기타	3,647	4,545	2,310	3,187	3,863	289	352	361	360	350	350	269
합계	7,775	8,379	5,837	6,875	10,644	4,457	3,900	5,728	4,932	4,359	4,175	3,794
Cash	1,455 -	900	431	793 -	1,389	4,744	4,708	1,530	3,136	3,003	2,743	1,556 -
누적Cash	60,719	59,819	60,250	61,043	59,654	64,398	69,106	70,636	73,772	76,775	79,518	81,074

[표 4-2. 가계부 2008 (단위 : 천 원)]

이 기간에는 연간 8,972만 5,000원을 벌었다. 이때는 회사에서 꾸준하

게 받는 급여 외에 일을 하며 수입을 만들었다. 공사현장에서 발주처를 대신하여 감독을 하는 일이었다. 매주 주말에 출근했는데 회사에서도 주 6일을 근무해야 했기에 주 7일 근무해야 했다. 부족한 잠은 출근하는 버스 안에서 해결했다.

연간 지출은 총 7,085만 5,000원이었다. 5월까지 일반적인 생활비 외에 지출이 매월 300만 원 이상씩 발생했다. 그 이유는 전년도에 주택을 구입했는데, 그 원금을 매월 갚아나갔기 때문이었다. 6월부터는 이자만 지불했다. 따라서 남은 돈은 1,887만 원이었다.

이것을 부 축적의 함수로 표현해 보면 다음과 같다.

w = ast + b = 8,972만 원 / 연 × 21.03% × 1년 + 6,217만 원 = 8,107만 원

가계부 안에는 흥미로운 사연들도 몇 있다.

첫 번째 사연은 내가 두 번째 사업을 시작한 시기에 관한 것이다. 나는 꿈이 많아 사업시도를 몇 번 했다. 내 인생을 내가 통제한다면 얼마나 좋을까 하는 생각을 늘 품고 지냈다. 그래서 사회 초년 시절부터 사업 시도를 했다. 처음에는 당연히 실패했고 이번에는 조금 더 준비해서 잘하려 노력했다.

어쨌든 나는 주변 사람들의 도움을 받아 사업을 시작했다. 나의 가능성을 높게 쳐 준 선배 둘이 사업을 할 수 있는 환경을 제공했다. 그러나 1년이 지나지 않아 어려움에 봉착했다. 그 어려움은 점진적으로 다가왔다. 그 시기에 생각보다 내가 할 수 있는 일은 적었다. 급한 마음, 안타까운 마음만으로 움직여서 되는 일이 별로 없었다.

결국 폐업을 했다. 그 과정에서 나는 가장 어려운 시기를 맞게 되었다. 수천만 원의 빚을 지게 되었으며, 당장 수백만 원의 카드대금을 결제하지 못했다. 나는 가까이 있는 사람들에게 도움을 청했다. 그때 누군가 조언했다.

"도움은 가족에게 청하세요. 그러라고 가족이 있는 거 아니겠습니까."

나는 차마 부모님께 말을 꺼내지는 못했고, 동생에게 하하 웃으며 간신히 얘기를 꺼냈다. 동생은 약간 짜증 섞인 말투로 물었다.

"그래서 그게 얼만데?"

동생은 다음 날 돈을 보내 주었다. 나중에 알고 보니 자신도 급하게 대출받아 나에게 건네준 것이었다.

두 번째 사연도 그 무렵이었다.

나는 집에 월급을 6개월 이상 가져다주지 못했다. 그래도 아내는 큰 불평을 하지 않았다. 그러다 우연히 발견한 질병으로 갑자기 수술을 하게 됐다. 얼떨결에 수술을 마친 후 보험료를 청구하게 되었다. 알고 보니 가입한 보험 중 두 건이나 수술로 인한 보험료 지급이 약정되어 있었다. 보험료를 받고 보니 딱 6개월 치 생활비였다. 나는 웃으면서 아내에게 말했다.

"살신성인이네, 그래도 가장 노릇은 했어."

가계부를 적거나 일기를 적다 보면 여러 생각이 떠오르는데, 그중 하나는 이것이다. 과연 가계부를 쓰는 행위가 부를 쌓는 데 도움이 될까? 그렇다. 일기를 쓰는 것이 도움이 될까? 그렇다.

수년 후에 그 시절의 가계부를 들여다본다. 그러면 발견하게 된다. 내가 벌써 저만치 멀리 건너왔음을.

그러니 나는 이제 당당하게 말할 수 있다.

가계부를 써라. 일기를 써라. 그리고 훗날 그 안에 담긴 당신의 고민을 읽어라. 그 안에 담긴 당신의 치열한 투쟁을 상기하라.

가계부를 쓰는 것은 단지 지출을 통제하는 기능을 위한 것이 아니다. 그것은 당신의 정신을 고양하고 당신의 투지를 잠들지 않게 하는 각성제가 될 것이다.

3

제2방향타 : 자원투입 방향타,
인과법칙에 따라 항상 많이 투입하라

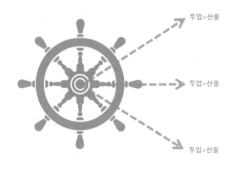

인과법칙의 방향타

[그림 4-2. 인과법칙 방향타]

인과법칙

인과법칙을 유념하라.

눈물로 씨를 뿌리는 자는 웃음으로 거둘 것이다.

조셉 머피 박사는 《부의 초월자》에서 콩 심은 데 콩 나고 팥 심은 데 팥 난다고 말했다. 그러니 당신은 부지런히 씨앗을 심어야 한다고 말했다.

자원을 넉넉하게 투입하라.

그래야 적당한 결과가 산출된다.

나는 세이노의 조언을 좋아한다. 그의 조언은 다소 과격하여 조금 민망하게 느껴질 때도 있다. 하지만 냉혹한 현실을 적나라하게 보여 주며 날카로운 지도를 할 때면 냉혹한 현실을 겪어본 사람으로서 깊은 공감을 느끼게 된다. 그의 조언은 결코 현학적이지 않으며, 실증적이고 현실적이다. 그래서 나는 그의 조언을 좋아한다. 그는 항상 많이 일하라고 강조한다. 그리고 쓸데없는 일은 철저히 배제하라고 가르친다. 세상은 만만치 않기 때문에 많이 일하고 쓸데없는 일은 하지 않으며 노력하다 보면 결실을 맺을 수 있다고 한다.

직업전략에 대해서는 경쟁이 적은 곳으로 가라고 한다. 바꿔 말하면 사람들이 하기 싫어하는 일을 맡으라는 것이다. 소수의 사람들만 참여하는 산업에 뛰어드는 것이 돈을 벌 수 있는 좋은 전략이라고 가르친다. 멋진 조언이다. 전적으로 동감한다. 다음은 아내에게서 들은 얘기다.

떡집을 오랫동안 운영해서 돈을 많이 번 여성이 있었다. 낡은 상가가 공사를 앞두기도 했고 나이도 들기도 해서 떡집을 그만 뒀다.

한참 후에 집에만 있으려니 무료하기도 해서 다시 일을 시작했다. 알아보니 프렌차이즈 빵집이 적당하다고 생각했다. 했던 일과 비슷하고 기존 일에 비해 조금 더 쉽고 깨끗해 보였기 때문이다. 그런데 웬걸, 실속이 없었다. 팔리기는 많이 팔렸는데, 재고 처리가 어려웠고 본사와 물량 조율이 쉽지 않았다. 자신의 인건비 건지는 것도 쉽지 않았다.

이 경험 후 그녀는 말했다.

"냄새나는 일을 해야 돈이 벌리더라고."

나는 조금 더 현실적인 조언을 하고자 한다. 극단적 지름길 찾기는 어렵다. 그러니 비슷한 방향으로 가야 한다. 가장 효율적인 방향으로 가는 것 즉, 사람들이 싫어하는 산업으로 뛰어드는 것은 어렵다. 그렇다면 차선책을 선택한다.

내가 몸을 담고 있는 산업분야 중에서 어려운 일을 택하는 전략이다.

씨앗을 뿌리는 과정이다. 자원을 투입하는 과정이다. 당신은 원인을 만드는 데 집중해야 한다.

돈을 따라가지 말고 돈이 만들어지는 원인을 만드는 데 집중해야 한다.

멀고 먼 자원투입의 과정

자원투입을 강조하는 선배들이 많다. 하루에 8시간 근무에 연연하지 말라는 조언이다.

내가 신입사원 교육받을 때의 일이다.

대리급 선배들이 교육차 방문하여 회사 생활에 대한 경험담과 조언을 하고 있었다. 약간 상기된 얼굴의 선배가 말했다.

"저는 어제도 16시간을 근무했습니다."

60여 명의 신입사원들이 웅성거렸다.

"맞습니다. 아침 6시 40분쯤에 출근하면 10시 40분쯤에 퇴근한다는 말이죠."

당시는 전체 그룹사가 7/4제를 운영하고 있었다. 7시에 출근해서 4시에 퇴근하면 저녁시간을 자기개발에 활용할 수 있다는 취지였다. 그래서 저녁 7시까지만 남으면 야근으로 인정받는 상황이었다. 나는 도대체 밤 10시가 넘도록 회사에서 할 일이 그렇게 많을까 의아했다.

그러다 몇 년 후 숙련된 사원이 되고 현장을 거쳐 본사 견적팀에 배치된 이후 나는 이주마다 이삼일은 집에 가지 않고 밤새 근무하는 패턴으로 들어가게 되었다. 할 일은 정말 많았다!

근무량이 많다는 것이 실력이 좋아진다는 것을 의미하지는 않는다. 다만 치열하게 부딪쳐야 할 시기가 있다는 거다. 그리고 그 시기를 맞게 된다면 그저 받아들이라는 말이다.

주어진다면 받아들여라.

오히려 감사함으로 흡수해 버려라.

지식과 기술의 투입

다른 투입을 생각해 보자.

한 분야의 지식을 키우고 싶다면 읽어야 한다. 그 분야의 제도적 틀인 법령을 읽고 행정부가 요구하는 지침을 읽고 산업계가 요구하는 권고사항을 읽고 회사가 요구하는 매뉴얼을 읽어라. 대부분 그런 글은 너무나 따분하고 재미가 없어서 돈을 받고도 못 할 일이라 생각된다. 하지만 진짜 돈이 되는 일은 그 안에 담겨 있다.

한 분야의 기술을 익히고 싶다면 현장에서 실습을 하라. 익숙하지 않은 사람에게 처음부터 일을 맡기는 조직은 없다. 조직 내의 누군가가 당신을 신뢰해야 비로소 그 역할을 내어 준다. 그러니 자신을 써 주지도 않으면서 현장에 데리고만 다니는 상황을 불평하지 마라.

내가 강의하는 과목 학생 중에 20대 후반의 미용사가 있었다. 남자였는데, 청담동에서 실무자로 근무한 지 10년을 넘긴 상태였다. 자신은 고등학교 때 이 분야가 매력적이고 자신의 직업이 될 수 있을 거 같아 과감하게 뛰어들었다고 했다. 나는 그 분야에서 성장하는 과정이 궁금해서 물어봤다.

"처음에는 수습으로 청소만 하는 시기가 있다면서요?"

"예, 저는 한 2년 반 정도 청소만 한 거 같아요."

"그러면 그 이후에는 손님의 머리칼을 만지기 시작했나요?"

"예, 처음으로 커트라는 걸 시작할 수 있었습니다."

"지금은 어떤가요? 능숙한 미용사인가요?"

"예, 그런데 제가 이제는 자신이 있다는 느낌을 가지기까지는 한 7년 걸린 거 같아요."

세상에, 7년이라니, 그렇다면 자그마치 10년이란 세월을 꼬박 투자해야 능숙한 미용사라고 자부할 수 있게 된 거였다.

구식 도제 시스템처럼 보이는 이 과정은 잘 생각해 보면 꽤 합리적인 구조다. 정말 능숙한 사람을 키워 내는 것이 얼마나 어려운 일인지 직관적으로 느끼게 해 주는 사례다.

능숙한 미용사 = 청소 및 보조업무 역할 / 연 × 2.5년 + 미용사 직접 업무 역할 / 연 × 7년

이렇게 표현할 수 있겠다. 물론 재미 삼아 표현한 것이다.

실력을 갖추려면 시간이 필요하다.

제3방향타 : 패러다임 방향타,
사고는 긍정적으로, 항상 성장의 방향으로

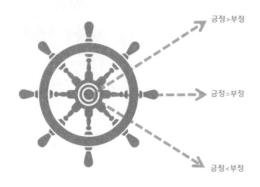

패러다임의 방향타

[그림 4-3. 패러다임 방향타]

부의 방향타는 긍정과 성장의 패러다임으로 맞춰져야 한다

부의 방향타는 항상 긍정의 패러다임으로 맞춰져야 한다.

이제 그 뜻이 무엇인지 설명하겠다.

그것은 미래를 낙관하는 것이다.

만약 미래를 긍정적으로 바라보지 못한다면 미래의 행복을 위해 현재의 고통을 감수할 수 없다. 미래가 부정적이고 지금보다 안 좋아진다면 더 좋은 현재에 돈과 재화를 사용해야지 미래를 위해 저축을 하는 것은 바람직하지 못한 행동이 된다.

확장의 패러다임에 대해 설명하겠다.

그것은 어제보다 오늘, 오늘보다 내일 더 많은 것을 추구하는 것이다. 더 발전하는 것을 추구하는 것이다. 더 넓어지는 것을 추구하는 것이다. 더 많이 알게 되고 더 건강해지는 것을 추구하는 것이다. 더 많은 부가 쌓을 것을 기대하며 노력하는 것이다.

그래서 부를 추구하는 사람은 오늘을 마감하며 메모를 하고 아침을 시작하며 명상을 한다. 저녁 때 오늘 한 일들 중에 잘못한 것은 없는지 돌아보고 아침에 오늘 해야 할 일들을 떠올려 보는 것이다. 어제보다 나은 오늘을 만들기 위해 노력한다. 미래를 항상 더 좋게 만들기 위해 노력한다. 구체적으로 예측할 수는 없지만, 미래가 더 좋아질 것이라는 기대로 산다. 그것이 확장의 패러다임이다. 성장의 패러다임이다.

현실에 대한 긍정의 태도를 가슴 깊이 간직하고 현실을 치열하게 산다.

미래를 낙관한다. 미래에 투자한다. 그래서 오늘 더 가열 차게 살 수 있다.

.

5

어떤 경우에도 기초 원칙을 지켜라

부의 방향타 세 가지를 말했다.

현금흐름의 방향타, 인과법칙의 방향타, 패러다임의 방향타다.

방향타는 항상 일정한 방향으로 맞춰져야 한다.

현금흐름의 방향타는 지출은 수입보다 적게 맞춰져야 한다.

인과법칙의 방향타는 원인은 결과보다 많게 즉, 투입이 산출보다 많게 맞춰져야 한다.

패러다임은 항상 긍정과 확장의 방향으로 맞춰져야 한다.

우리는 어떤 경우에도 이 세 방향타의 방향을 바르게 유지해야 한다.

이것은 웰쓰 엔지니어링의 기초 원칙이다. 어떠한 경우에도 기초 원칙을 지켜야 한다.

살다 보면 일정한 방향과 자세를 유지하는 것은 사실상 불가능한 것임을 알게 된다. 우리가 아무리 어릴 적에 교육을 잘 받고 신조를 새기며 훈련을 받아도 사람인 이상 나태함과 퇴보가 일어나는 것을 막을 수는 없다. 아무리 뛰어난 운동선수라 할지라도 연습을 게을리 하거나 정신의 긴장을 푸는 순간이 없을 수는 없다. 오히려 연습을 안 하거나 긴장을 푼 상태가 일반적인데 얼마나 더 연습에 임하고 얼마나 더 긴장을 하는가가 뛰어남의 척도가 될 것이다. 그러니 잘 안된다고 너무 자책하지 말자.

어떤 경우에라도 방향을 유지해야 한다고 해서 항상 현금흐름이 플러스일 수는 없으며, 항상 노력이 결과보다 많게 유지하기 어렵고, 언제나 긍정의 마인드를 갖기는 쉽지 않다.

총량으로 플러스를 유지해야 한다.

때로 자신에게 휴가를 주라. 가끔 지나친 긴장을 풀고 적당한 선에서는 잊어버리고 시간을 보내야 한다.

반복하며 연습하다 보면 반드시 큰 흐름을 바른 방향으로 유지할 수 있을 것이다. 세 방향타의 방향을 바르게 유지하다 보면 어느덧 우상향 된 자신을 발견하게 될 것이다.

부의 방향타 SUMMARY

1. 부를 쌓는다는 것은 무엇인가? 어디서 시작하나?

   부의 방향타를 잡아야 한다.

   현금흐름 방향타, 인과법칙 방향타, 패러다임 방향타다.

2. 제1방향타 : 현금흐름 방향타

   지출은 항상 수입보다 적어야 한다.

   가계부를 쓰자.

3. 제2방향타 : 자원투입 방향타, 인과법칙 방향타

   자원을 넉넉하게 투입하라.

   돈이라는 자원을 투입하는 데도 시간이 필요하다.

4. 제3방향타 : 패러다임 방향타

   사고는 긍정적으로, 항상 성장의 방향으로

   비결은 미래를 낙관하는 것이다.

5. 어떤 경우에도 기초 원칙을 지켜라

   총량으로 플러스를 유지해야 한다.

제5장

규율, 훈련,
도전, 관리, 지속

라이프사이클 로드맵

평생 지속되는 마음의 습관은 형성된다.
그 특징들은 자유, 공평함, 침착함, 절제, 지혜다.

_존 헨리 뉴먼

Wealth Engineering 역량발달 5단계

웰쓰 엔지니어링

1

규율 :
소년기, 규율을 배워야 한다

규율 : 부로 들어가기 전, 소년기에 배워야 할 것들

소년기에는 부 의식을 배워야 한다.

규율을 배워야 한다. 통제하는 능력이다.

부는 좋은 것이다. 부는 누구나 가질 수 있다. 개인의 의식과 상상력에 제한을 걸지 말아야 한다. 사람은 무엇이든 할 수 있고 무엇이든 될 수 있다. 가능성은 무한하다.

그러나 부로 향하는 걸음은 규율에서 시작된다.

통제하는 능력은 부를 소유하고 유지하는 능력이다. 그러니 통제하는 능력을 배양해야 한다.

통제 능력을 배우는 때는 어릴 때부터다. 학교에 나가고 학교가 정한 규칙에 따른다. 선생님의 지도에 따른다. 친구들과 어울리고 경쟁하고 협력하며 함께 성장한다. 친구들과 어울리면서 사회를 배운다.

나라는 존재를 자각한다. 어떤 일을 잘하고 어떤 것에 효과적인지 알게 된다. 또 사람이라면 어떻게 사고하고 어떻게 행동하게 되는지 알게 된다. 타인이 좋아하는 것과 싫어하는 것을 구분하게 된다. 타인의 장단점을 파악하게 된다. 그 영향을 경험으로 알게 된다.

세상이 규칙이 있음을 알게 된다. 규칙을 따른다는 것이 어떤 것인지 알게 된다. 규칙을 뛰어넘기 이전에 규칙을 따르는 것을 배워야 한다. 사람들은 누구나 규칙을 따르기 싫어한다. 하지만 대부분의 사람들이 규칙을 따르며 살고 있다. 규칙을 따르는 것의 득실을 알게 된다. 규칙을 따르기 위해 인내와 절제가 필요함을 알게 된다. 고단한 규칙준수의 삶을 훈련할 수 있다.

마침내 규율을 통해서 더 많은 생산성을 낼 수 있음을 알게 된다. 자기가 규율을 따르는 것은 반드시 필요한 일임을 자각하고 나아가 다른 사람들로 하여금 규율을 따르게 할 수 있다면, 자신이 하고자 하는 일에 대한 생산성이 훨씬 커지게 됨을 알게 된다. 규율이란 자기를 포함한 조직을 운영하는 기초 원리다.

나는, 1910년에 태어나신 할아버지와 유소년기를 함께 지냈다. 할아버지는 새벽에 일어나셔서 아침 6시면 창문을 활짝 여시고 이부자리를 단정하게 개어 놓으셨다. 할아버지 덕분에 나는 매일 아침 6시 30분에 차려지는 식사를 거를 수 없었다.

그분은 여섯 남매를 키우셨는데, 그중 아들 넷 전부를 명문대에 보내셨다. 내가 기억하는 할아버지의 흑백사진은, 작은 회초리 위에 손을 얹으시고 앉은뱅이책상에 바짝 붙어 앉아 책을 보는 두 아들을 지켜보시는 방 안의 장면을 담고 있다.

할아버지는 배움을 중시하는 분이셔서 어린 시절의 나에게 이런 말씀을 자주 하셨다.

"소년고생은 사서 한다."

규율 안에 근면이 포함된다.

근면에 대해서 리자청은 말한다.

"나는 17세부터 도매상의 판매원으로 일했다. **그래서 더더욱 돈을 벌기 쉽지 않고 생활이 고생스럽다는 사실을 몸으로 깨달았다. 사람들은 여덟 시간 일하는데 나는 열여섯 시간을 일했다.**"

우리는 소년기에 규율과 근면을 배워야 한다. 부를 향한 걸음을 시작하기 전에.

2
훈련 :
청년기, 부를 획득하는 훈련

훈련 : 부로 들어간 후, 청년기에 배워야 할 것들

청년기에는 부로 들어가야 한다. 일을 시작하는 것이다. 직장에 취업하는 것이다.

취업한 후 청년기에 배워야 할 것을 여섯 가지로 살펴보자.

부로 들어가면 첫째, 직장 예절을 배워야 한다.

직장이란 근로제공의 터 이상의 의미를 갖는다. 직장은 사람들이 모여서 일하는 곳이다. 다른 사람들과의 교류가 있다. 그러므로 직장에서는 다른 사람들과 어울리는 법을 배워야 한다. 직장예절은 사회에서 돈을 벌기 위해 가장 기초적으로 익혀야 할 기술이다.

둘째로 청년기에 배워야 하는 것은, 내가 벌게 되는 돈이 어디에서 시작하여 나에게까지 오게 되었는지에 대한 이해다.

돈의 흐름에 대한 이해다. 돈 즉, 수입의 출발이 어디인지 알아야 한다.

뿌리 없는 나무는 없다. 청년기의 직장인은 커다란 나무에 매달려 있는 잎사귀와 같다. 뿌리에서부터 공급되어 오는 양분과 물이 줄기를 타고 나뭇가지를 거쳐 그 가지에 매달린 잎에 전달되는 것이다.

돈도 마찬가지다. 그 직장이, 그 기업이 영위하는 사업을 통해 최초의 고객으로부터 돈을 공급받는다. 공급받은 돈은 원가와 각종 비용으로 사용되고 남은 것이 직원들의 월급과 회사의 이익금으로 돌아온다. 이것에 대한 경험적 이해가 생성된다.

셋째로 청년기에 또 배워야 하는 것은, 의사소통하는 법이다.

의사소통 중에서 직장 상사가 자신에게 하는 말을 잘 들을 줄 알아야 한다. 직장 상사는 고객이다. 회사를 대리하는 존재다. 그들은 회사를 대신해 직장인에게 요구사항을 전달한다. 그리고 그 대가로 급여를 지불한다.

또한 직장 상사에게 말을 잘할 수 있어야 한다.

전자를 수명이라 하고 후자를 보고라 한다. 간결하게 핵심만 말할 수 있다면 좋다. 중요한 것은 언어로 전달하는 과정에서 오해가 발생하게 하지 않는 것이다. 이것은 중요한 기술이므로 처음부터 잘 훈련받는 것이 좋다. 정확하게, 신속하게 의사소통하도록 연습하기 바란다.

넷째로 청년기에 배워야 하는 것은, 꾸준하고 규칙적인 생활이다.

이것은 가장 힘든 부분일 것이다.

한번 직장인이 된다는 것은 어쩌면 은퇴하는 시간까지 결코 쉴 수 없다는 것을 의미할 수도 있다. 방학도 없고, 정해진 휴식기도 없다. 20대 청년이, 50대나 60대까지 30년 이상을 절대로 일을 멈출 수 없다는 운명을 안고 첫 직장으로 출근하려면 얼마나 힘들 것인가.

수영을 하다 보면 물에서 호흡을 한다는 것이 얼마나 어려운지 느낄 때가 있다. 25m가 넘는 레인의 중간에서 멈추지 않고 건너편까지 도달하려면 호흡이 끊어지지 않게 조절해야 한다. 간혹 물이 입으로 코로 들어가는 경우가 있다. 이때 당황하면 안 된다. 다시 호흡을 뱉으며 물을 밀어내야 한다. 그리고 규칙적인 동작과 호흡을 반복하며 다시 정상상태로 되돌아가야 한다.

　나는 대학 시절 스킨스쿠버 동아리에 가입했다.
　웃으며 입장한 수영장은 이내 신음소리 투성이 훈련장이 된다. 입수 전 발을 땅에 딛고 있을 때는 체력 훈련만 시켰다. 수영장 속에서는 신입생들을 가운데로 몰아넣고 입으로 물을 뿜어대며 밖으로 나오지 못하게 막았다.
　우리는 붙잡을 벽 하나 없는 수영장 한가운데서 허우적대며 둥둥 떠 있어야 했다. 힘들어하는 신입생들에게 선배가 말한다.
　"이빨이 물을 걸러 줄 거야. 계속 물속에 떠 있어야 해."
　스킨 장비를 착용하고 물에 들어가면 일렬로 50m 풀 가장자리로 돌아야 했다. 속도를 줄일 수도 중간에 멈출 수도 없었다. 2km가 넘었다고 생각한 순간 세는 것을 놓쳤다. 이후에 얼마나 돌았는지 알 수 없었다.
　마지막 훈련은 맨몸으로 5m풀 바닥을 손으로 터치하고 거기서 잠영으로 건너편 벽까지 도달한 다음 수면 위로 부상하는 것이었다.
　이렇게 한 학기 동안 수영장에서 구르다 보면 비로소 이빨로

물을 걸러낸다는 것이 어떤 것인지 알 거 같았다.

일단 물에 들어가면 호흡이 중요했다.

그런 것과 같다.

출근을 시작하면 당장 다음 날부터 눈뜨기 싫어진다. 그리고 첫 주를 무사히 지낸 후에도 다시 한 달, 석 달, 일 년이 다가올 때 문득 그만두고 싶다는 생각이 간절할 때가 있다. 잠이 많은 것부터 출퇴근의 어려움, 보기 싫은 직장 상사나 동료들의 얼굴까지 회사에 가기 싫은 이유는 100가지도 넘는다. 숨이 막힌다.

이때 호흡을 조절해야 한다. 마인드를 조절해야 하는 것이다. 심적인 압박감을 극복하는 것이 관건이다. 패러다임을 조금 바꿔 직장 생활을 일상으로 받아들일 수 있다면 한결 가벼워진다. 연습을 잘해 보고 선배들의 조언을 듣고 동료들의 위로와 격려로 힘을 얻기 바란다.

세상의 많은 사람들이 이미 극복한 것이며, 나보다 훨씬 어려운 조건에서도 즐겁게 생활하는 사람들이 많은 것을 알게 된다면, 꾸준하고 규칙적인 직장 생활이 힘들지만은 않을 것이다.

다섯째로 청년기에 배워야 하는 것은, 사람에 대한 이해다.

업무관계에서 사람을 움직이는 원인이 무엇인지 이해해야 한다.

대부분 돈의 논리 즉, 돈을 주는 쪽은 갑, 돈을 받는 쪽은 을이라는 개념에서 이해하게 된다. 하지만 다 돈의 논리로만 사람들이 움직이는 것은 아니다. 명예나 지위일 수도 있고, 자신의 원칙에 충실하려는 태도일 수도 있다. 조직이 크고 조직의 규율이 강한 곳에서는 인사권이 사람을 움직이는 핵심 원인이 되기도 한다.

그러한 이해구조를 파악하고 나면 내가 상대해야 하는 사람들을 움직이는 법도 터득할 수 있게 된다.

사람들의 사회적 위치에서 발생하는 이해관계에 더해서 각 사람들의 개별적인 특성 즉, 지연, 학연과 같은 관계성, 종교나 정치적 성향, 개인적인 목표, 선호하는 취미나 습관, 조직 내 인간관계 등이 중첩되어 관계에 작용한다. 한 번에 한 가지씩이라도 사람에 대한 연구를 할 수 있다면 좋다.

여섯째로 청년기에 배워야 하는 것은, 새로운 것을 배우는 법이다.

직장에서만 배울 수 있는 기술과 개념을 배워야 한다. 그리고 자기계발하는 법을 배워야 한다. 새로운 것을 받아들이는 능력은 장차 새로운 것을 공급하는 능력으로 자라나게 된다.

하위 10%에서 출발하여 상위 10%가 되어라

우리가 깊이 고려해야 할 것은, 부를 쌓기 위해서는 일을 통해서 부를 쌓아야 한다는 것과 그 일에 있어서 역량을 갖추어야 한다는 것이다. 이 부분에 딱 맞는 조언이 있다.

"하위 10%에서 출발해서 상위 10%가 되어라."

1만 시간의 법칙을 논하며 열심히 노력하면 3년이면 1만 시간을 채울 수 있다고 했다. 하지만 현실적으로 5년은 필요하다. 당신이 30세라면 35세까지다. 그래야 비로소 전문가라는 반열에 가까스로 진입할 수 있다.

다시 생각해 보자. 5년이 긴 시간인가? 그렇지 않다. 나는 후배들에게 인생의 타임라인을 말할 때 이렇게 제시한다.

"여러분이 한 분야에 몸을 담게 되었다면 30년을 생각하세요. 처음 10년은 배우는 기간입니다. 내가 직장에 몸을 담고 급여를 받겠지만 사실 내가 직장에서 배우고 받는 것이 더 많은 시기입니다. 다음 10년은 봉사하는 기간입니다. 이 시기에 여러분은 매우 뛰어난 성과를 내는 전문가로 활동합니다. 이 시기에 여러분이 회사나 직장으로부터 받는 보수는 여러분이 기여한 것에 비해 적을 겁니다. 하지만 개의치 말고 계속 나아가세요. 그 이후 10년은 거두는 시기입니다. 여러분이 한 직장에 오래 있다면 그런 상태로, 나와서 창업을 했다면 또 그런 방식으로 여러분들은 여러분이 하는 일을 통해서 성과를 가져오게 됩니다. 이렇게 크게 바라보고 시작하면 도움이 됩니다."

그렇다. 경험적으로 한 분야의 전문가가 된다는 것은 대략 10년의 세월을 요한다.

나는 현장근무 직후 본사 견적팀으로 발령을 받게 되었다.

견적팀에 배정되면서 일주일에 2일은 집에 가지 않고 일을 해야 했다. 마감일이 정해진 건축견적업무 특성상 선행과정에서 소요되는 시간을 단축할 수 없었고 견적서 마감일 전날은 밤샘작업을 피할 수 없었다. 공정 수천 가지 내역의 합계금액 수십

수백억 원이 한 번 작업에 맞을 리가 없었다. 살아남는 방법은 그냥 그 과정을 놀이처럼 받아들이는 것이었다.

아침 일찍 매점에서 파는 따뜻한 김밥과 뜨거운 컵라면을 고대하며, 선배들과 농담을 주고받고 낄낄대며 새벽 3시까지 작업을 하다가 견적실에 있는 의자들을 붙여 놓고 잠깐 눈을 붙이곤 했다.

급한 일을 마무리한 다음에는 단가 맞추기 놀이를 했다. 두꺼운 물가정보자료 책을 임의로 펼쳐서 보이는 자재의 단가를 무작위로 맞혀 보는 놀이였다. 점심 값을 걸고 질문과 답변에 속도가 붙으면 정말 재미있었다.

그 팀원들 대부분은 일정 시기가 되면 기술사 자격증을 취득했다.

우리는 청년기 10년을 한 분야에 집중할 마음의 준비를 해야 한다. 전문가로 가는 길이다. **나를 먹여 살리는 능력을 갖추는 시기다.**

모든 일은 분업의 결과다

처음에는 바닥 10%에서 시작할 수밖에 없다. 그리고 상위 10% 이상으로 성장해야 한다. 기술을 연마하는 시기다. 성실함으로 기본기를 훈련해서 맡은 일에 능숙해져야 한다. 능숙한 일이라는 것은 사실 전체 과정 중에서 작은 분야에 불과하다.

업무 출발점은 분업이다. 사람이 속한 직장도 분업의 결과다. 우리는 분업화된 작은 분야에만 능숙해질 뿐이다.

'나는 내가 앞으로 제공해야 할 서비스를 위해서 그 서비스에 관한 모든 일을 다 배워야 하지 않을까'라는 의문이 생긴다. 그래야 할 수도 있다.

운이 좋은 사람은 한 가지 일에 집중해서 평생 그 한 가지 일만으로 인생을 산다. 어떤 사람들은 한 가지 일을 긴 시간을 들여 훈련했는데, 그 일과 전혀 다른 일을 생계로 삼아야 하는 인생을 산다. 대부분은 그 중간 정도다.

사실 누구도 한 가지 일을 집중적으로 훈련받았으나 그 기술만을 가지고 소득을 올리며 일생을 살 수는 없다. 그렇다면 '지금 내가 선택한 일과 여기에 투자하는 시간이 무의미하지 않은가'라는 의구심이 든다. 그럴 수 있다. 하지만 그렇지 않다.

일이라는 것의 속성은 알고 보면, 거의 모든 분야가 유사한 속성을 가지고 있어서 한 가지 일에 정통해 보면 다른 분야의 일에 대해서도 그 이치를 짐작할 수 있다.

한 분야에 정통한 사람이라면,
다른 분야에서 능숙해지는 데 긴 시간이 필요치 않다.

나는 그 일을 잘해 낼 수 있는가?

일하다 보면 내가 그 일을 정말 잘해 낼 수 있는지 아니면 해내는 것으로 착각하고 있는지 구분이 안 될 경우가 많다. 그때는 자신을 제외한 모든 요소를 제거해 보면 알 수 있다.

당신은 이 일을 혼자서 해낼 수 있는가?

만약 그렇다면 당신은 그 분야의 전문가라고 할 수 있다. 그러나 무슨 일이든 그 일을 한 지 3년도 채 지나지 않았다면 섣불리 결론 내리지 말자. 일의 시작과 끝은, 알 수 없는 다양한 변수들에 의해서 좌우되는 경우가 많기 때문이다.

적어도 3년, 길면 10년의 기간을 투자해야 한다. 이 시기를 잘 견디고 배움의 길을 완수하기 바란다. 10년을 알차게 채웠다 하더라도 그 배움의 시기가 당신의 앞날의 성공을 보장해 주는 것은 아니다.

시간을 많이 투자해야 하는 이유는, 다양한 변수들의 개입을 경험을 통해 학습하기 위함이다. 실패의 무한 가능성을 헤쳐 성공의 결과에 도달하는 것은 생각보다 어렵다. 그리고 생각보다 쉽다.

성공은 쉬운 일이 아니다. 하지만 충분히 할 수 있는 일이다.

직업의 4단계 3시기

성공한 벤처기업을 이끄는 어느 사장님이 말했다.

"직업의 발달은 4단계로 나뉩니다. 첫째는 기술이고 둘째는 지식이며, 셋째는 문제해결입니다. 그리고 마지막 넷째는 네트워크입니다."

나는 그 말을 듣고 깊이 공감했다. 또한 나는 후배들을 위한 특강에서

10년 단위의 세 단계가 있음을 말했다. 배움, 공헌, 결실의 단계다.

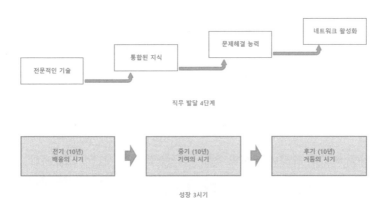

[그림 5-1. 직무의 4단계, 성장의 3시기]

이 주장들을 정리해 본다.

직무능력의 발달 과정에 따라 4단계로 나눈다. 전문적 기술(Professional Skill), 통합된 지식(Integrated Knowledge), 문제해결 능력(Problem Solving Capabilities), 네트워크 활성화(Activating Networks)다.

신입사원이 점차 기술을 익히다가 그 업무와 산업 전반에 대해 이해하게 되고 마침내 그 분야에서 벌어지는 문제를 창의적으로 해결할 수 있는 단계로까지 성장한다. 그 이후의 단계는 인맥인데, 자신이 직접 어떤 일을 수행하지 않아도 아는 사람들에게 도움을 청함으로써 해결하는 단계를 의미한다. 개인의 한계를 뛰어넘는다. 생각보다 강력하다.

그리고 또 다른 접근은 직업의 시기를 세 덩어리로 나누는 것이다. 전, 중, 후기 각 10년씩으로 나눈다.

배움, 기여, 결실의 단계다.

전기는 배우는 약 10년의 기간이고, 중기는 배움을 통해 능숙해진 개인이 자기가 속한 조직과 분야에 기여하는 약 10년이다. 마지막 10년은 성과를 거두는 시기다.

때가 되면 나에게도 순서가 온다. 준비된 자는 더 많이 거둘 것이다.

일을 잘하는 환경 만들기

일을 제대로 하려면 적어도 30분 이상의 조용한 시간이 필요하다. 직장에서 일하다 보면 의외로 집중해야 하는 시간 확보가 어렵다는 것을 알게 된다. 관공서에서는 업무집중시간을 정해서 운영하기도 한다.

현명한 사람은 자신이 일을 할 수 있는 환경을 미리 확보한다. 자신에게 말을 걸 사람들과 미리 대화를 해 두거나 연락을 하거나 받게 되는 외부와 아침부터 연락을 해 두는 식이다. 하지만 모든 일을 뜻대로 통제할수는 없다. 예상치 못한 시간에 전화나 방문, 호출이나 이동이 발생하게된다. 그러니 시간을 두고 집중할 일이 있다면 아침 일찍 혹은 저녁에 시간을 할애해야 하는 일이 생긴다.

요령 있게 집중의 시간을 확보하자.

일을 잘하는 사람들의 책상은 깨끗한 편이다.

호주국제그룹 회장 김용삼은 그의 저서 《인생은 딱 한 번만 성공하면된다》에서 나라별 직원들의 일하는 성향을 소개했다. 그는 이상하게도 나라의 소득별로 일하는 효율이 차이가 난다면서 일을 잘하고 못하고는 대개 책상을 보면 알 수 있다고 했다. 책상이 산만하면 일을 잘 못하는 편이고 책상이 깔끔하면 일을 잘하는 편이라고 했다. 나는 그 경험을 이렇게 이해했다.

일을 잘하는 사람들은 일하는 환경을 집중하기 좋게 만들어 둔 후에 일을 할 때는 한 번에 한 가지에 집중하여 결론을 빨리 내리려는 습관이 있다.

때로는 산만하기 그지없는 환경에서 두세 가지 일을 동시에 처리해야 하는 경우도 생긴다. 그런 상황이 잘못된 것은 아니므로 그럴 때는 그럴 때대로 일처리를 해야 한다. 하지만 중요한 일이라면 집중할 수 있는 환경을 먼저 마련하도록 하자.

산만한 상황을 무의식적으로 통제하는 능력 : 미리 생각하기, 유추하기

회사에서 하루를 지내다 보면 하루가 어떻게 지나갔는지 모르는 경우가 많다. 뭔가 일은 많이 했는데 무슨 일을 한 것인지 기억나지 않는다.

이런 경우는 크게 두 가지로 구분할 수 있다.

첫째는 해야 할 일, 필요한 일을 했는데 외부에서 오는 자극이 산만하고 나에게 몰리는 바람에 그것들을 처리하느라 정신이 없었을 때.

둘째는 해야 할 일, 필요한 일이 있었는데 외부에서 오는 자극이 산만하고 나에게 몰리는 바람에 그것들을 쫓아다니느라 정신이 없었을 때.

이 둘은 무슨 차이가 있나?

첫 번째는 내가 일을 장악한 상태에서 우선순위나 질서 없이 대응한 경우고, 두 번째는 내가 일을 잘 모르는 상태에서 그 일들의 주도권을 가진 사람들에게 끌려다닌 경우다.

편의상 첫째 경우를 '의도 안 무질서 상황', 후자를 '의도 밖 무질서 상황'이라고 표현하자.

그러면 어떤 차이가 그 둘을 구분해 줄 수 있는가? 그것은 내가 그 일에 대해 미리 생각해 본 적이 있는지 여부다.

미리 생각하는 것.
이것은 일을 잘하기 위해 필요한 요령이다.

일이라는 것을 하다 보면 이 두 가지 경우가 다 발생한다. 수개월 전부터 하루하루의 일정을 미리 계획하고 움직이는 시스템을 갖춘 대기업 CEO들의 일상도 사방에서 쏟아져 들어오는 보고와 시급하게 요구받는 결정 요청의 무질서한 상황 속에 놓인다고 했다.

우리는 '의도 밖 무질서 상황'에서 '의도 안 무질서 상황'으로 발전해야 한다. 우리는 일에 끌려다니는 상태에서 끌고 가는 상태로 발전해야 한다.

여기서 또 하나의 질문이 떠오른다. 상황을 침착하게 통제하는 사람은 모든 상황을 미리 생각해 본 것이란 말인가? 당연히 그렇지 않다.

그러면 생각해 보지 않은 일이 벌어지면 끌려다닐 수밖에 없다는 말인가? 그렇다.

훈련된 사람은 그 혼란의 시간이 매우 짧다. 그리고 혼란스럽고 당황스러운 상황을 만났을 때 대응하는 훈련이 되어 있어 비교적 담담하고 침착하다.

그렇다면 세상의 모든 일을 다 미리 생각해 둘 수도 없고 어떻게 준비하란 말인가? 좋은 질문이다.

준비하는 요령에 대한 대답은 '유추하기'다.

유추한다는 것은 다른 비슷한 것에 근거하여 짐작으로 추측해 본다는 말이다. 상황이 복잡해지고 일이 꼬여 있을 때, 대응을 능숙하게 하는 사람은 일단 이해당사자가 누구인지 파악한다.

변화를 야기하는 메커니즘을 알아본 뒤 그 변화를 촉발하는 행위나 요인이 무엇인지 파악한다. 그리고 해법을 찾아 나간다.

유추하기를 잘하기 위해서 받아야 하는 훈련은 무엇일까? 그것은 '고전문학 읽기'다.

고전문학에서는 다양한 시대, 다양한 민족, 다양한 종교와 신념 사이에서 남녀의 사랑과 갈등, 등장인물들 간의 화합과 충돌의 이야기가 펼쳐진다. 그 스토리들을 읽다 보면 사람의 근원적인 속성을 깨달을 수 있다. 그래서 통전적이고 건전한 판단기준을 세울 수 있게 된다. 폭넓은 인문학적 소양이 필요한 것이 이 때문이다. 다양한 국가를 아우르고 첨단 현대기술을 아우르는 기업 현대차에서 정몽헌 회장이 임원 회의를 훌륭하게 통솔했던 이유가 삼국지를 가장 많이 알았기 때문이란 일화는 의미심장하다.

지금 무슨 일을 할 것인가 : 선택과 결정은 사소한 일에서도 필요하다

시키는 일만 하는 게 가장 편하다고 한다. 이것은 결정의 어려움을 반증한다. 자기주도학습이라는 말이 있다. 자기주도학습을 하려면 결정력이 필요하다. 먼저 생각을 해야 주도할 수 있다.

일도 똑같다. 시키는 일만 하는 것이 아니라 '자기주도업무'가 되어야
한다.

자기주도업무에서 필요한 것은 무엇인가?
그것은 '결정하기'다.

자기주도적으로 일을 잘하기 위해서는 지금 당장 무슨 일을 할 것인지
결정해야 한다. 현실에서 계획대로 되는 일은 거의 없다. 하지만 계획을
세워야 한다. 계획마저 없다면 일의 효율은 현저히 낮아진다.

일을 하다 갑자기 생기는 공백 시간이 있다. 이때, 결정력이 힘을 발휘
한다. 잠깐의 시간이 남았을 때 미루었던 전화연락을 한다. 혹은 보고해
야 할 보고서 초안을 다시 다듬는다. 잔뜩 쌓여 있던 서류를 정리할 수도
있다. (정리는 스테파니 윈스턴의 조언이 유용하다. '버-전-처-파'로 한
다. 버리고(toss) 전달하고(refer) 처리하고(act-on) 파일화(file)하고. 발
생되는 서류의 대부분은 항목별로 구분하여 업무용 파일에 보관되거나
쓰레기통으로 들어가게 된다.)

그렇다. 상황을 보면서 당장 무엇을 할 것인지 결정해야 한다. 그런 결
정에 따라 즉시 행동한다. 그렇게 작은 일들이 반복되어 간다. 반복된
작은 일들이 쌓인다. 그리고 자신이 원했던 방향으로 업무를 크게 이끌
어 간다.

매사 결정한다는 것은 피곤한 일이다. 그래서 요령이 필요하다.

요령은 정기적으로 해야 할 일들을 글로 써 두는 것이다. 2,000억 원
매출의 어느 해외명품 수입업체 사장 이야기다. 그는 퇴근 전 10분 메모

습관이 자신의 성공 비법이라고 소개했다. 나는 이것을 사소한 일들을 위한 결정의 에너지를 감소시켜주는 축적의 습관이라 본다.

사소한 결정에 들이는 에너지를 줄이고 싶다면 메모하는 습관을 기르자. 반복하다 보면 결정이 아니라 자연스러운 습관처럼 능숙하게 일을 배치하게 될 것이다. 생산성이 늘어날 것이다.

시간의 위계 다루기 : 짧게 말하기

피터 드러커가 지적한 대로 시간은 가장 희소한 자원이다. 그래서 일을 잘하고자 하는 사람들은 시간을 사용하는 것에 대해 신중해야 한다.

시간은 위계를 갖는다. 중요한 위계의 시간은 중요한 의사결정을 하기로 정해진 시간이다. 주주총회, 이사회, 연간 보고 등과 같이 공식적인 타이밍이 있다. 그리고 비공식적인 타이밍이 있다. 의사결정권자와 만나는 시간, 이해관계자들이 모이는 시간, 실무를 처리하는 사람이 만나는 시간이다. 사실 중요한 것은 이런 순간들이다.

앤서니 페이비언 감독의 영화 〈미시즈 해리스 파리에 가다〉에서 의사결정에 관한 장면이 하나 나온다. 파업과 함께 몰려온 직원들에게 크리스찬 디올 사장은 10분을 준다. 사장은 10분 후 직원 대표의 제안이 받아들여졌음을 알린다.

도널드 트럼프는, 리카르도 벨리노의 3분 프리젠테이션으로 트럼프 부동산 브라질을 시작하기로 결심한다.

이것들은 시간의 위계 중 의사결정 타이밍의 중요성을 보여 준다.

의사결정 타이밍을 잡기 위해서는 짧게 말할 수 있어야 한다.

연습이 필요하다. 짧게 설명하려면 다음 질문에 한 문장으로 답을 할 수 있어야 한다.

왜 이 일을 해야 하는가?

자, 이제 연습하러 갈 시간이다.

일의 집중도 5단계

일할 때는 집중을 해야 한다. 집중에도 위계가 있다.

대부분 업무에서는 적당한 수준의 집중이면 충분하다. 그런데 간혹 그 이상이 요구될 때가 있다.

집중의 정도를 가늠하는 데 도움이 되는 기준이 두 가지가 있다. 하나는 그랜트 카돈이 말한 '집착'이라는 개념이고, 다른 하나는 황농문 교수가 말한 '몰입'이다. 정리해 보면 이렇다.

일에 대한 집중도 위계 5단계

관심 - 선택 - 집중 - 집착 - 몰입

[표 5-1. 일에 대한 집중도 5단계]

일을 시작하려면 관심이 필요하다. 관심은 자연스럽게 자신이 가지게 되는 경우도 있지만 현실에서는 외부에서 주어지는 경우가 많다. 일의 출발은 외부에서 발생되는 필요이기 때문이다. 관심을 가져야 한다. 현실 세계에서는 관심을 가지지 못해 일을 잘 처리하지 못하는 경우가 많다. **관심은 감각을 세우고 그 대상을 살피는 것이다.**

다음은 선택의 단계다.

선택은 결정이다. 대상을 고르는 것이다. **어떤 대상에 집중하기로 결심하는 것이다.**

어떤 일에 관심이 생겼다고 해서 다 그 일을 하게 되는 것은 아니다. 일하려면 선택이 필요하다. 선택에는 그 일을 완수하겠다는 결심이 동반된다.

집중의 단계로 넘어간다.

이제 일을 시작한다. 계획안을 만들거나 하나의 일을 여러 가지 세부적인 업무로 분할, 각 업무를 누가 어떻게 맡을 것인지 계획한다. 어떤 경우든 집중이 필요하다. 집중하지 않으면 일의 결과가 불만족스럽다. 일을 시작한다는 것은 집중을 시작한다는 뜻과 같다.

집중이란 한 가지에 초점을 맞추는 것이다. 생각과 시간과 노력의 초점을 하나에 맞추는 것이다. 집중은 반드시 결과를 가져온다.

우리는 모두 어떤 사안을 두고 집중해야 한다. 그래야 결과를 얻는다.

다음은 집착의 단계다.

집착은 어려운 일을 대상으로 펼친다고 보면 된다.

집착이란 매달리는 것이다. 과하다는 느낌을 주는 것이다. 장기적인 과제, 선뜻 납득되거나 이해되지 않는 수준의 업무, 한 번에 파악하기 어려운 구조를 지닌 일, 한 사람 또는 여러 사람을 상대하고 그들의 변화를 일으키는 일, 아직 해결되지 않은 여러 문제들을 맡는 것 등이다.

집착을 연상할 수 있는 한 가지 사례를 소개한다. 어느 카드회사의 중견 간부로 있는 선배가 있었다. 그는 나를 만나고 난제를 해결했던 사연을 들려주었다.

선배가 관리하는 고객만족팀 직원들은 콜센터 상담 업무를 담당한다.

그런데 어떤 고객이 문제를 제기하며 계속 전화해댔고 급기야 한 상담 직원을 붙들고 집요하게 문제제기했다. 그 문제라는 것은 카드 사용상의 불편에 관한 것이었는데 결국 자기에게 어떤 보상을 해 줄 것인지에 관한 질문이었다. 약 일주일간 시달리던 직원이 팀장에게 도움을 청했다. 팀장도 두 번 통화하더니 더 이상 상대가 어렵다고 판단하고 상관에게 도움을 요청했다. 이 선배였다.

그는 이 고객과 통화를 한 뒤 생각에 잠겼다.

긴 고민 끝에 선배는 공격적 자세를 취하기로 마음먹었다. 그는 그 고객에게 물어보겠다는 전략을 세웠다. 그는 이제 자신이 전화를 거는 입장이 되었다. 시간이 지나자 그 고객은 차츰 목소리가 작아지기 시작했다. 전화를 시작한 지 약 두 주가 되었을 때 그 고객은 더 이상 자신에게 전화하지 않아도 된다고 말했다.

나는 어떻게 그런 생각을 했는지 물었다.

"그 사람도 보통 사람들이 싫어하는 일은 싫어하는 똑같은 사람일 거라 생각했지. 그래서 나는 진중하게 차근차근 접근하기로 생각한 거야. 나는 왜 그렇게 생각하십니까라고 물었어. 똑같은 질문을 반복했어. 상대가 말하는 걸 주로 들었지. 그리고 전화를 걸기 전에 한 시간 정도 다른 일을 제쳐 두고 전화했어. 적어도 10번 이상은 이렇게 반복해야 할 거라고 예상하고 시작한 거야. 고생을 피할 수 없다고 본 거지."

이 정도면 집착이 아닌가? 집착을 하는 데는 요령이 필요하다. 그것은 충분한 양의 노력을 투입하겠다고 마음먹는 것이다. 충분한 양을 투입하면 결과가 나온다.

1999년 10월 서울 삼성동 호텔 건축현장, 나는 드디어 10층 바닥 슬라브 콘크리트 타설을 단독으로 맡게 되었다. 선배들이 기다렸다는 듯이 한 목소리로 나에게 말한다. 꿈에 이 장면이 나오지 않으면 너는 아직 멀었다고. 이른 아침부터 거대한 장비들이 윙윙대며 대기하고 수많은 작업자들이 내 얼굴만 쳐다보는 상황이 되었을 때 압박감은 상당하다. 모자라게 주문하면 건축구조물에 중요한 문제를 야기할 수 있고, 넘치게 주문하면 자재대금을 고스란히 지불해야 한다. 갑자기 책임감이 번쩍 든다. 두 번째로 11층 바닥을 타설할 때는 10층 계단실 벽체 거푸집이 터지는 꿈을 꾸었다.

다음은 최상위 단계인 몰입이다.
몰입을 요하는 일은 많지 않다. 이것은 중요한 의사결정을 해야 하거나 복잡한 문제를 해결해야 하는 상황에 요구된다.

몰입이란 큰 물웅덩이에 빠져 정수리까지 잠기는 것과 같다. 나 자신이, 나의 몸과 마음이, 나의 모든 감각이, 나라는 사람 전체가 완전히 어떤 주제에 빠져 버린다. 인생에서, 어떤 분야에서 성공하고 싶다면 몰입해야 한다. 적어도 한 번은 그 경험을 해야 한다.

내가 경험했던 몰입 두 가지 경우다. 첫 번째가 중학 시절, 신문공고 수학문제를 푼 경험이다.

신문에 나왔던 문제는 단순했다. 원이 그려져 있고 그 안에 사각형이 들어 있다. 그리고 사각형의 대각선을 구하는 문제다. 나는 이 문제를 풀기 위해 일주일 정도 그 문제만 생각했다. 등교 시간 버스 안에서, 수업 중 쉬는 시간에, 밥을 먹을 때, 자기전에도 계속 생각했다. 천정을 보면 신문에서 보여 준 그림이 계속 떠올랐다.

나는 마침내 꿈속에서 해답을 발견했다. 새벽 4시 경이었다. 자리에서 벌떡 일어나 앉았다 다시 누워 잠들었다가 아침 일찍 학교에 가서 문제와 답을 써 보았다. 답은 원의 반지름이었다.

두 번째는 시 공모전에 응모한 경험이다.

2016년 10월의 어느 아침 아내가 공고문을 건넸다. 지역 주민 대상으로 시를 모집한다는 내용이었다.

"당신 평소에 글 쓰는 거 좋아하잖아. 여기 한번 내 보는 게 어때? 당선되면 상금도 준다는데."

"그래? 한번 봐서."

나는 시큰둥하게 대답했지만 무척 관심이 갔다. 10월 말까지였는데, 열흘도 채 남지 않은 상황이었다. 고민하다 마감 일주일 전에 응모하기로 마음먹었다.

떠오른 시상은 가을의 도시풍경, 지역의 상징적 소재, 과거를 떠올리는 경험 그리고 사랑의 추억 등이었다. 잘 섞으면 작품이 될 거 같았다. 그때부터 상상의 장면들을 언어로 조합하는 활동을 시작했다. 일종의 몰입이었다. 버스와 지하철을 타고 다니며 시 짓는 일에 몰두했다. 그 과정에서 양재역 계단, 도로변에 심긴 화살나무, 새벽에 잠을 설치는 장면, 잉크가 번지는 모습 등을 찾아 구체성을 높였다. 다듬고 다듬어 마침내 읽었을 때 자연스러운 시를 만들었다.

마감 하루 전에 시를 보냈다. 보름 후 전화를 받았다. 내 시가 뽑혔다는 소식이었다.

중요한 것은 내가 해결해야 할, 극복해야 할 어떤 과제가 주어지고 그것을 해야만 하는 절박한 상황이 벌어졌을 때, 포기하지 않고 매달리는 자세다.

집착이 행동을 통해 매달리는 자세라면 몰입은 사고를 통해 매달리는 자세다. 집착이 물러서지 않으려는 태도를 견지하는 것이라고 한다면 몰입은 24시간을 다 그 문제에만 바치겠다는 헌신적 결심이다. 따라서 집착도 높은 수준의 집중이지만 몰입은 더 높은 수준을 요구한다.

어려운 일을 만나면 포기하지 말고 매달려라. 길이 열릴 것이다.

웰쓰 엔지니어링은 집중-집착-몰입을 일을 해내기 위한 하나의 위계로 이해하고 이것을 실천하는 자세를 가질 것을 조언한다.

누구나 할 수 있다. **요구되는 것은 하고자 하는 마음뿐이다.** 집중하고 집착하고 몰입하라. **마침내 당신은 원하는 해답을 얻어낼 것이다.**

3

도전 :
중년기, 부를 획득하는 시스템 만들기

도전이라는 단계

도전이라는 단계는 직장에서는 적어도 과장 혹은 팀장급 이상이 된 단계다. 승진을 일찍 하거나 규모가 작은 조직이라면 임원이 되었을 수도 있다.

여기에서 언급하는 팀장 즉, 부서장이나 임원이라는 말은 그 이름이 가지는 무게를 말한다. 팀장, 부서장이라면 그 팀과 부서의 모든 것을 책임질 수 있어야 한다. 임원이라면 담당한 영역의 모든 것을 책임질 수 있어야 한다. 따라서 직위가 주는 무게는 상당하다. 훈련 단계를 거쳐 도전 단계로 왔다는 말은 이러한 책임의 입장에 설 준비가 되었다는 것을 의미한다.

신기하게도 어떤 조직도 조직 구성원의 사람됨을 잘 알아본다. 어떤 조직의 장이 될 사람이면 장의 지위를 부여하고 그렇지 못할 사람이면 그 지위를 주지 않는다.

만약 내가 큰 혹은 작은 조직에서 어떤 지위를 맡고 있다면 나는 그 정도의 지위까지의 능력을 평가받은 것이라고 받아들이는 게 좋다. 너무 빠르다 싶으면 자신의 속도를 천천히 유지하고 너무 느리다 싶으면 자신을 돌아보아 더 키워야 할 능력은 무엇이며, 더 거두어야 할 실적은 무엇인지 점검해야 한다.

도전이라는 단계는 그야말로 도전해야 할 시기라는 뜻이다.

크게는 창업에 도전해야 한다. 작게는 조직 내에서 책임을 지는 지위를 맡는 데 도전해야 한다.

큰 지위에는 큰 책임이 따르는 법이다.

창업을 한다는 것은 사업적 활동의 모든 책임을 다 지겠다는 것을 의미한다. 그래서 리스크관리 관점에서는 바람직하지 않다. 얻어지는 권리도 크겠지만 실패할 경우 잃는 것이 너무 크기 때문이다. 그러나 도전해야 할 때라면 도전해야 한다. 이것을 깨닫는 것은 자신에게 달려 있다.

그래서 웰쓰 엔지니어링에서도 질문한다. 과연 이 단계에서 창업에 도전할 것인가 아니면 현재의 틀을 유지하며 책임과 권리를 키우는 방향으로 나아갈 것인가.

합리적 선택지가 항상 옳은 것은 아니다. 우리는 도달할 지점을 정한 뒤 다양하고 복잡하며 수시로 변화하는 환경 속에서 목표에 이르는 길을 찾아내는 동적 탐색의 과제를 받아든 것이다. 현명하게 판단하여 효율적으로 움직이는 전략을 개발하고 실천해야 한다.

냉혹한 현실

지금부터는 실전이다. 이제는 조금 부정적이고 날카로운 얘기를 하려고 한다.

자, 지금까지 들었던 말들에 유의하라. 지금까지 들었던 우아하고 멋진 표현들, '부를 획득하는 시스템', '사업', '창업'이라는 말을 냉정하게 바라보아야 한다. 덜컥 실행할 일이 아니다. 나의 진심을 얘기하겠다. 가급적이면 사업을 하지 마라. 창업을 하지 마라.

충격인가? 그렇다면 내가 의도한 바다. 충격을 받기 바란다. 지금 충격을 받는 편이 사업을 덜컥 시작한 후 냉혹한 현실 앞에 울음을 터뜨리게 되는 것보다 낫다. 사업을 잘못 시작하게 되면 나락으로 떨어질 수도 있다. 커다란 빚을 질 수도 있다. 한동안 일할 의욕도 잃어, 방황하게 될 수도 있다. 심지어 가족들에게 경제적으로 심각한 타격을 줄 수도 있다.

그러니 신중하라.

만약 당신이 여전히 수입과 지출을 통제하기 어렵다면 사업을 해서는 안 된다. 만약 당신이 여전히 혼자서 시장 제공물을 만들어 낼 수 없다면 사업을 해서는 안 된다. 만약 당신이 여전히 혼자서 당신의 상품을 팔 능력이 없다면 사업을 해서는 안 된다. 이런 상태에서 사업을 시작한다면 얼마 지나지 않아 냉혹한 현실은 당신을 집어삼킬 것이다.

고독한 경영을 감당하기 어려울 거라는 생각이 들고 사업을 시작하는 것이 자꾸 망설여진다면 즉시 사업 착수를 중단하라.

스스로 판단하여 자신의 길을 정하고 그 길에서 최선의 결과를 얻기 위한 경주를 시작하기 바란다. 만약 기회가 왔다고 생각되면 언제라도 계획을 바꿔도 된다. 계획이란 원래 바꾸라고 만드는 것이다.

이번 장에서는 주로 사업에 관한 이야기를 한다. 크게 두 가지 길을 제시할 예정이니 내비게이션을 틀고 자신에게 맞는 길을 찾아가 보자.

나만의 시장 찾기 : 틈새시장이 거대시장으로

새로운 기업의 탄생은 다양한 스토리를 가지고 있지만 주된 전략 중 하나는 틈새시장에서 시작하여 거대시장의 강자로 성장하는 것이다. 비주류가 차츰 성장하여 마침내 주류의 자리를 차지하는 것은 생로병사 생명의 흐름 속에 새로운 것이 옛것을 대체하는 세상의 이치와 통한다. 그러나 치열한 노력과 시행착오, 좌절과 극복의 반복 속에 우연한 기회까지 더해져 점진적으로 혹은 급진적으로 변화가 다가온다.

**새로운 기업을 만들고자 하는 도전자에게 제안하는 전략은
틈새시장구축 전략이다.**

세스 골드만이라는 예일대 경영대학원 학생이 있었다. 그는 편의점 음료를 마시다 달지 않은 차 음료가 필요함을 깨닫게 되었다. 그는 천연 감미료를 사용하여 만든, 병에 든 차 음료를 개

발했다. 아네스트 티다.

아네스트 티는 2008년에 3,800만 달러의 수익을 거두었고, 코카콜라는 이 기업의 가치를 4,300만 달러로 평가하여 지분 40%를 매입했다. 그 후 아네스트 티는 10년 동안 판매 매장 14만 개의 기업으로 성장했다.

아네스트 티는 4가지 현상에 주목하여 틈새시장을 공략한 사례였다. 병에 든 차 시장이 성장하고 있었고, 미국에서 차 문화가 개발되고 있었으며, 건강에 대한 관심이 높아지고 있었다. 거기에 이국적이고 개방적인 문화를 상징하는 차 문화 이미지가 커지고 있었다. 세스 골드만은 거기에 착안하여 전에 없는 작은 틈새시장을 거대한 주류 시장으로 성장시켰다.

이런 현상은 우리 주변에서도 적지 않게 볼 수 있다. 음식 문화가 변하고 음악 문화가 변하고 놀이 문화가 변한다. 그 변화 속에서 크게 성장하는 움직임들이 눈에 띈다. 우리는 그 움직임 속으로 들어가야 한다.

그러나 변화를 포착하는 것보다 어려운 것이 실행하는 것이다. 당신이 세스 골드만처럼 건강한 음료 시장의 변화를 눈치 챘다고 생각해 보자. 그러면 당신은 당신의 모든 것을 쏟아부어 새로운 음료를 개발하는 일에 몰두할 수 있겠는가? 단지 자신의 시간을 투입하는 것을 넘어서서 가진 돈과 주변 자원을 거의 최대한으로 동원하여 한 가지 주제에 집중시켜야 한다. 이것은 쉬운 일이 아니다.

SK이노베이션은 미래에는 전기차 시장이 열릴 것이라 예측하여 전기차 차량용 배터리 개발에 착수하기로 결정했다. 그리고 2조 원을 편성, 연구개발을 시작했다. 2016년부터 시장에서 사업을 시작한다는 장기프로젝트를 가동한 것이다.

결과는? 회사가 예측한 시점에는 시장이 형성되지 않아 그 뒤로 최소 2년 이상 기다려야 했다.

2023년 SK이노베이션의 전기차 배터리 부문의 매출액은 분기마다 3조 원을 넘기고 있다.

그렇다. 이것이 기업의 의사결정이다. 정확한 규모와 시점을 알 수 없고 맞출 수 없다. 하지만 결정해야 한다. 하지 않기로 한다면 그 역시 결정이다. 이것이 기업가적 활동이다.

충분한 훈련이란 없다. 단지 당신 자신이 그럴 준비가 되었는지 스스로 묻고 준비에 준비를, 결심에 결심을 한 후 실행에 옮겨야 한다.

당신은 당신의 시장을 찾아야 한다.

승리전략은 틈새로부터

승리를 거두는 전략은 틈새에서 싹튼다. 모든 성장전략이 그러한 것은 아니다. **다만 성공 가능성을 품은 틈새는 세상 어떤 분야에서든 존재한다는 것이다.**

예측불허의 승리, 급작스러운 변화, 예기치 못한 축소나 성장은 틈새전략의 특성이다. 열위자가 우위자로 성장할 기회다.

코닥은 디지털 카메라 기술을 개발했지만 그 의미를 알지 못해 몰락을 맞이했다. 코닥은 그들이 이미 가지고 있던 필름 시장의 거대함에 압도되어 새로운 기회에 순응하기 어려웠기 때문이다.

그러니 지금 기라성처럼 버티고 있는 강자들을 바라보며 위축되지 말자. 당신이 차지할 기회는 얼마든지 있다.

지금부터 당신의 분야에서, 당신만의 틈새를 찾아라.

동대문구 어느 마을에 유통 대기업에서 마트 하나를 개설했다. 2,000세대가 넘는 아파트 입구에 300평 규모의 1층 매장을 연 것이다. 그 바로 맞은편에서 30평도 안 되는 작은 슈퍼를 운영하던 가족은 침통함에 빠졌다. 그들은 그 가게를 매각할 것인가 아니면 업종을 바꿀 것인가 심각하게 고민했다.

그들은 하던 대로 영업을 계속하기로 결정했다. 낡은 갤로퍼를 타고 새벽마다 경동시장에서 과일을 사 왔다. 그리고 두꺼운 종이상자 위에 작은 플라스틱 바구니를 올리고 사과나 복숭아, 수박, 귤 등의 과일과 배추나 파, 양파 등의 채소를 담아 팔았다. 매장 안쪽에는 과자나 라면 등의 가벼운 공산품을 팔고 작은 정육점을 운영했다. 판매자는 아버지와 아내, 딸과 사위, 그리고 정육점 입점자와 고용된 직원 한둘이었다. 경쟁이라곤 모르던 예닐곱 직원들이, 훈련받은 소매점 유통 전문가 30여 명과 경쟁해야 했던 것이다.

그 전투의 결과가 드러난 것은 불과 6개월이 지나지 않아서였다.

동네 소비자들은 이제 그 둘의 포지셔닝의 어떠한 것인지 명확하게 이해하게 되었다. 하나는 공산품에서 우세하고 제품의 구색이 다양한 것이었으며, 다른 하나는 과일과 야채가 맛있고 신선하며 더 저렴하다는 것이었다.

그 작은 슈퍼는 경쟁이 시작된 지 10년도 훌쩍 넘은 지금까지 성업 중이며, 대기업 마트는 고전 중이다.

승리를 거두게 된 작은 슈퍼는 치열한 계획 끝에 틈새전략을 구사한 것이 아니었다. 그들은 생존을 위해, 절망적이라고 여겨지던 시기의 두려움을 극복하고 그저 자신들이 잘하던 것을 더 잘하기로 결정한 것뿐이었다.

그 작은 슈퍼가 선택한 포지셔닝은, 약자의 전략이었으며, 고품질의 저렴한 가격, 소수의 제품에 집중하는 것이었다. 일종의 틈새전략이었다.

1977년, 청년 Y는 서울대학교 의과대학을 졸업하고 고향으로 내려가 내과의원을 개업했다. 병원을 찾는 환자들은 주로 근거리에서 걸어오거나 버스를 타고 올 수 있는 주민들이었다. 그래서 그는 친근한 사투리를 사용하고 찾아오는 환자들의 안부를 일일이 물으며 친근하게 접근했다. 병원을 찾는 환자들 중 나이가 있는 사람들은 금세 그를 좋아하게 됐고, 격 없이 친화력을 구사하는 원장 Y에게 강한 유대감을 느꼈다.

내과 진료만으로 수입을 거두던 그는, 1988년 한 학교 재단의 이사장에 취임하게 된다. 재정적으로 어려움을 겪던 학교재단

을 도와주기 위해 사실상 그 재단을 인수한 것이었다. 그 후에
도 그는 한결같은 서비스로 일을 계속했다.

이 사례의 내용은 1인 병원의 친화적 서비스 전략이다.

시장변화의 두려움에 굴복하지 말고, 자신의 강점에 집중하고, 더 나은 제품과 서비스를 고객들에게 제공할 수 있는 방법을 찾아 한두 가지에 집중해 성실하게 일해야 한다.

그러면 그 결과는? 틈새전략의 성공이다.

그들은 돈이 아니라 자신이 할 수 있는 서비스에 집중했다.

**틈새 전략을 구축하던 비주류 영역의 주인공들은
마침내 지배적 영역의 주인공들로 성장했다.**

역경과 극복

도전기에 피할 수 없는 것은 역경이다. 예상한 범위 내의 역경도 있지만 그것을 초월하는 역경도 적지 않다. 이케아 회장인 잉바르 캄프라드는 《이케아 불편을 팔다》에서 이렇게 말했다. "실수는 행동하는 자의 특권이다. 실수를 할까 두려워하는 것은 관료주의의 요람이고, 모든 발전의 적이다. 100퍼센트 옳은 결정이란 없다. 우리는 실수를 얼마든지 허락한다. 직원들에게 일종의 실수 면허증을 만들어 주었다."

실수는 실패의 작은 버전이라고 생각해도 무방하다. 큰 실수가 실패를 낳을 수 있다. 중요한 것은 행동하다 보면 실수를 피할 수 없고, 실패를 피할 수 없다는 것이다.

작은 실수를 두려워하지 말자. 작은 혹은 큰 실패를 두려워하지 말자. **실패를 피하려는 지혜로운 처세는 필요하다.** 실패를 하기 위한 실패를 해서는 안 된다. **최선을 다하다가 맞이하는 실패여야 한다. 최선을 다하려다 맞이하는 실수여야 한다.** 꾸준히 반복하며 성공을 높이고 위험을 낮추다 보면 점차 완성도 높은 행동을 할 수 있다.

긴장과 충분한 관리활동의 지속

도전기는 아직 불안정한 시기다. 움직임에 주안점을 두는 시기다. 안정을 추구하기에 아직 이른 시기다.

하지만 당신은 안정시키는 능력을 길러야 한다. 순발력과 민첩성, 끊임없는 시도의 움직임 속에서도 차분해야 한다. 관리의 단계로 나아가야 한다.

자칫 큰 성과를 이룬 후에 그것을 지키지 못하는 수가 있다. 이것을 경계해야 한다. 멋진 성과도 남는 것 없이 순식간에 빠져나가 버린다면 적게 이루는 것만 못하다. 그저 성취의 순간만이 남고 실속이 없게 되는 것이다.

충분한 관리활동을 해야 한다. 반복을 하는 것에 익숙해져야 한다. 인생 한 방이라는 자세는 지양하고 일신우일신의 자세, 우보천리행의 자세로 나아가야 한다. 그래야 당신이 이룬 것을 지킬 수 있다.

본격적인 관리에 앞서 연습을 하자. **지킬 줄 아는 것은 성숙한 부자의 능력이다.**

회사에서 임원 되기

신입사원 시절부터 훈련이 잘된 사람들도 어느 단계로 올라설 때 정체되는 경우가 있다. 이 정체기는 사실 누구나 겪게 된다. 중요한 것은 이것을 극복했느냐 여부다.

기민하고 눈치가 빠른 사람들은 본능적으로 자신의 지위에 맞는 역할을 찾아 잘 수행한다. 그런데 우직하고 성실한 사람들은 방향을 잡지 못해 방황하는 경우가 있다. 지금까지는 주어진 일을 처리해 내는 데 익숙했는데, 그래서 일을 잘한다는 평가를 받아 왔는데, 갑자기 알아서 일해야 하고 선택에 따른 책임까지 져야 하는 입장이 된다.

피터 드러커는 보험 회사에서 증권분석사로 일하다가 개인 은행의 경제 분석가로 스카웃된다. 그곳에서 그는, 창업자 중 한 명으로부터 지적받는다. 생각한 것보다 어리석다고. 당황한 드러커는 그 지적에 힘들어했다. 그 창업자는 말했다.

"새로운 직무에서 효과적인 사람이 되려면 무엇을 해야 하는지 고민하게."

화를 가라앉힌 드러커는 결국 이 지적을 받아들였다. 그리고 이 경험은 그의 인생을 바꾸었다. 그 후로 드러커는 새로운 일을 맡을 때마다 어떻게 하면 효과적일 수 있는지 깊게 생각하게 되었다.

나는 피터 드러커의 이 글을 2006년에 처음 접했는데, 그 뒤로도 계속 어떤 일이나 지위를 새롭게 맡을 때면 이 장면을 떠올린다.

당신은 이 교훈을 잘 이해하고 실전에서 잘 적용하기를 바란다. 향후 당신의 성장은 이 교훈을 체득하고 있느냐에 달려 있다.

당신은 충분히 할 수 있다. 회사의 임원으로 성장하기 바란다.
건투를 빈다.

4

관리 : 장년기, 부를 다루는 훈련, 부를 획득하는 것과 지키는 것은 다르다

돈을 지키는 능력이 나타나는 시기

토머스 스탠리가 제시한 미국 부자들의 특성을 보면, 그들의 평균 나이는 50대 초반이다. 이것이 시사하는 바는 그 연령대가 부를 통제할 능력을 갖춘 시기라는 것이다. 내가 지금까지 관찰한 바로도, 30대에는 번 돈을 지키지 못하는 경우가 많았으며, 40, 50대가 되어야 안정적인 상태를 유지했다. 젊어서 큰돈을 번 사람들은 사업을 일으키고 확장하는 성향이 강해서 그 흐름을 계속 유지하려는 경향이 있다. 문제는 커진 흐름을 감당하지 못하는 것이다.

한 사람이 팀을 운영하게 되면 자신이 직접 통솔할 수 있는 인원은 대개 10명 이하다. 그 이상부터는 직접적인 통솔이 쉽지 않다. 돈도 마찬가지다.

중요한 의사결정을 할 때, 현금흐름을 정확하게 파악하지 못하는 경영자는 실수할 수 있다. 자금이 충분하다고 착각하는 것이다. 가용한 자금의 범위가 어디까지인지 알아내야 한다. 그 후에 의사결정을 해야 한다. 그렇지 않으면 문제가 생긴다.

30대 혹은 40대에도 진취적인 경영자는 사업을 확장하기 위해 전진하려는 성향을 보인다. 이것은 위험하다. 사업이 항상 공격만으로 구성되는 것은 아니다.

수비도 해야 한다. 위험에 대비해야 한다.

멘토와 투자, 관리를 강화해 주는 자원

성공하는 사람들은 멘토를 두고 있다. 멘토는 이미 성공한 선배들인 경우가 많지만 정서적으로 의지가 되는 사람들일 수도 있다. 어떤 분야를 많이 알고 있는 후배일 수도 있고, 지식이 많은 사람일 수도 있다. **중요한 것은 나의 고민에 대해 순수한 입장에서 같이 고민해 줄 수 있는 관계다.**

조언을 구하는 멘토가 반드시 지식이나 경험이 많지 않더라도 지금 내가 생각하는 것보다 더 좋은 조언을 해 줄 수 있다. 그들은 내가 현재 둘러싸인 한계를 의식할 필요가 없기 때문이다.

관리를 잘하려면 잘 들을 줄 알아야 한다. 나에게 진심 어린 조언을 해 줄 멘토를 곁에 두어야 한다.

획득한 부를 지킨다는 것은 현명한 투자를 한다는 말이기도 하다. 기간이 특정된 적금에 돈을 맡긴다거나 원금이 잘 보장되는 금융상품에 투자하기도 한다. 사업용 부동산을 구매하기도 하고 자산으로 남을 수 있는 투자를 실행하기도 한다.

역시 중요한 것은, 힘들게 모은 자산을 잃지 않으려는 노력이다. 정답은 없다. 노력하는 과정에서 안정적이고 효율 좋은 방법을 찾을 수 있을 것이다.

멘토와 투자는 관리력을 강화해 준다.

5

지속 : 노년기, 지속가능성을 위하여, 자녀 교육과 기부

지속가능성을 위한 계획, 다음 세대에 물려주기

세대를 이어가는 것은 쉬운 일이 아니다. (세대를 이어간다는 말은 단지 부를 물려준다는 뜻에 국한되지 않는다.) 창업기에 불어넣은 정신을 다음 세대가 이어받는 것은 단기간에 이루어지지 않는다. 창업자는 노년기에 이르러 자신의 사업 혹은 재산을 다음 세대에 물려주는 과제를 안게 된다.

한 세기 전, 세계 최고의 부자 록펠러도 자신의 사업체와 자산을 자녀에게 물려주는 일로 애를 먹었다. 1874년 1월 29일 생인 록펠러 2세는 40대 후반에 이르러서야 아버지로부터 5억 달러에 달하는 재산을 물려받았다. 30세 전후부터 록펠러 소유 여러 기업의 임원을 맡기 시작했지만 상속이 완료된 것은 록펠러

78세 때다. 하지만 이 과정에서 록펠러 2세는 1914년 4월 20일에 벌어진 루드로 학살이라는 혹독한 경험을 해야 했다.

세계에서 가장 부자라고 손꼽히는 사람조차도 거대한 재산과 사업을 물려주는 일이 쉽지 않다. 아마 그 규모가 크고 대중의 관심이 많아서 더 그랬을 것이다. 한 사람이 일생을 통해 힘겹게 일구어 온 사업과 재산을, 아무리 사랑하고 신뢰하는 자녀라 해도 타인에게 물려주는 일은 쉬운 일이 아니다.

한 사람이 다른 사람에게 자기 뜻을 전달하고자 하는 경우 대부분 좌절을 느낀다. 지극히 상식적인 것을 말하는 거 같지만 미묘하게 왜곡되는 것을 보며 답답함을 금할 수 없다. 가까이서 보면 비극이고 멀리서 보면 희극이라는 말이 딱 맞다. 우리는 가까이에서 이 문제를 마주하려 한다.

관리에 성공한 사람도 지속에서 실패할 수 있다

나는, 사업을 훌륭하게 일구었던 1세대 경영자들이 자신의 직계 자녀에게 사업을 물려주려는 시도를 여러 번 가까이서 지켜볼 기회가 있었다. 그중에는 성공한 것도 있었지만 실패한 경우가 많았다. 성공하는 이유보다 실패하는 이유가 더 많다. 안 되는 것은 수많은 성공 조건 중에 하나만 부족해도 안 될 수 있기 때문이다.

관리에 성공한 사람도 지속에서 실패할 수 있다.

지속에서 실패하는 첫째 경우는, 지속의 과정을 완료하지 못한 경우다.

이 사업체는 조직구성원에 대해 의존적인 특성을 가진 사업을 영위하고 있었다. 전문가들로 구성된 조직이며, 개인들의 역량으로 사업을 수주해야 하는 사업이었다. 회사의 이력이 쌓이면 자연스럽게 힘이 생기긴 하지만, 사람이 적극적으로 활동해야 계약이 체결되고 매출이 일어난다. 이러한 사업에서는 특정인을 갑자기 자기 상관으로 지정하면 받아들이기 어렵다. 아무리 힘이 없는 경영진이라 할지라도 반발하는 것이 더 자연스럽다. 현재 최고경영자가 자신이 소유한 회사를 정식으로 누군가에게 물려주고 싶다면 그에 상응하는 권위와 역사를 갖추게 해주어야 한다. 이것은 오랜 기간과 수많은 시도를 필요로 한다. 가장 중요한 것은 물려받아야 하는 사람의 역량이다.

이 경우에, 그 후계자는 그 회사에 들어온 시기가 너무 늦었다. 유학을 다녀오고 중견 사원으로 입사했으나 기존 경영진의 세력이 너무 막강했다. 그들은 이미 그 회사가 자신들의 영향력하에 있음을 알고 있었다. 결과적으로 경영승계는 성공하지 못했다.

지속에서 실패하는 둘째 경우는 지속의 과정은 완료하였으나 차세대가 지속의 능력을 갖추지 못한 경우다.

이 회사는 공장과 설비, 부동산과 각종 자산을 보유하고 있었다. 그리고 최고경영자의 지배력도 확고했다. 그런데 최고경영자가 갑자기 사망했다. 가족이 그 지위를 물려받았을 때 과정은 순조로웠다. 문제는, 그 회사를 오래 경영할 능력이 아직 배양되지 않았다는 점이었다. 시대의 변화를 따라잡느라 새로운 사업을 펼치는 과정에서 잘못된 의사결정을 하고 말았다. 결과적으로 그 승계는 잘못된 것으로 드러났다.

지속을 가능하게 하는 힘

지속을 위하여 필요한 것은 힘과 역량이다.

'지속'을 실행하려면 다음 두 조건을 모두 충족하시오.

조건 1 : '지속'을 결정하는 사람의 힘 〉'지속'을 반대하는 사람들의 힘의 합
조건 2 : ('지속'을 결정하는 사람이 지정한 대상자의 능력 + '지속'을 결정하는 사람
　　　　의 지원) 〉'지속'해야 하는 사업체의 경영 역량 수준

[표 5-2. 지속 실행의 조건]

'지속을 결정하는 사람의 힘'이라는 것은, 그 개인의 내적인 역량뿐 아니라 그가 가지고 있는 돈과 재화, 권리와 상징, 부동산과 주식, 인적 자원 등 모든 것을 의미한다.

'지속을 반대하는 사람들의 힘의 합'에 대해서는, 창업자 혹은 최고경영자를 제외한 회사의 내 외부 이해관계자를 의미하는 것이다. 사람은 누구나 자신이 이미 가지고 있는 권리를 침해당하면 반발하게 되어 있다. 이를 뒤집어서 말하자면, 창업자 혹은 최고경영자가 자신이 지목하는 사람에게 경영권 혹은 회사의 전체 권리를 넘기려고 하는 것은 부자연스러운 흐름이라는 것이다. 부자연스러운 흐름을 만들어 내려면 에너지가 투입되어야 한다. 이것이 현실 세계에서 발생하게 되는 갈등관리 메커니즘이다. 그러므로 지속을 결정하는 사람의 힘은 그 사람 외의 주변 이해관계자들이 힘을 합쳐 반대해도 자신의 결정을 실행할 수 있을 정도로 커야 한다.

지속을 가능하게 하려면, 더 중요한 것은 지속을 수행하는 주체 즉, 승계를 받는 자의 입장이다. 승계받고자 하는 의지가 있어야 하며, 자신이 가질 수 있는 역량의 총합이 그 사업이 요구하는 경영역량의 수준보다 커야 한다.

조건 1보다 조건 2가 더 중요하다.

자신을 양자로 지정하고 갑작스럽게 사망한 율리우스 카이사르는 아우구스투스를 당황하게 했다. 하지만 아우구스투스는 기존 세력 중 최강자인 안토니우스를 제압한다. 그는 마침내 카이사르의 후계자로서 '지속'을 완성했다. 승계를 결정하는 자보다 결정받는 자가 더 중요함을 보여 주는 역사적 사례다.

지속에 대해 항상 갈등 구조로 바라보는 것은 바람직하지 않다. 더 현명한 경영자라면 미리 충분한 합의와 공동의 비전을 이끌어 낼 수 있다. **지속의 주체와 주변 모두가 함께 뜻을 모아 지속에 동참하는 것이 가장 좋은 모습이다.**

자녀 교육

토머스 스탠리에 따르면 미국의 부자들은 평균 3명의 자녀가 있다고 했다. 우리나라 부자들도 대부분 자녀가 있다고 보아야 할 것이다. 그리고 자녀에게 자기 재산이나 자산 전부 혹은 일부를 물려주고자 한다고 보는 것이 타당하다. 이것은 인간 본성에 근거한 것이므로 비난받을 일이 아니다. 오히려 자녀가 있기 때문에 성취를 위한 여정에 동기부여를 받는다. 자녀들은 모든 부모의 목적이 되며 또 존재의 이유가 된다.

그런데, 재미있는 사실이 있다. 어린 시절에는 무조건 좋기만 하던 자녀가 자라면서 점점 문제의 대상으로 발전한다는 것이다.

부자가 된 부모들은(세상의 모든 부모는) 세상을 사는 것이 쉽지 않다는 것과 돈을 벌고 모으는 것이 쉽지 않다는 것을 너무 잘 알고 있다. 그래서 자기 자녀들도 이 사실을 잘 알게 되기를 바란다. 그런데 그 알게 하는 방법이 녹록지 않다.

리자청은, 가족 휴가 때는 배를 빌렸다. 그래야 자녀들이 다른 곳으로 도망갈 수 없었기 때문이다. 그의 자녀들은 한배 안에서 꼼짝없이 아버지가 건네는 고전을 읽어야만 했다.

홍콩 최고의 부자도 자녀 교육이 쉽지 않음을 깨달았다. 그래서 그도 강제적인 환경을 조성한 뒤 교육했던 것이다.

자녀 교육은 다 어렵다. 그러나 반드시 해야 한다.

기부

부자들에게 기부란 선택이 아니라 필수다. 힐 수 있다면 이른 시기부터, 아직 부자가 아니고 겨우 자립할 수준의 시기부터 하면 좋다.

기부는 부를 쌓는 사람들에게 하나의 목적이 될 수 있다. 기부란, 부를 나누어 줌으로써 사회에 공헌을 하는 행위다. 공헌은 좋은 것이다. 부의 원리에서 보더라도 부의 선순환을 유도하는 방식이기도 하다. 그리고 기부가 부의 종착지가 되기도 한다.

한 사업가가 사업체 매각작업을 완료했다. 그리고 큰돈을 벌었다.

그는 평소의 소신대로 기부를 목적으로 한 재단을 설립했다. 재단 본부로, 광진구의 낡은 건물 하나를 매입했다. 그 건물 5층에 재단 사무실을 꾸몄다. 이윽고 홍천에 아담한 수영장이 딸린 너른 펜션을 매입했다. 그 펜션은 재정적으로 어려운 후원 대상 단체들이 여름과 겨울에 캠프를 여는 공간으로 준비됐다. 운영 조직을 꾸렸다. 상근 인력만 4~5명이고 행사 때면 자원봉사를 모집해야 했다.

운영 10년 차를 맞은 지금은 협력하는 기관들도 13곳이나 생겼다. 물품으로 후원하는 대상은 연 240곳 정도다. 건물 지하에도 집회 공간과 영상 스튜디오를 꾸며서 후원 단체의 창의적 활동을 지원하고 있다.

사람이 부를 축적하면 무언가 더 의미 있는 일을 해야 하지 않을까 고민하게 된다. 숭고한 뜻을 품지 않더라도 누군가를 돕고 싶다고 생각하는 것은 자연스럽다. 도움의 행동은 기부로 나타난다.

당신도 부를 축적하여 기부를 하게 되길 바란다. 아니, 지금 당장 기부를 시작하여 부를 쌓는 길로 나아가길 권한다. 기부가 부를 쌓는 직접적인 방법은 아니지만, 부로 가는 여정에 긍정적 영향을 줄 것이다.

지속 이후

지속 이후는 어떻게 될 것인가? 그것은 그들에게 맡겨야 한다. 이제부터는 기도하는 마음으로 운명에 맡겨야 할 것이다. 나 자신에게만 집중해야 할 때이기도 하다.

이 시기 자신의 미래 모습이 어떠한 것을 상상하는 것은 당신의 성공 절정을 상상하는 데, 또 그것을 이루는 데 큰 도움을 줄 것이다.

인생의 부름에 충실했다고 생각된다면 다른 사람의 일은 다른 사람에게 맡기고 나는 나의 일에 집중하자. 이제는 치열한 삶의 과정에서 벗어나야 할 때다.

규율, 훈련, 도전, 관리, 지속 SUMMARY

1. 규율 : 소년기, 규율을 배워야 한다
   "소년고생은 사서 한다."

2. 훈련 : 청년기, 부를 획득하는 훈련
   하위 10%에서 출발하여 상위 10%가 되어야 한다.
   배움, 기여, 결실의 단계로 성장한다.
   시간의 위계를 다루어라.
   관심, 선택, 집중, 집착, 몰입으로 업무를 처리하라.

3. 도전 : 중년기, 부를 획득하는 시스템 만들기
   큰 지위에는 큰 책임이 따른다. 신중해라.
   창업 도전. 틈새에서 시장을 찾고 역경을 극복하라.
   회사에서 승진하고 지위에 맞는 역할을 찾아라.

4. 관리 : 장년기, 부를 다루는 훈련
   위험에 대비해야 한다.
   멘토와 투자로 관리를 강화해야 한다.

5. 지속 : 노년기, 지속가능성을 위하여
   지속가능성을 위한 계획, 다음 세대에 물려주기.
   지속을 가능하게 하는 힘, 긴 안목으로 힘을 길러야 한다.
   자녀 교육, 반드시 해야 한다.

제6장

부의 레버리지

나를 뛰어넘는 생산성 만들기

무릎을 꿇고 나무의 씨앗을 심었더니
너무나 빨리 자라나서 일어서기도 전에 온 동네를 덮어 버렸다.

_재런 러니어

부의 레버리지

1

부의 레버리지 :
부를 확장하는 방법, 사업=서비스의 확장

레버리지

사무실에서 이면지를 쓸 일이 많다. 자꾸 생기는 이면지는 모아서 문구용 집게로 잡아둔다. 자주 사용하는 집게는, ㄷ자형으로 구부린 얇은 철판과 고리모양 스테인리스 철사 두 개가 결합된 철제 집게다. 이면지 뭉치에서 종이 한 장을 뺄 때, 철사 고리를 한쪽만 접으면 종이뭉치를 물고 있는 집게 철판이 벌어지지 않는다. 철사 고리는 양쪽을 다 접고 한쪽 위에서 눌러야 철판이 쉽게 벌어진다.

이때, 양쪽의 철사 고리는 상대방에 대해 레버리지가 된다. 철사 고리 한쪽이 밑을 고정하고 있을 때, 다른 한쪽을 누르면 단단한 철판을 벌리는 힘을 낸다. 양 철사 고리는 상대방의 지렛대가 되는 것이다.

양쪽이 같은 방향으로 접히고 동시에 힘을 받아줄 때, 지렛대 효과가 나타난다. 주어진 자원도 똑같고 주어진 힘도 똑같다. 방향만 달라졌을 뿐인데, 큰 효과가 나타나는 것이다.

부도 마찬가지다.

부의 지렛대는 종잣돈이다.

종잣돈은 사업이 일어나도록 힘을 받쳐주는 지렛대이고, 투자가 일어나도록 힘을 받쳐 주는 지렛대다. **종잣돈은 레버리지를 일으키고자 하는 힘만큼은 있어야 한다. 문구용 집게 고리가 양쪽에 똑같이 힘을 받아야 집게가 벌어지듯이 밖에서 돈을 끌어오려면 동일한 양의 돈이 안에 있어야 끌어올 수 있다.**

우리는 이 지렛대와 부가 일어나는 힘의 원리를 알아야 한다. 그리고 활용해야 한다.

부의 레버리지 필요조건 : 종잣돈

부를 확장하는 방법을 볼 때, 우리는 두 가지 사실을 바라보며 통찰해야 한다. 통찰을 위해서 우리나라 부자 연구로 돌아간다.

첫 번째 통찰이다. **첫째는 '종잣돈'이라는 개념을 알아야 한다.**

부를 확장하는 도구인 부의 레버리지는 100만 원이나 1,000만 원 정도의 돈을 가지고 움직일 수 없다. 적게는 수천만 원에서 많게는 수억 원까지 적절한 규모 이상의 돈이 있어야만 한다. 간혹 친구에게 빌린 돈 수백만 원으로 수십억 원 대의 부자가 되었다는 신화적인 이야기들을 접한다. 현실은 쉽지 않다. 나의 이야기다.

나는 28세에 친구와 돈을 합쳐서 3,200만 원을 가지고 사업을 시작했다. 인터넷 영상 사업이었다. 아이템도 좋았고 기술 인력도 확보했다. 시류를 앞서 나가는 사업모델이었다. 좌충우돌하던 나는 매출을 1억 원 넘게 달성했지만 결국 폐업하고 말았다. 지출은 꾸준한데 매출이 들쭉날쭉했기 때문이다.

나에게 남은 결과는, 투자한 돈 이상의 빚이었다. 나는 그 빚을 갚느라 3년 이상 고생해야 했다.

종잣돈이 필요하다. 자수성가형 부자들의 종잣돈은 평균 7억 원이었다. 심지어 이들은 그 종잣돈 마련을 위해 '사업'까지 해야 했다. 게다가 금수저형 부자들도 평균 8억 7천만 원의 종잣돈을 필요로 했다. 그들은 종잣돈 마련을 위해 부모님의 상속이나 지원을 받았다. 그것도 30, 40대가 되어서였다.

이것은 무엇을 보여 주는가? 현실 세계에서 부의 레버리지를 작동시키기 위한 종잣돈의 크기는 매우 크고 레버리지를 일으키는 나이도 젊지 않다는 것이다.

부자구분		자수성가형 부자	금수저형 부자
평균 종잣돈		7억 원	8.7억 원
종잣돈 마련 시기	20대	0%	3.8%
	30대	32.5%	40.0%
	40대	51.5%	38.8%
	50대	16.0%	16.3%
	60대 이상	0%	1.3%

종잣돈 마련 방법	1위	사업 수익(44.4%)	부모의 지원, 상속(73.8%)
	2위	급여를 모아서(20.1%)	부동산 투자(7.5%)
	3위	부모의 지원, 상속(14.8%)	사업 수익(6.3%)

[표 6-1. 2023 한국 부자의 종잣돈 규모와 마련 시기]
출처 : KB금융연구소

이 현상이 보여 주는 것은 부의 레버리지를 다룰 수 있는 능력이 축적된 시기로부터 자신의 사업을 시작할 수 있기 때문이라고 본다. 만약 당신이 아직 20대이거나 심지어 40대 후반이라 해도 너무 조바심을 내지 말자.

열심히 일해 종잣돈을 모으라. 인생은 때가 되면 당신에게 사업밑천을 내줄 것이다. 그리고 그것으로 당신의 일을 시작하라.

부의 레버리지 영역 : 사업과 투자

자, 그렇다면 부의 레버리지(leverage)란 무엇인가? 이제 두 번째 통찰이다.

종잣돈을 기반으로 힘을 일으키는 부의 레버리지는 투자와 사업이다.

부를 얻는 방법은 5가지가 있다. 상속과 증여, 부동산 투자, 금융 투자, 사업소득 그리고 근로소득이다. 웰쓰 엔지니어링은 부동산 투자, 금융투자, 사업소득과 근로소득 4가지로 한정한다.

부의 원천	2022년	2023년
사업소득	37.5%	31.0%

부동산 투자	25.3%	24.5%
상속, 증여	15.8%	20.0%
금융 투자	10.5%	13.3%
근로소득	11.0%	11.3%

[표 6-2. 한국 부자 부의 원천]
출처 : KB금융연구소

근로소득은 모든 부의 출발이 된다. 그리고 종잣돈을 모으는 기반이
된다. 상속과 증여를 통해 처음부터 종잣돈을 마련하는 경우도 있다. 하
지만 **근로소득을 종잣돈 마련의 유일한 길이라 생각하는 것이 좋다.**

종잣돈이 쓰이는 곳은 사업과 투자다. 종잣돈은 사업의 지렛대로 작
용한다. 사업은 종잣돈을 레버리지 삼아 부를 창출한다. 투자는 종잣돈
을 레버리지 삼아 부를 창출한다. 사업과 투자를 통해 가진 돈 즉, 종잣
돈만큼 돈을 번다. 그리고 반복함으로써 점차 그 크기를 키운다.

밥 프록터는 말했다. **"전통적으로 부유한 사람들은 여러 다양한 소득
원을 가지고 있었다."**

2

레버리지 1 : 부를 획득하는 시스템 만들기 또는 소유하기, 사업가 되기

2-1 사업을 시작하기 전에

부를 획득하는 시스템을 만든다는 것은
중대한 마음의 결심을 한다는 것

원리상으로 보면 부의 레버리지 중 으뜸은 사업을 하는 것이다. 많은 부자는 자기 사업을 하고 있다. 근본적인 이유는 부를 창출하는 책임과 권리에 대해 자기가 통제권을 가질 수 있기 때문이다. 그리고 그게 맞는 얘기다.

그런데 현실로 돌아오면 그게 그렇게 단순한 문제가 아니다. 섣부르게 시작할 일이 아니다. 보다 효과적이고 보다 확실하긴 하지만 이 길을 쉽게 추천하지 못하는 이유는 바로 실패 가능성 때문이다.

현실적으로, 사업을 시작해서 성공할 확률은 낮다. 자신이 아무리 실무 전문가이고, 넉넉한 종잣돈을 마련했고, 꾸준한 명상과 독서로 정신을 훈련했다 하더라도 성공 확률이 낮은 현실을 피할 수는 없다.

그렇다. 사업의 길을 갈 것인지는 당신이 결정해야 한다!

각오가 되어 있다면 그 길을 시작하라.

하지만 노파심이 발동한다. 한 번만 더 자신을 돌아보라. 혹시 미진한 점은 없는지, 위기가 닥쳤을 때 진짜 헤쳐 나갈 자신이 있는지, 자신은 변동성이 큰 사업가라는 길에 들어서기에 적합한 사람인지 또는 운이 있는지를.

사업가가 되기 위해 필요한 네 가지 능력
: 돈, 상품, 사람, 마음을 다루는 능력

사업가가 되기 위한 능력들이 있다. 그것은 타고날 수도 있고 배울 수도 있다. 어떤 능력들이 필요한지 알아보자.

먼저, 사업가는 돈을 다룰 줄 알아야 한다.

다룬다는 것은 끌고 간다는 것이다. 끌려가서는 안 된다. 끌고 간다는 것은 의도를 품고 계획을 세우고 그 계획대로 혹은 그 방향대로 몰고 가는 것이다. 다 뜻대로 이루어지지는 않지만, 최소한 의도한 방향으로 가져갈 수 있다. 만약 당신이 돈을 보고 그 돈을, 당신이 의도한 방향으로 가져갈 수 있다면 당신은 돈을 다룰 줄 아는 것이다.

돈을 다루는 방법 중 하나가 가계부를 쓰는 것이다. 즉, 장부를 쓰는 것이다. **장부를 쓴다는 것은 활동을 관리하는 것이다.** 손익분석이나 차변 대변을 맞춘다는 의미가 아니라, 지금 현재 돈의 상태를 알고 있고,

돈의 흐름을 알고 있고, 앞으로 돈이 흘러가야 할 곳과 흘러가지 말아야 할 곳을 확인하며 그 정도는 통제할 계획을 세울 수 있게 된다는 것을 의미한다.

돈을 다룰 수 있어야 한다.

둘째, 사업가는 무언가를 판매할 수 있어야 한다.

상품을 파는 능력이다. 이것은 원하는 상품을 만들고 가져오는 능력을 포함한다.

내가 한창 영업 전선에서 뛰어다닐 때, 나는 지금은 아내가 된 당시 여자 친구에게 말했다. **"인생은 영업이야!"** 그렇다. 인생은 영업이다. 인생은 무언가를 파는 것이다. 상대로부터 내가 원하는 의사결정을 받아내는 것이다. 사업가는 자신이 원하는 것을 판매할 수 있어야 한다.

셋째, 사업가는 사람을 다룰 줄 알아야 한다.

사업가는 다른 사람에게 일을 시킬 줄 알아야 한다. 다른 사람에게 일을 시키려면 자신이 구상하고 계획하는 일이 명확해야 한다. 상대방을 자신에게 데려와야 한다. 그 상대방에게 자기 뜻을 정확하게 전달할 수 있어야 한다. 그 상대방이 자신이 말한 대로 움직이고 있는지 확인해야 한다. 그리고 상대방이 움직인 결과를 자신의 것으로 가져와야 한다. 이것이 다른 사람에게 일을 시키는 능력이다.

사업에서 진짜 일은 다른 사람이 하는 것이다. 다른 사람들을 나의 의도에 맞게 움직이게 해야 한다.

마지막으로 사업가는 자기 소신이 있어야 한다.

자기 마음을 다룰 수 있어야 한다. 성향이나 스타일이 외향적인가 아닌가에 관한 문제는 아니다. 자기가 품은 뜻이나 계획이 있나 그리고 그 생각을 따라 움직일 마음의 준비가 되어 있나 여부다. 이는, 어떠한 사상이나 이데올로기를 자기의 행동철학으로 삼아 결사적 행동을 한다는 뜻이 아니다. 오히려 반대다. 실리를 위해서, 당시에는 완벽하게 알지 못했던 사업이나 일이었다 할지라도 구상했던 목표에 도달하기 위해서 포기하지 않는 마음으로 유연하게 일을 끌고 나간다는 의미다. 그런 마음을 가져야 주변에서 들리는 부정적인 말에 귀를 기울이지 않고, 반대하는 행동에 포기하지 않으며, 거절하거나 비난하는 것에 좌절하지 않는다. 사업가는 소신이 있어야 한다.

목표를 향한 심지 깊은 마음가짐을 말한다.

이렇게 사업가는 네 가지 능력을 가지고 있어야 한다. 아직 이 네 가지 중 하나라도 부족하다고 생각된다면 더 수련을 쌓자. 종잣돈과 물질적 자원, 기회와 타이밍을 배제하더라도 이 네 가지 능력은 꼭 있어야만 사업을 시작할 수 있다.

사업가로서 아직 준비가 부족하다면

만약 자신이 없거나 준비가 안 되어 있다면 섣부르게 시작해서는 안된다. 사업을 하지 않아도 좋다. 충분히 부자가 될 수 있다. 우리의 목표는 넉넉한 부를 가지게 되는 것이지 사업을 하는 것이 아니다.

많은 성공한 사업가들이 자신의 큰 뜻만을 가지고 시작하지 않고 우연을 가장한 기회를 얻어 시작했음을 떠올리자. 스타벅스의 하워드 슐츠도, 맥도널드의 레이 크록도 원대한 뜻을 가진 후 곧바로 사업을 시작하지 않았다. 그들은 우연히 자신들이 펼칠 사업 원형을 만나, 그것이 자신이 해야 할 일임을 깨달았을 때, 비로소 사업을 시작했다. 게다가 그들은 원래 하던 일을 하며 자신의 사업을 준비해야 했다. 세계적인 기업도 태동기에는 보잘것없는 자원을 가지고 힘겹게 일구기 시작했음을 잊지 말자.

그러니 너무 조급하게 생각할 필요 없다.

모든 일에는 때가 있다.

어쩌면 지금은 기다릴 때인지 모른다. 자, 그럼 사업을 하지 않을 때는 어떻게 해야 하는가? **지금 하고 있는 일을 더 잘하기 위해 노력하라.** 당신의 자존심을 걸고 지금 맡고 있는 일을 탁월하게 해 내라. 그렇게 지금 할 수 있는 일을 묵묵히 하다 보면 깨달음의 순간이 올 것이다. 과연 내가 사업의 길을 걸을 것인지 아니면 지금 하고 있는 일을 더 잘함으로써 돈을 더 벌 것인지를.

마음의 준비, 자원의 준비가 됐다면 사업을 시작하자

자, 다음 단계로 넘어간다. 당신이 진정으로 사업을 시작할 준비가 되었다면 이제는 곧바로 실행하자.

시간은 항상 최고의 자원이기 때문에 시간을 아껴야 한다. 이제부터는 현실에 대한 고민은 뒤로하고 어떻게 하면 사업을 잘할 수 있겠는지에 집중하기로 하자.

사업은 세 가지로 구분할 수 있다. 첫째 자영업, 둘째 전문가 시스템, 셋째 기업. 자영업은 자기가 자신을 고용하는 시스템으로, 통상 가게를 열어서 장사를 하는 방식을 의미한다. 전문가 시스템은 의사, 변호사, 회계사, 변리사, 건축사 등 전문적인 자격을 취득한 후 그 분야에서 자신이 직접 사업을 하는 것을 말한다. 기업은 회사를 차려서 누군가를 고용하고 특정 사업 분야에서 영업을 하는 형태를 말한다. 이 세 가지는 각각 독립적인 영역을 가지고 있지만 때로는 속성상 혼재되어 있는 경우도 많다. 웰쓰 엔지니어링에서는 개념상 이 세 가지를 서로 독립된 방식의 사업으로 가정하기로 한다.

2-2 사업의 첫 번째 유형 : 자영업

사업방식 1 : 자영업

자영업의 장점은 누구나, 언제나, 어디에서나 비교적 손쉽게 창업할 수 있다는 점이다. 그래서 많은 사람이 쉽게 창업한다. 그러다 보니 결과가 안 좋은 경우도 많다. 자영업을 쉽게 보지 말자. 철저한 준비가 필요하다. 그리고 사업 감각이 필요하다. 사업가의 능력으로 네 가지를 언급했다. 자영업 사업가의 자질도 생각해 보자.

자영업 사업가는 건강하고 근면해야 한다.

자영업은 자신이 직접 일해야 하는 시스템이기 때문에 신체적으로 건강하지 않으면 할 수 없다. 규칙적이고 장기간의 휴일이 거의 없는 방식으로 수년 혹은 수십 년을 일할 각오가 되어 있지 않으면 시작하지 않는 게 좋다.

나는 미국 동부 여행 중 어떤 모녀를 만났다. 어머니는 수원에서 식당을 운영하고 있었고 딸은 직장인이었다. 어머니가 운영하는 식당은 규모도 크고 장사도 잘되는 곳이었다. 가족들이 모여서 운영하고 있었다. 전형적인 자영업 사업체였다. 사정을 들어 보니 가족들이 동시에 쉬는 날이 거의 없다고 했다. 그래서 일주일 이상 자리를 비우는 여행을 할 때는 누가 근무를 하고 누가 자리를 비울 것인지 정해야 했다. 이번에는 어머니가 여행을 오게 됐고, 아버지는 함께 하지 못했다.

나는 사이좋은 그 모녀와 그 가족들의 직업정신에 박수를 보냈다.

자영업 사업가는 자기의 일에 능숙해야 한다.

음식을 팔 계획이라면 요리를 잘해야 한다. 어떤 상품을 판매한다면 그 상품에 대한 지식이 해박하고 그 상품을 다루는 솜씨가 좋아야 한다.

핸드폰이 처음 생길 때의 일이다. 삐삐에서 핸드폰으로 가는 과도기에 시티폰이라는 것이 생겨났다. 가격도 저렴하고 기능도 좋았다. 그래서 나는 시티폰을 사고 싶었다. 직장에서 걸어갈 수 있는 곳에 위치한 한 이동통신 가게에 들렀다. 육교가 있는 4차선 도로변 삼거리 모퉁이 가게였다. 시티폰을 달라고 했다.

그 이동통신 가게 사장이 나를 힐끗 보더니 잠깐 의자에 앉아 보라고 권했다. 왜? 하는 심정으로 의자에 앉았다. 그는 이내 나에게 이동통신기술의 역사와 기술의 내용에 대해 설명하기 시작했다. 내가 그의 설명에 빠져드는 건 몇 분 걸리지 않았다. 그는 유선전화의 역사와 통신방식, 삐삐가 통신하는 방식, 시티폰의 구체적 성능, 위성과 연계한 통신의 발달, 기지국의 필요성과 국내 보급 상태, 이제 막 태동한 이동통신사업자들의 경쟁, 무선전화 생산회사의 경쟁, 무선통신의 과금 방식 등을 일목요연하게 설명했다.

그의 결론은, 외형적인 가격을 보고 시티폰을 구매하지 말고 전반적인 성능과 쓰임새, 그리고 기술의 추이를 보면서 3년 동안 후회하지 않을 구매를 결정하라는 권유였다.

나는 결국 017 번호의 삼성 애니콜을 할부로 구입했다. 그리고 그 결정을 후회하지 않았다.

중요한 것은, 자영업 사업가는
자기 분야 최고 전문가가 되어야 한다는 것이다.

이것은 전문가 시스템 사업에 필요한 속성과 같은 것이다.

자영업에서 손님을 불러들이는 방법

자영업을 하는 데는 여러 이유와 출발 당시의 사정이 있다. 어떤 일에 자신이 있어서 시작한다. 수입을 만들어야 하는데 도저히 다른 일자리를 찾기 어려워서 시작하기도 한다. 적당한 자본과 시간이 주어져서 가벼운 마음으로 시작하기도 한다. 모든 일이 그렇듯 자영업도 처음부터 모든 것을 잘할 수는 없다. 하지만 일단 시작했으면 가장 잘해 내겠다는 마음으로 자신의 사업장을 관리해야 한다. 배우면서 할 수도 있다. 누군가에게 도움을 청할 수도 있다.

주의해야 하는 것은, 일단 시작하면 절대로 멈추면 안 된다는 것이다.

매장을 운영하는 자영업을 시작했다면, 그건 약속을 시작한 것이다. **매장이 규칙적으로 열리고 닫히는 것은 보이지 않는 약속이다. 이 약속을 지켜야 한다.** 아무 관심도 없는 듯 보이는 행인들은 실상 다 그 매장을 지켜보고 있다. 그리고 많은 얘기들을 듣고 있다. 한 동네에서 매장을 운영하고 있다면 적어도 그 지역 반경 1km 이내의 사람들은 전부 그 매장을 알고 있다고 생각해야 한다. 그리고 어느덧 그들의 인식 속에 이 매장의 존재가 인지되었으므로, 이제는 그들을 불러들일 방법을 고민하면 된다. 그들은 전부 다 나의 잠재고객들이다. 그러니 이렇게 생각하자. '지금 잠재고객들은 이 매장이 자신을 강하게 불러 주기를 기다리고 있다. 쑥스러워하는 고객들을 위해 내가 더 적극적으로 나서자.' 사람들은 어떤 매장이든 그 매장을 하찮게 여기지 않는다. 그저 자신과 상관없다고 여길 뿐이다. 그러나 시간이 지나면서 그 앞을 지나가는 사람들은 거기에 그 매장이 있음을 알게 된다. 그리고 그 매장의 존재를 떠올릴 때, 자신이 그 매장에 관심이 생겼음을 알게 된다. 그러면 그 사람은 주변 사람에게 묻기 시작한다. "그 매장, 어때요?" 여기에서 1차 평가가 시작된다. 어쩌면 그 이전에 눈썰미 좋은 관찰력으로 다 꿰뚫어 봤을 수도 있다. "그 매장은 이래서 좋고 이런 점은 조금 아쉬워요." 사람들은 혹평이 아니라면 한 번쯤은 들러 봐야겠다 생각한다. 그러나 수줍음이 많은 고객이 한번 발걸음을 들여놓기란 여간 힘든 것이 아니다. 그러다 어느 날 매장에 들어오게 되었을 때, 고객도 매장이 자신을 반기는지 긴장한 마음을 갖게 된다. 만약 매장의 누군가가 좋지 않은 표정을 지었거나 입구나 내부가 지저분한 모습이라고 생각된다면, 그 고객은 무심한 표정을 짓다가 다시는 오지 않겠다고 생각하게 된다. 거절당한 쪽은 자신이라고 생각해 버리는 것이다. 자, 그러니 보다 더 넉넉한 당신이 부끄러움이 많고 주인의식이 없는 고객을 따뜻하게 맞이하자. 그 손님은 안도의 한숨을 쉴 것이다. 그리고 당신의 환대에 감사하며 언제고 기회가 된다면 다시 오겠다고 마음을 먹게 된다.

매장을 운영하면서 경계해야 할 것은, 매장에 찾아오는 사람에게 집중하는 것이 아니라 매장에서 판매하는 물건에만 집중하는 것이다. 그 물건을 살 것인지 결정하는 것은 매장에 찾아온 사람이다. 만약 그 사람이 자신이 매장에서 판매하는 물건보다 낮은 취급을 받는다는 느낌을 갖게 된다면 그는 다시 찾아오지 않을 것이다. 물건이 조금 완벽하지 않더라도 찾아오는 사람에게 더 집중하고, 그를 더 귀하게 여기도록 하자.

사람을 더 귀하게 생각해야 한다.

자영업이란 뭘까? 장사다.

장사란 뭘까? 장사는 물건이 필요한 사람에게 물건을 파는 것이다.

필요가 없는데도 팔 수 있다면 그것은 더 큰 능력이다. 사람들이 모이는 곳에서 상거래가 쉽게 일어난다. 상인들의 능력이란 바로 사람들이 모이는 장소와 시간을 알아내는 것이다. 그리고 모이는 사람들이 원하는 것이 무엇인지 알아내는 능력이다. 나머지는 제품을 구하고 판매를 할 인력과 장비들을 갖춰 그 시간에 그 장소로 가는 것이다. 그렇게 하면 물건은 저절로 팔린다.

그래서 자영업에서 중요한 것은 어디에 어떤 매장을 열 것인가의 문제다. 위치를 잘 잡으면 절반의 성공이나 다름없다. **장사할 위치를 잘 잡아야 한다. 위치를 잘 잡아야 하는 것은 현실 세계의 매장뿐 아니라 온라인 세계의 매장에서도 동일하다.**

사업이란 원래 어려운 것, 처음 시작은 더 어려운 것

현실에서 위치를 잘 잡는다는 것은 쉽지 않다. 좋은 위치는 이미 누군가 선점했다. 나중에 들어가는 사람은 더 불리해지는 구조다.

그러면 어떻게 해야 할까? 내가 차지할 수 있는 위치와 공간을 더 좋은 곳으로 만들거나 그 좋은 위치가 매물로 나올 때까지 기다려야 할 것이다. 전자는 쉽지 않은 일이고, 후자는 나의 경영계획을 잡을 수 없다. 사업을 시작하기로 마음먹은 나는 기한 내에 시작해야 하는 입장이다. 그러니 기회를 만들어야 한다.

인터넷과 모바일로 눈을 돌린다. 기회가 열릴 거 같다. 하지만 조금 더 알아보기 시작한다면 이내 실망하게 된다. 여기에도 이미 좋은 위치는 선점당해 있음을 알게 된다. 인터넷이 만병통치약은 아니다. 인터넷 거래가 쉽지 않음을 배움으로 혹은 경험으로 알게 된다면 차라리 거리에 있는 상가에서 매장을 여는 것이 훨씬 더 현실적이고 쉬운 방법이라고 느끼게 된다.

리자청이 말했다. 자신은 10대 때 도매업 종업원을 하면서 돈을 버는 것은 매우 어려운 것임을 알았다고 말이다. 1928년생인 그의 10대는

1940년대다. 홍콩에서 사업을 했던 그라면, 얼마나 기회가 많았겠는가? 하지만 그가 말했다. 돈을 버는 것이 어렵다는 것을 알았다고.

자, 다시 생각해 보자. 1940년대나 2020년대나 돈을 벌기 어려운 것은 마찬가지다. 그 시절보다 더 어려운 점이 있고, 그 시절보다 더 좋은 점이 있다. 변하지 않는 사실은, 사업을 시작하려는 내가 처한 지금이 돈을 벌기 매우 어려운 시절이라는 것이다.

그 시대와 이 시대의 공통점은 무엇인가? **그것은 이 시점이 처음 사업을 시작하는 때라는 것이다!**

처음 시작은 다 어렵다. 성공한 기업가 중에서 실패를 논하지 않는 사람은 없다. 어려운 것은 당연한 것이다. 그러니 마인드 셋을 다시 하자. 이 정도 어려움과 장애, 파도와 시련은 이미 알고 있던 과정이다. 사업을 시작하기 전에, 자신이 펼치고자 하는 일을 차분히 생각해 보자. 그리고 털어놓고 상담할 수 있는 친구와 가족에게 자신의 구상을 말해 보자. 그들에게 계획의 허와 실을 말해 달라고 요청하자. 그들은 진솔한 얘기를 해 준다. 그러면 당신은, 다시 그 허점들을 떠올리며, 그 약점들을 어떻게 극복할 수 있겠는지 생각해 보라.

해법은 이미 당신 안에 있다.

장애를 극복할 지혜는 이미 당신 안에 있다. 당신의 잠재력을 믿어라. 당신이 진짜 그 사업을 해야 할 운명이라면 그 사업은 될 수밖에 없다. 그것을 믿어라. **길이 열릴 것이다.**

자영업 성공사례 분석

  부를 확장하는 방법을 생각해 보자. **부는 서비스를 받는 사람들의 수를 늘리면 같이 늘어나기 때문에 부를 확장하고 싶다면 서비스의 도달 범위를 넓히면 된다.** 말은 간단하지만 현실은 간단하지 않다.

  부를 쌓은 사람들 중에는 의외로 자영업자들이 많다. 우리가 매스컴에서 접하는 이야기들은 유쾌하지 않은 소식이 많다. 특히 프랜차이즈 가맹점을 내면 수익을 거두기 힘들다는 말을 많이 한다. 하지만 나는 프랜차이즈로 성공한 사람의 이야기를 알고 있다.

  내가 아는 그 사람은 처음부터 유명 햄버거 프랜차이즈 가맹점을 열고 싶어 했다. 아직 젊은 나이지만 회사가 어려워 퇴사하게 되었다. 그래서 프랜차이즈 매장을 운영하기로 결심하고, 서울과 지방을 두루 살피던 중 청주시의 한 매장이 매물로 나온 것을 알게 되었다. 그는 그 건물주, 가맹점주, 프랜차이즈 본사 등을 두루 만나 본 뒤, 매장을 확장하는 조건으로 인수했다. 그리고 영업이 안 되던 그 매장을 정상화시키려 전단지 배부, 광고, 할인행사, 적극적인 배달을 추진한 결과 6개월 만에 넉넉한 수입을 가져다주는 캐쉬카우(cash cow)로 성장시켰다. 그는 이 프랜차이즈 브랜드는 본사에서 전국적으로 포화 상태라고 판단하고 있기 때문에 신규 가맹은 해주지 않는다는 확인을 받았다. 그래서 일단 매장을 확보하기만 하면 승산이 있다고 보았다. 그는 이 매장을 부를 창출하는 자신만의 여러 포트폴리오 중 하나로 생각하고 있었다. 그래서 그는 처음부터 점장을 두고 관리하는 방식으로 시작했다.

그는 이 작은 성공을 뒤로 하고, 다른 돈을 버는 시스템을 만들기 위해 여기저기 다니고 있다. 정보를 수집하며 또 다른 기회를 찾으려 노력 중이다.

[성공비결 : 적극적 영업과 활동 + 배달강화로 판매범위 확장 + 대리인 경영 시스템 도입]

프랜차이즈 성공의 또 다른 사례다. 작은 식당이다.

실평수 40평 남짓한 공간에서 홀 종업원 3명, 주방 종업원 3명을 두고 프랜차이즈 식당을 운영하고 있다. 같은 브랜드로 운영하는 다른 가게에 비해 장사가 잘된다. 점심시간 전후에 줄을 서서 기다리는 모습을 볼 수 있다. 2~3팀, 5~6명 정도 기다리는 경우가 많다. 이 가게의 특징은 한 가지 식사 음식과 서너 가지 서브 메뉴를 파는데, 그 음식이 맛이 있고 야채를 듬뿍 넣어 준다는 것이다. 간판에 야채를 아끼지 않고 준다고 써 붙였다. 실제로 식사 중간에 손님들에게 야채를 더 드릴까 물어본다.

가게의 사장은 항상 계산대를 지키고 있다. 후식으로 주는 볶음밥은 길가에 붙은 조리대에서 조리하여 외부로 고소한 향이 퍼져나가게 한다. 손님들은 북적거리는 분위기 속에서 식사한다. 이 가게를 보고 있으면 이 지점이 본점을 압도할 것 같은 느낌마저 든다.

[성공비결 : 야채 무한 공급의 가치제안 + 사업주의 적극적 매장관리 + 맛의 노출 효과]

자영업 운영에 대해서는 취급하는 제품과 제공하는 서비스의 특수성이 강하므로 함부로 성공 비결을 논하기 어렵다. 중요한 것은 성공하는 사람은 어느 분야든, 어떤 형태든 존재한다는 것이다.

어떠한 형태와 어떠한 업종의 자영업이든 성공할 수 있다.

만약 내가 운영하는 작은 가게나 기업이 잘 운영되고 있지 않고 매출이 늘지 않거나 줄어들고 있다면 그 원인을 자세히 살펴보라고 조언하고 싶다. 성공한 사례들을 잘 분석해서 성공의 방법과 정신을 따른다면 반드시 성공할 수 있다.

문제는 수입의 불균형이다. 자영업은 시간대별 수익, 요일별 수익, 계절별 수익뿐 아니라 트렌드에 따른 유행에도 민감하다. 그래서 잠시 큰 수익을 벌 수 있는 아이템보다는 오랜 기간 꾸준한 수익을 벌 수 있는 아이템이 더 권장된다. 그래서 식당업이 좋은 것이다. **일정하고 안정적인 수요를 확보하는 사업이기 때문이다.**

식당업은 노력이 많이 들어간다. 이른 아침부터 늦은 저녁까지 자리를 지켜야 한다. 음식 냄새에 하루 종일 둘러싸여 있어 근사한 환경과 거리가 멀다. 그렇다고 하여 식당이 다 꾸준한 것도 아니다. 하지만 사람은 계속 먹어야 한다. 손님은 늘 있는 것이다. 그래서 퓨전방식의 음식보다는 전통적 음식을 파는 것이 꾸준하게 장사가 된다.

웰쓰 엔지니어는 꾸준한 수요를 발굴하고 우수한 공급방식을 개발하여 자영업에서 성공해야 한다.

자영업의 기업화

성공한 자영업자는 점진적으로 자신의 사업체를 기업화한다. 기업화한다는 것은 자기가 직접 일하지 않아도 일이 되게 만드는 것이다.

한 분식가게가 있다. 수년간 고생하여 번창하는 분식집이 되었다.

그 사장은 젊고 유능한 종업원을 고용했다. 그리고 그에게 이 가게의 비전을 보여 주었다. 그러자 그 종업원은 자신도 독립하고 싶다는 뜻을 밝혔다. 사장은 그 종업원에게 제안했다. 자신이 똑같은 가게를 하나 차려 줄 테니 그 수익을 나눠 주겠냐고 물어보았다. 종업원은 당연히 그러겠다고 했다.

그래서 똑같은 가게 하나를 이웃 마을에 차렸다. 처음에 사장은, 처음 가게와 둘째 가게를 오가며 둘째 가게가 자리를 잡도록 성심껏 도와주었다. 둘째 가게는 마침내 독립할 수 있었다.

사장은 다시 자신의 가게 운영에 전념했다. 그리고 다른, 꿈을 가진 종업원을 다시 고용했다. 그리고 두 번째 종업원에게 같은 방식으로 셋째 가게를 차리게 해 주었다. 셋째 가게도 자리를 잡았다.

사장은 자신의 가게에서는 온전한 수입을 거두었으며, 둘째,
셋째 가게에서도 적정한 규모의 수입을 받았다. 그 수익은 자
신의 근무시간과 상관없는 수익이었다. 사장에게 수익을 나누
어 주는 종업원 사장들도 자신들의 수익에 만족해했다.

식자재 납품회사 대표가, 자기가 납품하는 어느 분식점이 이러한 방식
으로 가게를 늘려가고 있다고 나에게 알려 주었다. 처음에는 언뜻 이해
되지 않았다. 하지만 가게를 차려서 안정적인 수익이 발생하기까지 얼
마나 어려운 과정을 거쳐야 하는지 깨닫게 되자, 나는 종업원 사장들의
마음과 그들의 사업적 동의가 이해되었다.

성공자가 나서서 성공을 보증해 줄 수 있다면 미래의 수익을 나누는
것이 뭐 어렵겠는가. 게다가 처음 차리는 비용도 빌리고 아낄 수 있는 조
건이라면.

이 분식 가게 사장은 자신의 자영업 사업체를 기업화하고 있었다.

전문가들의 도움받기

일할 때 전문가들의 도움을 받는 것은 큰 힘이 된다. 사업가의 시간과
비용을 아껴 줄 수 있다. 그런 의미에서 프랜차이즈 사업도 권할 만하
다. 중요한 것은, 진짜 전문가들, 진짜 성공의 조력자들을 찾아내는 것
이다.

나폴레온 힐도 조력자집단의 힘을 말했다. 새롭게 시작하는 사업에서
프랜차이즈 시스템은 훌륭한 조력자의 역할을 해 줄 수 있다.

세무사들과 친하게 지내는 것도 필요하다. 사업을 함에 있어 세무는 필수다. 그러므로 세무 전문가들과 일대일의 관계를 맺어야 한다. 주변의 도움을 받아 좋은 세무 전문가를 만나고 그들과 좋은 관계를 유지해야 한다. 그리고 세무 조언에 잘 따르는 것이 좋다. 세무질서를 잘 잡지 못하면 사업이 커진 후에 큰 손실을 맞을 수도 있다. 작을 때, 시작할 때부터 좋은 세무 습관을 들여야 한다. 부동산 계약, 부동산 등기, 대출, 인테리어, 각종 비품의 구매 등은 단회적인 사건이어서 관련 전문가들과 교류할 기회는 적지만 한번 맺은 관계를 잘 활용하기 바란다.

나는 모르는 지역에서 부동산거래를 하거나 해 보지 않은 분야의 일을 시작할 때, 처음 만나는 전문가들을 중요하게 생각한다. 나는 그런 전문가들과의 우연한 만남과 첫 대화에서 오는 느낌을 중시한다. **느낌이 통한다 싶으면 나는 진솔하게 나의 상황과 의도를 설명한다.** 마치 판단은 그들이 하고 내가 미처 요청하지 못한 일들도 주도적으로 처리해 달라는 부탁을 하듯. 대부분의 경우 그 느낌은 정확하다. 대개 내가 기대했던 수준 이상으로 일해 준다. 부동산 거래에서 나는 두 번이나 중개인으로부터 돈을 빌린 적이 있다. 물론 시차에서 오는 현금의 부족에서 기인한 것이지만 각 거래마다 무려 1억 원이 넘는 돈을 빌린 것이다. 별도의 이자를 주거나 다른 일을 해 주기로 약속한 것이 아니다. 그저 친절한 자세를 유지했고 지급해야 하는 수수료를 그대로 지급했을 뿐이었다.

나는 내가 그들을 존중하는 태도를 보인 것이 전해졌다고 생각한다. 상대가 전문가임을 존중하고 앞으로 기회가 된다면 다시 같이 일하자는 의사를 표시하면 상대방은 당신을 기억하게 될 것이다. 그들은, 짧지 않은 사업 기간 동안 언젠가 다시 당신에게 도움을 주는 존재가 될 수 있다.

집중의 법칙

사업을 시작한다면, '집중의 법칙'을 적용하라.

내가 가족들과 함께 자주 가는 떡볶이 가게 있다. 옷가게들이 많은 거리의 뒷골목에 자리하고 있다. 주차는 당연히 안 되고 바로 옆집은 주택이다. 음식점 밀집 지역도 아니고 푸짐한 식사가 되는 곳도 아니다. 매장은 4층 건물 1층을 쓰고 있는데, 바닥이 30여 평 정도. 37평 건물에 계단과 화장실을 뺀 면적이다. 메뉴는 국물 떡볶이와 순대만을 파는데, 곁들이는 음식이라는 것이 딱딱한 만두가 전부다. 그런데 이 집이 신기한 이유는, 출출할 때면 자꾸 생각난다는 것이다. 맛이 기가 막혀서 그런 것도 아니고 멋진 인테리어나 분위기가 있는 것도 아니다. 주차는, 건물 앞에 3대를 대면 꽉 차기 때문에 방문이 편리한 것도 아니다.

분식집을 갈 일이 있다면 이 집으로 가게 되고, 가족들 전원이 그 결정을 환영하게 된다. 그 이유는 무엇일까? **그것은 "국물 떡볶이" 하면 그 집이 첫 번째로 떠오르기 때문이다.** 그리고 맛에 대한 기대를 가지고 찾아가면 정확히 그 기대에 부응한다. 이 과정이 선순환 하는 집이다. 가늘고 기다란 밀떡이 적당히

걸쭉한 빨간 국물에 담겨 한결같은 맛을 선사한다. 순대는 가끔 곁들이는 정도인데, 그 맛도 언제나 한결같다.

긴 테이블에 등받이 없는 의자에 앉아 음식을 먹다 보면 매장 안에 꽉 들어찬 떡볶이를 먹는 사람들이 다 나와 같은 만족감으로 앉아 있다는 것을 알 수 있다.

[성공비결 : 정확하고 일정한 맛의 품질을 제공한다]

이것은 알 리스와 잭 스트라우트가 《마케팅 불변의 법칙》에서 말한 '집중의 법칙'에 해당한다. 한 가지에 집중한다. 그리고 그 집중은 성공적이었음을 인정받는다. 그리고 그 집중을 유지한다. 꾸준하게, 한결같이. 방문하는 고객들은 지난번 맛을 본 그대로, 소문을 들었던 그대로 맛이 유지되고 있음에 안도하며 그들의 이미지는 강화된다. 반복해서 방문하며 자신들의 기대는 계속 유효함을 확인한다. 그래서 어떤 사람들은 줄을 서서라도 떡볶이를 싸 간다. 이들은 매장을 확장할 의도가 없다. 지금으로도 충분하기 때문이다. 이것은 그들이 제공하는 음식에 대한 성과가 엄격하게 통제되고 있음을 다시 증명하여 다시 그들의 위상이 강화된다. 그들은 지속적으로 번영한다.

이 가게는 자영업 성공의 멋진 모델이다. **이 가게는 경쟁하지 않는다. 그저 자신의 임무에 충실할 뿐이다. 그러므로 당신도, 당신의 고유한 영역을 찾아내고, 그 영역에서의 탁월함에 집중한다면 반드시 성공할 수 있다.** 당신의 성공을 기원한다.

2-3 사업의 두 번째 유형 : 전문가 시스템

사업방식 2 : 전문가 시스템

전문가란 어떤 산업분야에서 공적 면허를 가진 사람들이다. 우리나라에서 전문가라 하면 의사, 한의사, 치과의사, 약사, 변호사, 회계사, 건축사, 감정평가사, 변리사, 기술사, 세무사, 법무사, 관세사, 노무사, 공인중개사 등이다. 나아가 파일럿, 도선사, 특수장비 운영기사, 건축기술자, 토목기술자, 설비기술자, 전기기술자, 조경 원예기술자 등과 같은 전문분야의 기술을 습득한 사람들도 있다. 또한 배우, 가수, 작곡가, 음악가, 무용가, 화가, 작가, 만화가 등의 문화예술분야 종사자 그리고 방송인, 기자, 언론인 등과 같은 미디어 종사자들도 포함된다.

이들의 특징은 개인의 근로소득으로 높은 수입을 올릴 수 있다는 점이다.

그래서 전문가 개인을 중심으로 사업체가 꾸려지고 운영된다. 통상 개인이 혼자서 사업체가 되거나 소수의 지원인력과 함께 하나의 사업체를 구성하곤 한다.

전문가시스템에서 중요한 것은, 그 전문가가 탁월한 능력을 가지는 것이다. 의사는 진료를 잘해야 하고, 변호사는 재판을 잘해야 하며, 건축사는 설계를 잘해야 한다. 보통 전문가들은 자신만의 독특한 영역을 업무범위나 지역을 중심으로 탄탄히 구축하여 안정적인 수입을 올리고 있다.

내가 아는 한 건축사는 건축설계 사무실에서 오랫동안 직원으로 근무하다가 40대 중반에 독립했다. 그는 경기도 남부의 한 도시가 커지고 있다는 사실에 착안하여 연고도 없는 그곳으로 갔다. 직원 생활을 오래 했던 그는 도와주는 직원도 없이 혼자서 영업도 하고 설계도 하고 성과물을 만들어서 관청에 제출하거나 고객에게 전달했다.

3년도 되지 않아 그 사무실은 크게 번창했다. 주중에는 일이 너무 많아서 늦은 밤 이전에 퇴근하지 못하는 정도였다.

[성공비결 : 시장을 찾아 적극적으로 공략했다]

모든 전문가들이 다 성공하는 것은 아니다. 그러나 **대부분의 전문가들은 충분한 시장과 성공 잠재력을 가지고 있다.** 전략을 개발하여 영리하게 도전하기 바란다.

전문가 시스템의 기업 시스템으로의 전환

전문가 시스템에서 깊은 고민이 필요한 지점은, 기업 시스템으로 전환하고자 할 때다.

2000년대 초반의 어느 봄, 나는 지방 소도시로 거주지를 옮긴 친구를 찾아 여행을 떠났다. 그는 전문의 면허를 딴 지 얼마 되지 않았는데, 일자리를 찾았다며 친구 의사와 함께 그 도시로 이사를 갔다. 유적지가 많은 그 도시의 한 공원을 거닐며 대화를 나누었다.

그 병원의 원장은 50세 전후의 의사인데, 이곳에서 자리를 잡은 지 오래인데, 병원 진료를 나누어 맡아줄 젊은 의사를 찾았다는 것이다. 당시 신입 의사 급여는 500만 원 정도였다. 그는 800만 원을 받기로 했다. 그리고 그 친구는 사실상 병원 운영하는 일을 맡았다. 원장님은 낮에 어디 계시는지 물었더니 집안일이 많아서 자리를 비우는 경우가 많다고 했다. 벌써 자산이 많아진 거 같은데, 요즘에는 땅을 보러 다니는 거 같다고 했다.

대화를 나누다 보니 그 원장님은, 이미 자신의 병원 운영에 대한 위임구조를 잘 갖춰 놓으신 것을 알 수 있었다.

혜안을 가진 경우였다. 전문가 시스템을 기업 시스템으로 바꾸는 방법과 구조는 단순하다. 전문가는 자신을 대체할 만한 다른 전문가를 고용한다. 그리고 자신의 권한을 위임한다. 위임받은 전문가는 자신과 같은 자격을 가진 사람으로, 활동에 제약이 없다. 거기에 잘 교육을 한다면 더욱 좋다.

그러나 이것을 실행하는 것은 어렵다. 실행하는 전문가는 자신의 영역을 더 넓게 확장할 수 있다.

이 구조를 구축하기 위해 필요한 것은, 위임하려는 전문가가 위임받는 전문가보다 훨씬 더 많은 준비를 하고 있어야 한다는 것이다. 이미 확보한 사업체, 이미 확보한 시장과 고객, 이미 확보한 노하우와 경험, 이미 확보한 유무형의 자산들이 필요하다.

당신이 전문가라면 이러한 자원들을 꾸준히 축적하여 다른 전문가가 당신을 뒷받침해 줄 수 있는 기업적 시스템을 구축하자.

2-4 사업의 세 번째 유형 : 기업

기업의 시작, 고려할 위험들

드디어 기업이다. 돈을 버는 가장 확실한 방법이고 가장 확장성이 좋은 방법이다. 가장 돈을 많이 버는 방법이다. 사업을 하는 것에서 최종적인 목적지가 되는 사업의 형태. 그러나 기업을 한다고 해서 돈을 많이 번다고 생각하면 안 된다. 위험이 높은 방법이다. 자영업도 위험이 높지만 기업을 하는 것은 더 큰 위험을 수반한다.

사업을 하면서 발생할 수 있는 위험은 크게 세 가지로 구분할 수 있다. **가장 큰 위험은 사업이 안 될 위험이다.**

즉, 도산의 위험이다. 생각보다 많은 기업이 매출을 발생시키기 어려운 사업을 시작한다. 그리고 많은 기업이 꾸준한 매출을 올리는 데 실패한다. 즉, 돈 버는 것 자체에서 실패한다. 이것은 사업전략이 잘못된 것일 수도 있고, 경영자가 영업을 못해서 그럴 수도 있고, 시장 환경이 좋지 않아서 수요가 급격히 줄어든 것이 원인일 수도 있다. 결과적으로 돈 버는 활동이 없거나 저조해서 사업이 되지 않는 경우다. 가장 직접적이고 가장 많은 위험이다.

두 번째 위험은 거래 관계에서 손해를 볼 위험이다.

사업상 계약이 체결되고 매출이 발생된다는 것은 반드시 필요한 일이다. 좋은 일이다. 그러나 매출이 일어난다고 해서 반드시 돈을 버는 것은 아니다. 매출은 일어났지만, 원가가 더 많이 들어갈 수도 있고, 계약을 이행하는 과정에서 비용이 더 많이 들어갈 수도 있다. 어쨌든 거래를 하는 것은 단순히 물건을 파는 것 이상의 다양하고 복잡한 활동들이 수반되기 때문에 무수한 위험 즉, 비용이 추가될 위험이 상존한다.

세 번째 위험은 우발적 사고가 발생할 위험이다.

우발적 사고란 거래 과정에서 발생하는 분쟁, 클레임, 사건, 사고 등으로 인해 비용적 지출을 감수하게 되는 상황을 말한다. 이것은 사회적인 문제로 커지거나 소송 등 법적 문제가 되기도 한다. 크고 복잡한 계약을 체결했는데, 그 계약이 문제되는 경우도 있다. 사업이 커지고 일이 커지고 그 일의 단계가 다양해지고 일의 내용이 복잡해지다 보면 크고 작은 문제들이 발생한다. 의도하지 않은 사고가 일어나기도 한다. 경영자가 잘못한 것도 아닌 일들을 책임져야 하는 경우도 생긴다.

이러한 위험요소들에도 불구하고 사업은 진행되어야 한다. 기업은 일으켜야 하고 사업을 수행해야 한다. **마음을 잘 가다듬고 필요한 준비를 철저히 하자.** 그리고 일을 시작하자.

기업의 존재 이유 : 필요와 수요를 채우는 것

기업을 한다는 것은 장사를 한다는 것이다. 단지 더 조직적으로 체계적으로 한다는 것이다. 그리고 그 조직과 체계를 가지고 더 넓은 범위의 장사를 한다는 것이다. 기업을 한다는 것은 공장이나 매장에 출근하는 대신 사무실로 출근하는 것을 의미하는 것이 아니다. 기업을 한다는 것은 더 큰 장사를 준비하는 것이고 더 큰 장사를 수행하는 것이다.

장사를 한다는 것은 무엇인가? 장사를 한다는 것은 어떤 물건을 또는 서비스를 필요로 하는 사람에게 판다는 것이다. 사는 사람은 돈을 내고 파는 사람은 돈을 받는다. 로스차일드는 이렇게 말했다. "우리가 장사하는 방식은 간단하다. 천을 하나 산다. 그리고 그것을 둘로 나눈다. 둘로 나눈 것을 반값보다 조금 더 비싸게 판다." 그리고 리자청도 말했다. "나는 장사꾼이다."

기업을 한다는 것은 장사한다는 것이다.

우리는 이 본질을 잊어 버리면 안 된다. 필요는 무수하고 그 필요를 채우고자 하는 단계별 수요도 무수하다. 그 필요와 수요에서 기업이 존재할 이유를 찾는다.

당신의 존재 이유는 무엇인가? 당신이 일으키고자 하는 기업의 존재 이유는 무엇인가? **어떤 필요와 수요를 채울 것인가?**

사업전략

사업전략을 구축하자. 사업전략은 단 하나의 속성을 중심으로, 여러 장점을 결합하는 방식으로 구축해야 한다. 시장에 대해 어필할 하나의 주제를 중심으로 사용상의 이점, 경제적인 이점 등을 부가할 수 있도록 여러 하부의 주제를 반영하여 하나의 서비스나 제품을 만드는 것이다.

사업전략 수립 방법은 2가지 출발선으로 구분한다. 첫째는 **기존 제품에서 출발**하는 방법이고 둘째는 **신제품을 개발**하는 방법이다.

먼저 기존 제품에서 출발하는 방법이다.

여기에는 다시 네 가지 접근이 있다. 첫째 접근은 **기존 제품을 기존 시**

장에 파는 방법이다. 둘째 접근은 **기존 제품을 새로운 시장에** 파는 방법이다. 셋째 접근은 개선한 제품, 즉 **변경제품을 기존 시장에** 파는 방법이다. 넷째 접근은 개선한 제품, 즉 **변경제품을 새로운 시장에** 파는 방법이다.

다음은 신제품을 개발하는 방법이다.

신제품도 두 가지 접근경로가 있다. 첫째 경로는 **신제품을 기존 시장에** 파는 방법이다. 둘째 경로는 **신제품을 새로운 시장에** 파는 방법이다.

이렇게 여섯 가지 접근을 생각할 수 있다. 이 여섯 갈래를 사업전략의 수립지침이라고 보고, 준비하고 있는 사업을 다듬어 가자.

기업체 관리하기

기업체를 관리한다는 것은 재무관리를 한다는 것이다. 돈을 관리해야 한다. 장부를 관리해야 한다. 기업가는 장부의 중요성에 대해 알아야 한다.

현대사회에서 기업의 회계장부는, 그 중요성이 더 커지고 있다. 현대사회는 신용사회다. 사회는 장부를 통해 그 기업의 실체를 파악한다. **기업의 장부는 외부 사회와의 소통 창구다.**

관리를 잘한다는 것은, 기업과 기업가를 분리하는 것이다. 기업의 돈은 기업의 돈이고, 기업가의 돈은 기업가의 돈이다. 창업 단계에서는 자본이 부족한 것이 일반적인 현상이므로, 기업가는 자신의 급여나 자신에 대한 보상을 챙길 겨를이 없다. 오히려 여기저기서 돈을 구해 기업에 투입하기 바쁘다. 하지만 이럴 때일수록 기업가는 기업으로부터 자신이 받아야 할 보상을 정확하게 책정하고 집행해야 한다. 그래야 공정한 경영이 가능해진다. 이것은 기업가 자신을 보호하는 길일 뿐만 아니라 기업을 보호하는 길이다.

기업활동을 하며 필요한 자원들을 회사의 자산으로 확보할 수 있으면 좋다. 장기적인 계획을 세우고 기회가 될 때마다 차곡차곡 자산을 소유해 나아가기 바란다. 단순하게 매출과 이익이 나는 기업보다 부동산 등의 유형자산을 보유한 회사가 기업 가치를 평가받을 때도 더 유리해진다. 유무형의 자산을 가지고 있는 기업은, 거래관계나 투자관계의 상대방에게 더 큰 신뢰를 줄 수 있다.

기업은, 사업 활동을 위한 노하우와 경험에서 오는 각종 지식을 잘 쌓아 기업의 구석구석에 퍼질 수 있게 해야 한다. **지식 자산을 쌓는 것이다.** 지식 자산의 축적과 관리는 기업의 경쟁력을 크게 높여 준다. 기업의 성장과 지속가능성을 높이는 데 직접적인 도움이 된다. 기업가는 기업 내부에서 이러한 지식관리 활동이 자연스럽게 분장되도록 관리할 책임이 있다. 이것은 미래를 위한 투자다.

서비스의 확장

기업을 설립한다는 것은, 내가 없어도 굴러갈 수 있는 돈을 버는 시스템을 만든다는 것이다.

그런데, 현실적인 모순이 있다. 내가 없어도 굴러간다니. **사실 그런 일은 없다.** 세상의 모든 나와 관계된 일은 내가 있어야 굴러간다. 세상에 있는 나와 관계된 일 중에서 내가 없어도 굴러가는 일은 없다.

우리는 이 두 관점, '내가 없어도 굴러가는 것'과 '내가 없이는 굴러가지 않는 것'을 구분해야 한다. 보통 기업을 설명할 때, 자영업이나 프리랜서와 구별되는 속성으로, 창업자나 소유자 없이도 굴러갈 수 있는 시스템으로 소개한다. 그 속성에 대한 설명은 맞다. 그러나 현실은? 현실은, 양자역학과 같다. 무슨 말인고 하니, **관찰자가 없이는 의도한 현상이 생기지 않는다는 말이다.**

관찰자는 어떤 역할을 맡지 않는다. 그러나 역할이 없다고 하여 부재가 된다면 그 현상은 발생하지 않는다. 기업도 마찬가지다. 단순 투자자라고 하여, 역할을 맡지 않는 것으로 시스템을 구축했다고 하여 부재가 된다면 그 시스템은 제대로 작동하지 않는다. **이것은 현실세계에서 중요한 속성이다.**

그러므로 '내가 없어도 굴러가는' 시스템을 만들어야 하지만 동시에 '내가 없이는 굴러가지 않는 것'을 인정하고 그 시스템을 감독하는 역할을 맡아야 한다. 감독은 아무것도 하지 않아도 되지만 모든 것을 해야 하는 입장이기도 하다.

당신은 당신이 만든, 혹은 소유한 시스템의
감독자가 되어야 한다.

기업이 갖추어야 할 기능들

기업이란 다음과 같은 기능을 갖추고 있어야 한다.

[생산]
시장에 팔 상품을 만들어 내는 기능, 그 상품을 얼마나 보유하고 있는지 재고를 파
악하거나 얼마나 신속하게 보유하게 만들 수 있는지 계획하고 가져오는 기능

[판매]
그 상품을 알리고 판매하는 기능, 그 상품에 대한 주문을 받는 기능, 받은 주문을
적절하게 처리하는 기능, 결제하는 기능 즉, 상품대금을 받아내는 기능, 주문받은
상품을 고객에게 제공하는 기능, 고객 불만이나 상품 판매 및 배송과정에서 발생한
사고를 접수하고 조치하는 기능, 고객으로부터 받은 대금을 집계하고 생산, 판매,
배송에서 발생한 비용을 지급하는 기능

[자금, 회계]
상품의 판매과정 및 회사의 운영과정에서 발생한 현금흐름을 통제하는 기능, 장부
를 기재하고 세금을 신고하는 기능, 못 받은 대금을 달라고 요청하거나 주어야 할
대금 중 주지 못한 대금을 늦게 주어도 되도록 양해를 구하는 기능, 회사 운영에 필
요한 자금을 빌려오고 갚는 기능

[총무, 인사]
다른 회사들과 생산 및 판매 과정에서 협력하고 계약하며, 그 활동을 감독하고 적
절한 대가를 지불하는 기능, 회사의 운영에 있어 비용을 절감하고 효율을 높이는
방법을 찾고 실행하는 기능, 이런 일들을 수행할 사람들을 찾고 채용하며 교육하고
함께 일할 수 있는 마음가짐을 북돋는 기능, 회사 운영에 대한 전반적인 계약서를
작성하고 체결하며, 계약조건을 유지하도록 관리하는 기능, 원하는 사업을 영위할
수 있도록 정부로부터 허가받고 그 자격을 유지하는 기능, 기타 우발적인 상황에
대처하는 기능

[표 6-3. 기업이 갖추어야 할 기능]

지금 나열한 기능만 해도 19가지다. 이것을 더 나눈다면 50가지도 넘
을 것이고, 함축적으로 요약해도 10가지가 넘을 것이다.

당신이 기업을 만들고자 한다면, 사업을 시작하고자 한다면, 이러한
기능을 충족시킬 수 있겠는지 따져 보아야 한다.

기업 기능 충족의 책임과 역할은 전적으로 사업 주체자에게 귀속된다. 자영업과 동일한 속성을 지닌다고 볼 수 있다. 그러나 큰 체계를 잘 그리고 사람들을 채용하고 그 사람들이 어느 정도 자율적으로 움직여서 회사에 매출을 발생하고 이익이 나는 단계까지 이끈다면, 그 이후는 한결 수월해진다.

기업을 만드는 이유는, 내가 제공할 수 있는 서비스를 확장하려는 것이다. 서비스를 확장하면 돈을 더 많이 벌 수 있다. 기업을 만든다는 것은, 한 사람의 능력을 뛰어넘는 부를 축적하기 위해 한 사람이 제공할 수 있는 서비스의 범위를 초월하려는 노력이며, 그 기능의 수행 시스템을 만든다는 의미다.

3
레버리지 2 :
돈이 돈을 버는 시스템, 투자가 되기

3-1 부동산 투자

일단 집을 사라

부자가 되려면 집을 사야 한다.
(서울 부자와 미국 부자들의 특성을 떠올리기 바란다)

집을 산다는 것은, 당신이 거주할 집을 산다는 것이다. 이것은 부동산 투자를 통해서 시세차익을 거둔다는 점과는 다르다. 이것은 불필요한 비용을 절감하는 측면이 더 크다. 부동산을 취득하면 취득세를 내어야 하고 각종 공과금도 내야 하며, 중개료도 지불해야 한다. 정기적으로 세금도 내야 한다. 생각보다 돈이 많이 들어간다. 그러나 목돈을 지불하고 집을 사야 한다. 그런 후에 부동산 투자를 시작해야 한다.

자기 집 사는 것을 부동산 투자라고 생각하여 집값이 오를 것인지, 또는 비쌀 때 사는 것은 아닌지 고민하기 시작하면 적절한 타이밍을 잡을 수가 없다. 그냥 적당한 집이 나오면 즉, 거주하고 싶은 선호도나 직장, 학교, 가족들과의 거리 등을 고려하여 적절하다 싶으면 집을 사서 거주하면 된다. 그리고 이사를 가야 할 일이 생긴다면 그 집을 처분하고 이사를 갈 집을 새로 구매하면 된다.

집이 투자 대상이라면 이사도 그 시점에 맞춰서 해야 할 것이다. 그럴 수 있다면 이상적이겠지만 너무 얽매일 필요는 없다. 오히려 자신의 방향과 흐름에 따라 집을 사고팔며 이사를 다닌다면 결과적으로 손해를 보지는 않을 것이다.

부동산 투자의 목적

부동산 투자를 하자. 부동산 투자에서 기대하는 것은 두 가지다. 첫째는 부동산 가치가 상승하여 **자산의 증대**를 기대하는 것이고 둘째는 부동산으로부터 **임대수익**을 받는 것이다.

부동산으로부터 받는 임대료는 동서고금을 막론하고 부러움과 비난의 대상이 되고 있다. 가장 큰 개념은 거대지주가 대농장을 소유하여 그 농장에서 종사하는 사람들의 생산결과를 가져간다는 비난이다. 그러나 지금 부동산 투자를 한다는 것은 그런 개념과는 다르다. 현대사회의 부는 주로 증권개념의 화폐단위의 수량으로 인식되기 때문에 부동산도 그렇게 인식된다. 거대한 농장이나 건물이 있어서 그곳에서 종사하는 사람들의 인건비나 생산결과 중 일부를 가져가는 것이 아니라 그저 약속된 단위면적당 임대료를 받는 개념이 됐다. 이것은 수직적으로 은행권이 참여한 자금과 연계되어 국가적으로 결정된 금리, 시장에서 통용되는 이자율, 각종 기관들이 평가한 부동산의 가치와 적정 임대료 등이 반영된 결과다.

거래는 부동산의 소유자와 부동산의 이용자가 직접 거래하는 방식을 띠지만 사회적으로 이미 형성된 시스템과 시세의 개념을 초월하기는 어렵다.

부동산 투자는 이미 증권화된 실물자산에 대한 금융 투자의 성격을 갖는다.

부동산 투자는 오래 기다릴 줄 아는 자세로

부동산 투자를 시세차액을 목적으로 하려면 오래 기다릴 줄 알아야 한다.

부동산 투자는 환금성이 떨어진다는 특성이 있다. 부동산은 기본 단위가 수천만 원에서 수백억 원에 달하기 때문에 한 번 거래가 쉽게 일어나지 않는다. 또한 정형화된 부동산이라 할지라도 모든 부동산은 전부 개별적인 특성을 지닌 것이기 때문에 1:1로 맞아떨어지지 않으면 거래가 일어나지 않는다. 같은 아파트라 할지라도 위층과 아래층은 다르며, 오른쪽 집과 왼쪽 집은 전혀 다른 부동산이다.

'모든 부동산은 다 임자가 있다.'

이것은 부동산의 개별 특성을 강조한 표현이고, 거래가 쉽지 않음을 경험적으로 드러내는 표현이다. 그러므로 부동산은 필요한 시기에 즉각 돈으로 바꿀 수 있는 환금성이 떨어진다. 부동산으로 돈을 조달하려 할 때, 대출을 이용하기도 하지만 이자 외에도 부가적인 비용이 많이 발생하므로, 대출을 이용한 자금조달은 바람직한 방법은 아니다. 따라서 부동산을 다루기 위해서는 넉넉한 시간을 두고 선제적으로 움직이는 능력이 필요하다. 넉넉한 시간이란 적게는 1~2개월에서 많게는 2~3년의 시간을 말한다. 특히, 전반적인 경기가 가라앉는 시기를 맞았다면, 원하는 부동산 거래를 하려면 3년 이상의 기다림이 필요할 수도 있다.

2014년 9월, 회사에 아르바이트를 하러 온 주부사원이 있었다. 며칠 동안 회사 일을 보던 그녀는 나에게 물었다.
"혹시 이런 분야를 잘 아실 거 같아서 물어보는 건데요."
어렵게 말을 꺼낸 그녀는 일산에 살고 있었는데, 자신에게는 오래전에 등기를 마친 작은 아파트가 있다고 했다. 지역이 어디냐 물었더니 목동이라고 했다. 그녀는 그 집을 가지고 있는 것이 잘하는 것인지 모르겠다며 집값이 오르는 것도 아니고 그 집에 다시 들어갈 일도 없는 거 같아 처분을 해야 할지 그냥 가지고 있어야 할지 모르겠다는 것이었다.
"그러면 지금 사는 집은 사신 겁니까?
"아니요. 집은 그 목동 아파트 하나뿐이에요."
"그렇군요. 그렇다면 계속 가지고 계셔도 될 거 같은데요."
언제 팔면 좋겠는가 물어보는 그녀에게 대답했다. 그건 알 수 없지만, 만약 원하는 가격에 팔 수 없다면 자녀에게 물려주겠다는 심정으로 오래 가지고 계시라고.

부동산은 조바심을 견딜 수 있다면 여간해서는 실패하지 않는다. 특히 우리나라처럼 경제가 발전하는 나라에서 수많은 경험이 말해 주는 것은, 부동산의 가치는 물가상승률보다 높게 오른다는 것이었다.

임대수익을 원한다면 사람들이 많이 모이는 곳으로

부동산 투자를 통한 정기적인 수입
즉, 임대수익을 원한다면
사람들이 많이 모이는 곳으로 가야 한다.

부동산 임대소득을 기대할 때 주의할 것은, 부동산을 통해 얻는 소득은 단순히 숫자 계산 결과와는 다르다는 것이다. 이것은 더 늘어나지 않고 줄어들 수 있다는 것을 의미한다.

임대소득은 임차인이 입주를 해서 임대료를 내야 발생하는 것이므로, 임차인이 입주하지 않으면 소득은 발생하지 않는다. 게다가 임차인이 없을 때, 건물이나 부동산에 대한 관리비는 소유자가 부담해야 한다. 이것은 연간 기대소득의 10% 정도를 감소시키는 결과를 낳는다. 만약 부동산을 소유하면서 금융권 대출을 받은 상태라면 그 손실은 더 커진다. 그러므로 부동산 임대수익을 계산할 때는 여유율 10%를 반영하여, 연기대수익의 90% 이하를 수입으로 가정하는 것이 좋다.

높게 잡아 모자라는 것보다 낮게 잡아 남는 것이 낫다.

임대수익을 목적으로 부동산을 구매하려 한다면, 사람들이 많이 모이는 곳으로 가야 한다. 주거 부동산을 구매하려 한다면 사람들이 많이 사는 주거 밀집지역이 좋고, 상업 부동산을 구매하려 한다면 상가 밀집지역, 업무 부동산을 구매하려 한다면 업무 밀집지역으로 가야 한다. 그래야 공실의 위험을 줄일 수 있다.

혹여 어렵다고 해서 부동산 투자를 기피해서는 안 된다. 부동산을 다루는 것이 어색하고 잘 맞지 않는다는 생각이 들겠지만 더 배우고 익숙해지려 노력해야 한다.

부자의 수입원 혹은 자산으로, 부동산을 배제할 수는 없다.

적극적 부동산 투자자 : 매입, 수선, 임대료 상승, 가치 상승

적극적인 부동산 투자의 방법을 알려 주겠다.

그것은 부동산을 수선하는 것이다.

부동산을 수선한다는 것은 부분 심지어 전체를 개선하는 것이다. 공사를 수반한다. 작게는 도배를 하고 장판을 까는 것이다. 내부의 가구를 교체하거나 창호를 교체할 수도 있다. 인테리어 공사를 함으로써 실내 구조를 바꿀 수도 있다. 나아가 건물의 외장을 바꾸거나 증축을 할 수도 있다. 이것은 적극적인 투자자가 부동산 가치를 올리기 위해 수행하는 방식이다.

그래서 유능한 투자자들은 저평가된 부동산을 찾아다닌다. 저층 아파트, 낡은 꼬마빌딩, 입구가 지저분해 보이는 빌라, 단열이 잘되지 않는 사무실 같은 것들을 사서 아름다운 아파트, 세련된 꼬마빌딩, 단정하고 매력적인 빌라, 성능이 좋은 사무실로 변신시키는 것이다. 같은 위치, 같은 규모의 부동산에서 얼마나 대단한 상승을 기대할까 생각하겠지만 그렇지 않다. 원가를 생각하면 같은 위치, 같은 규모의 부동산 가격 상승은 제한적이다. 하지만 건축된 지 오래된 부동산은 이미 감가상각이 되었기 때문에, 저렴하게 매입할 수 있다. **저렴하게 매입하는 것이 핵심이다.** 그리고 그 지역에서 적정한 가격을 받는 부동산 수준으로 만들어 낸다.

매수자나 입주자들도 알고 있다. 결국 약간의 공사만 더해진 낡은 부동산이라는 것을. 그러나 그 '약간의 공사만 더'한다는 것이 얼마나 어려운 일인지도 알고 있다. 집안의 낡은 조명을 교체하는 것도 얼마나 대단한 공사인가. 대부분 사람은 부동산을 수선한다는 것을 쉽게 시도하지 못한다. 그리고 대부분 사람이 **아름다워 보이고 편리하게 사용할 수 있는 부동산을 선호한다.** 같은 건물이지만 더 높은 가격에 팔리고, 더 높은 가격에 임대가 되는 이유다.

부동산을 매입하고 수선해서 임대료를 올려 받고, 나아가 그 부동산을 높은 가격에 팔 수 있는 능력을 기르는 것은 아주 좋은 일이다. 모든 투자자들이 할 수 있는 일은 아니지만.

장기적인 부동산 투자자 : 토지 투자

높은 수익률을 거두기 위해서는, 토지에 투자해야 한다.

토지 투자는 높은 상승률을 기대할 수 있다. 하지만 토지 투자는 거래를 일으키기 힘들다는 단점이 있다. 토지 투자는, 경험적인 주기로 보면 10년 단위로 인식된다. 특히 도시지역을 벗어난 토지는 거래가 성사되기 쉽지 않다. 그런데 재미있는 것은, 토지는 한번 상승세를 타기 시작하면 꽤 높은 수익을 거둘 수 있다는 것이다.

강원도 횡성군 둔내면 현대 성우리조트 인근의 농지는 토지비 상승의 좋은 사례를 보여 준다. 도로에 접한 토지 5,557㎡ 부지는 1990년 1월 공시지가 2,700원/㎡에서 2023년 1월 90,100/㎡로 상승했다. 33년간 33.3배가 넘게 올랐으며, 매년 101%의 상승률을 보였다. 도로에 접하지 않은 토지 2,159㎡는 더 높게 올랐다. 같은 기간 1,200원/㎡에서 67,200원/㎡로 무려 56배다. 연 상승률로 환산하면 169%를 상회한다. 과연 이 토지들이 그러한 가치가 있는지에 대해서는 논외로 하자. 중요한 것은, 공적 가치평가조차도 장기간에 걸친 토지비의 상승을 인정한다는 것이다.

토지를 좋아하는 사람들은 토지의 상승력을 좋아한다. 그래서 도심지 토지든 교외의 토지든 토지를 팔 때 지주들은, 여간해서는 땅값을 낮추지 않으려 하고 심지어 거래 직전에 올리려고 하는 행태를 보인다. 이러한 행태에 대해 비판할 수 있겠지만 기억해야 할 것은 토지를 잘 다루게 되면 이익을 크게 볼 수 있다는 것이다.

토지 투자에 성공한 사람들의 성공요인은, 날카로운 전략이나 심도 있는 지식이라기보다는 실행력에 있다. 그리고 기다릴 줄 아는 끈기와 매도할 시점을 간파하는 감각에 있다. 기다릴 줄 안다는 것은, 거래 시점의 제도와 규제가 변할 수 있다는 것을 안다는 것이고, 거래 시점의 선호도와 추세가 변할 수 있다는 것을 안다는 것이다. 사실, 미래가 어떻게 변

할지 아는 사람은 아무도 없다. 중요한 것은 미래에 세상이 더 나빠지는 않을 것이라는 믿음이다.

나빠지지 않는다면 최소한 손해 보지 않을 것이라는 믿음으로 뚝심 있게 투자한다. 이것인 토지 투자자들의 성공요인이다.

토지를 적극적으로 가공하고 개발하여 상품으로 만든다거나 건축물을 짓는 등의 행위는 전문적 영역이므로 여기에서 논하지는 않는다. 그러나 당신이 적당한 수준의 실행력을 갖추고 있다면, 부지런히 알아보고 준비해서 투자한 토지의 가치를 높이는 방법을 구사할 수도 있다.

특수 부동산 투자자 : 토지 건물 외의 투자

부동산에는 토지와 건물만 있는 것이 아니다.

어느 날 한 회계사가 나에게 말했다.
"혹시 선박 투자 한번 해 보실래요?"
"네? 그건 어떤 건데요?"
이 회계사는 자신이 기업 가치평가를 하다가 알게 되었다며 선박 투자를 권유했다. 선박은 운용에 따라 수익이 있을 수도 있고 일정 임대료 수익을 거둘 수도 있다고 했다. 그리고 선박 하나는 매우 비싸지만, 투자는 지분 형태로 참여할 수 있다고 했다. 나는 당시 투자할 여력도 넉넉지 않았고, 선박에 대한 이해가 없어 투자하지 않았다. 특수 부동산 투자를 처음 접하게 된 순간이었다.

세상에는 다양하고 많은 부동산이 존재한다. 일반기업회계 기준에서 부동산의 범위를 자세히 제시하고 있다. 부동산이란 토지, 건물, 구축물, 기계장치, 건설 중인 자산 및 기타자산으로 여섯 가지다. 이 중에서 선박은 기타자산에 속한다. 차량도 이 분류에 해당된다. 건물의 부속설비는 건물에, 교량이나 토목설비는 구축물에 해당된다.

건축물을 증권화하는 아이디어가 리츠(reits)다. 리츠의 개념은 등장 당시 매우 생소했으나 이제는 범용적인 것이 되었다. 신용사회가 발달할수록 다양한 부동산을 증권화하는 것이 용이해진다. 그러므로 투자의 기회는 더 많아지게 된다.

부동산에 대한 투자는 소액 투자, 대상의 다양화를 통해 더 확산될 것으로 보면 된다. 조금씩 경험을 쌓고 지식을 쌓아, 다양한 부동산 상품 투자에 참여해 보자. 세상의 시스템은 계속 발달하고 있다.

세상의 시스템은 지금도 당신의 부를 축적하기 위해 일하고 있다.

3-2 금융 투자

금융 투자는 누구나, 언제나, 어디서나 할 수 있고 언제라도 다시 돈을 꺼내서 쓸 수 있다는 장점이 있다. 반면, 언제라도 돈을 꺼내서 쓸 수 있기 때문에 목돈으로 만드는 일이 여간해서 어렵다는 단점이 있다.

나의 경우는, 돈을 모으는 것은 부동산 투자로 했고, 금융 투자로는 돈을 갚는 것에 집중했다. 적은 돈을 관리하는 것은 나와 잘 맞지 않아 나는 부동산 쪽을 공략했다. 부동산 투자를 하면서 빚을 내면, 돈이 생길 때마다 갚는 방식으로 금융 투자(?)를 했다.

금융 투자에서 기억해야 할 몇 가지 법칙들이 있는데, 그중 대표적인 것 두 가지가 있다.

하나는 복리의 위대함을 말해 주는 '72 법칙'이다.
둘은 경제적 독립의 지표가 되는 '4% 룰'이다.

이에 대해 명확히 가르침을 받은 것은 존 리 대표의 강연에서였다.

72 법칙은 가진 돈이 두 배가 되는 시점은, 현재 복리로 적용할 이자율을 나누면 산출된다는 것이다. 현재 금리가 2%라면 저축한 돈이 두 배가 되는 시점은 36년 후, 4%라면 18년 후, 6%라면 12년 후라는 말이다.

그리고 **4% 룰이라는 것은, 가지고 있는 원금의 4%가 금융수익이 되므로, 생활비 목표를 설정했다면 4%로 벌어들일 수 있는 원금을 마련하는 것이 목표가 되어야 한다는 말이다.** 1년 생활비가 4,000만 원이라면 10억 원을, 생활비가 6,000만 원이라면 15억 원을, 생활비가 8,000만 원이라면 20억 원을 모으는 것이 목표가 되어야 한다는 계산이다. 명쾌한 그림이다. 그리고 KB금융지주 경제연구소에서 부자의 기준으로, 자기 집과 별도의 금융자산 10억 원을 보유한 사람이라고 규정한 것이 이해된다. 일하지 않고도 연 4,000만 원을 벌 수 있으니 최소한의 은퇴 기준은 충족한 셈이다.

얼마를 벌 것인가 : 웰쓰 엔지니어링 부의 목표

'얼마를 벌 것인가'라는 목표는, 금융 투자의 측면에서 가장 잘 어울리는 말일 것이다. 4% 룰에서 제시했으니 각자의 목표를 설정해 보자.

큰 꿈을 가지고 '100억 원은 벌자'라고 말하고 싶지만 현실적으로 쉬운일은 아니다. 우리 모두는 부를 향해 가야 하기에 '모두가 100억 부자가 되자'고 말하지 않는다. 꿈으로 끝나는 멋진 목표보다 실제 손에 넣을 확실한 목표가 낫다. 꿈은 마음껏 꾸고 눈은 현실을 바라보자. 영원을 꿈꾸며 오늘을 산다.

일단 기초적인 목표를 설정한다. 반드시 도달해야 할 목표다.

웰쓰 엔지니어링에서 설정한 목표는 10억 원이다!

'손 안의 새 한 마리가 덤불 속 새 두 마리보다 낫다.'

우리는 10%를 추구하는 90%다.

웰쓰 엔지니어링은 10%를 향한 90%를 위한다.

우리의 목표는 10억이다.
반드시 도달한다.
당신은 선택한다.
10억 달성 후 더 전진할 것인지를.
우리는 100억을 꿈꾼다.
진정 원한다면 끝내 도달할 것이다.

[표 6-4. 웰쓰 엔지니어링 부의 목표]

당신이 마음속으로 그려 본 부의 양, 그 고지에 도달하기 위해서 우리는 반드시 저 목표까지 가야 한다. 그 부를 손에 쥔 후, 다시 시작하면 된다.

그다음부터는 덤으로 생기는 부라고 여겨도 된다.

중요한 것은 진짜로 10억 원을 넣었는가 여부다.

나는 《웰쓰 엔지니어링》을 읽는 모든 독자가 전부 10억 원을 손에 넣기를 바란다.

반드시 그렇게 된다.

우리는 10억 원을 목표로 하지만 **우리 책의 독자 대부분은 20억 원을 가지게 될 것이다.** 여기에서 제시한 원칙들을 충실히 지키고자 노력한다면 말이다. 지키고자 결심만 한다면 말이다.

부의 레버리지만 제대로 구사한다고 하면 50억 원도 문제없다. 부의 파도를 탈 수 있다면 100억 원까지 가는 것도 충분하다. 아마 그 이상에 도달하게 될 것이다.

나는 당신의 성공을 기원한다. 나는 당신의 성공을 예언한다. 큰 영웅이 될 당신의 장대한 여정에 축복의 말을 전한다.

이 대목에서 잠시 눈을 감아보자. 그리고 자신에게 물어보자.

얼마를 벌 것인가?

얼마를 벌고 싶은가?

그것을 위해서 나는 무엇을 지불할 것인가?

차분히 멈추었다가 충분히 생각이 고였다면, 이제 당신의 목표를 바로 여기 적어 보아라.

"나의 목표는, _____ 원을 버는 것이다."

그리고 그 목표를 향해 나아가기로 결심하자.

어떻게 투자할 것인가

금융 투자는 다양한 세계다. 높은 이자를 주는 저축을 하는 것이 기본이다. 증권을 직접 사서 주식 투자를 한다. 배당을 목적으로 할 수도 있다. 지수에 연동되는 펀드나 특정 종목을 종합한 펀드에 가입하기도 한다. 보험을 투자수단으로 활용할 수도 있다. 채권에 투자할 수도 있다. 국가가 운영하는 연금에 투자할 수도 있다. 퇴직연금이나 사적연금에 가입할 수도 있다. 더 나아가면 주식상장 공모에 참여할 수 있다. 비상장주식 투자에 참여할 수도 있다.

투자를 하려면 자금이 필요하다. 필요한 자금은 적게는 수십만 원에서 많게는 수십억 원이다. 투자를 하는 데 목표를 정해야 한다. 자본금 목표를 정해야 한다. 그리고 그 돈이 모일 때까지 저축해야 한다. 저축으로 목표한 돈을 모았다면 금융 투자를 시작하자.

금융 투자 즉, 주식 투자를 해 보면 무언가를 자주 사고팔고 싶어진다. 그것이 일하는 거 같기 때문이다. 금융 투자의 대가들은 테크닉 위주의 투자를 권유하지 않는다. 긴 안목으로 한번 주식을 사면 수년간 팔지 않는 방식의 장기 투자를 권유한다.

아내의 친구가 미국 주식에 직접 투자를 했다. 그녀는 2021년부터 약 3년에 걸쳐 꾸준히 투자했는데, 한 종목에 집중했다고 했다. 전해 들은 말로는 수억 원을 벌었다고 했다.

같은 기간 아내도 주식 투자를 했는데, 아내는 수익률이 좋지 않았다. 국내 주식에 직접 투자를 했으나 다양한 종목의 주식을 자주 사고팔았기 때문이다. 처음 수개월 동안은 수익률이 좋았으나 전체 시황이 나빠지면서 결국 손해를 보고 말았다. 다음번 투자는 대형 종목을 위주로 하겠다고 말하고 있다. 이미 투자한 종목에 대해서는, 투자한 가격으로 회복될 때만을 그저 기다릴 뿐이다.

선진국의 뛰어난 투자가들은 연간 수익률 목표를 20%로 잡는다. 현재 시중에서 판매하는 펀드의 수익률을 보면, 3개월 단위로 계산했을 때, 15%대의 펀드들은 있지만 12개월 종합으로 평가했을 때, 20%를 달성하는 펀드들은 거의 없다.

금융 투자의 목표를, 연 20%까지로 잡되, 매월 1%의 수익은 지킨다고 설정하자. 무리한 목표는 무리한 결과를 낳게 마련이다. 차분한 목표를 세우고, 투자수익을 점진적으로 쌓아 나가자.

그러나 연 4%대의 안정적인 금융상품도 눈여겨봐야 한다. (자산가치 상승을 기대하면서 자산의 운용수익을 기대하는 부동산 투자는 총 자산가치 대비 연 4%의 수익이면 양호한 것으로 평가한다.)

안전한 것이 가장 좋은 것일 수 있다.

주식 투자의 원칙들

나는 한때, 주식 데이트레이딩을 하는 일을 맡은 적이 있었다. 한 6개월가량이었는데, 당시 우리 회사는 다른 일을 찾지 못해 벌어둔 자금으로 주식을 운용하기로 결정했다. 그리고 약간의 투자도 했다. 나는 스스로를 투자운용전문가라고 생각하려 했다. 아침 9시부터 3시까지 주식장이 열리는 동안 빨간불과 파란불이 정신없이 반복되는 화면을 쳐다보며, 과연 오늘도 거래를 할 것인가 계속 고민해야 했다. 얼마나 수익을 거두었는지 기억이 나지 않는다.

잃지는 않았지만 사업으로 끌고 가기에 한계가 있다고 생각했다. 나의 재능이 데이트레이딩을 통해 원하는 수익과 인건비를 충당할 수 없었기 때문이다.

진짜 주식에 대해 눈을 뜨기 시작한 것은 그 한참 후의 일이다. 기업가치평가에 대해 강의를 듣고 대가들의 경험과 원칙에 대한 책을 읽으며 원리를 이해하려 노력했다. 현실에서는 도무지 알 수 없었던 주식시장의 심리도 이해하려고 노력하면서.

석사학위 논문은 주식시장과 관련 내용이었다. 코스닥 시장에서 관리종목으로 지정됐다가 다시 정상화된 기업들의 특성을 분석하는 것이었다. 약 10년간 관리종목으로 지정되었다가 다시 정상기업으로 회복된 코스닥 기업 90개를 선정하여 재무비

율 분석을 통해 특성을 파악했다. 정상화 가능성은 매출액순이
익률, 총자산회전율, 총자산대부채비율과 유의미하다고 나타
났다.

이 결과를 발표하는데, 교수님 한 분이 날카로운 지적을 했다.

"아니, 이건 ROE(투하자본 대비 순이익률)가 좋으면 그 기업이
좋다는 말인데, 너무 뻔한 거 아니에요?"

그렇다. 기본이 좋은 회사가 결과도 좋다. 기본적인 재무비율의 건전
성은, 당장의 주가에 긍정적이지 않을지 몰라도 지속가능성에 기여하는
것은 분명했다.

나에게 고등학교에서 수학을 가르치는 친구가 있다. 그는 수학
뿐만 아니라 돈을 관리하는 데도 능하다. 그래서 각종 모임의
회계를 도맡고 있다. 틀리는 법이 없다. 서두르지 않은 성격의
그는 주식 투자를 한다. 얼마 벌었다고 크게 말하지 않았지만
분명히 말했다.

"나는 주식 투자로 돈을 벌었다."

나는, 그가 기본적인 기업가치평가를 통해 적정한 규모로 주식을 사들
이고 적정한 시기에 되파는 것으로 이익을 실현했다고 보고 있다. 숫자
를 통해 내용을 파악하는 데는 탁월한 친구이기 때문이다.

주식시장에서 돈을 잃지 않는 투자방침은 가치투자다.

자산 포트폴리오 구축하기

**부를 쌓은 것은 소득, 투자수익률과 거의 관계가 없다.
저축률과 관계가 깊다.**

모건 하우절이 《돈의 심리학》에서 한 말이다. 모건 하우절은, 이 책에서 자신의 부자 철학을 조목조목 설명한다. 그런데, 그는 어떻게 돈을 버는지 설명하지 않는다. 돈을 버는 것이라기보다 지키는 것이라는 점을 설명한다. 그래서 그의 주장을 가장 잘 설명한 말은 이것이리라. **"저축하라. 그냥 저축하라."** 그가 바라보는 부에 대한 관점은, 다소 과장되고 조금 극적이며, 영웅적인 행동의 결과로 나타나는 부라는 관념을 떨쳐 버리고, 다소 심심하고 매우 지루하며, 소심한 사람의 일상으로 쌓인 통장계좌가 부라는 것이다. 그의 말이 힘을 갖는 것은, 마지막에 자신의 성공담, 저축을 통한 삶의 임계점 돌파를 담담하게 털어놓았기 때문일 것이다. 그리고 그 이유는, 부자가 되려 했던 것이 아니라 독립성을 갖고 싶었기 때문이라고 말한 것 때문일 것이다.

모건 하우절이 알려 주는 자신의 자산 포트폴리오는, 저축을 통해 마련한 돈으로 구매한 집, 주택을 제외한 자산 중 20%를 유지하는 현금(저축), 대형주 위주의 주식 25종목, 저비용 인덱스 펀드 등이다. 그리고 그 자산을 쌓은 비결은, 검소한 생활의 꾸준한 유지, 높은 저축률, 주식 및 인덱스 펀드에 대한 지속적인 투자였다. 다른 것은 없었다.

어린 시절부터 알고 지내던 후배가 있었다. 대학을 졸업하고 드디어 취업을 했다. 3개월쯤 지난 후 나를 찾아와 약간 흥분된 모습으로 물었다. 돈을 처음 벌면서 느끼는 흥분이었다.

"월급을 타 보니까 할 게 많더라고요. 보험도 들어야 하고, 청약저축도 들어야 하고, 적금도 들어야 할 거 같고, 배워야 할 게 많아서 학원도 다녀야 하고, 또… 그래서 말인데요, 월급 포트폴리오를 어떻게 짜야 할까요? 선배님은 어떻게 하셨어요?"

"그냥 돈 모아. 목돈 없으면 아무 의미 없다."

이제 돈을 벌기 시작했고, 수백만 원이라는 돈을 잘 나누어 배치하고 싶은 마음에, 머릿속에서 다양한 프로그램과 방안들이 펼쳐지겠지만, 소액을 분산시키는 것은 아무런 힘을 발휘할 수 없다. **돈은 뭉쳐야 힘이 된다. 그리고 뭉쳐져야 흩어지지 않는다.**

자산 포트폴리오를 구축하자. 그러나 포트폴리오를 너무 균형 있게 구성할 필요는 없다. 오히려 집중하여 하나를 제대로 구축하는 것이 낫다. 남들이 하는 대로 따라 할 필요는 없는 것이다. 자신에게 맞는 것이 무엇인지 하나씩 검증하며 방향을 찾아가야 한다. 주식을 직접 살 수도 있고, 인덱스 펀드에 가입할 수도 있고, 자녀 학자금 목적의 저축을 따로 준비할 수도 있다. 관리하는 능력이 좋다면 다양한 상품을 구성하여 조금씩 비중을 늘리는 것도 좋다. 한두 가지를 집중적으로 취급하는 것도 좋다.

중요한 것은, 시간의 힘을 인정하는 것이다.
가급적 일찍 시작해야 한다.

그리고 멈추지 말아야 한다.

투자기간을 길게 보고, 차분한 마음으로, 자신 있고 좋다고 느껴지는 금융상품을 하나씩 정복해 나가자. 시간은, 당신을 금융의 추종자에서 금융의 선도자로 바꾸어 줄 것이다.

4

레버리지 3 : 하고 있는 일을 더 잘하기, 직장에서 성공하기

4-1 직장에서 승진하기

> **"우리와 주변 사람들에게 중요한 것은**
> **보상 자체가 아니라 발전이다."**
>
> (레이 달리오)

직장이라는 개념은 사업과 반대되는 개념이 아니다. 직장이라는 개념은 사업과 더 연계된 개념이다. 단지 내가 사업체를 소유하고 있는 상태인가, 내가 사업체에서 벌어들인 수익을 직접적으로 가져갈 수 있는 권리자인가 라는 관점에서 '사업'과 '직장'을 분리하여 논할 뿐이다.

그러므로 직장에서 잘한다는 것, 직장에서 성공한다는 것, 하고 있는 일을 더 잘한다는 것은 사업의 길로 들어섰는가 아닌가와 무관하게 무조건 추구해야 할 노선이 된다.

지금 하고 있는 일을 잘하는 것은
사업 선택과 무관하게 꼭 해야 할 과제다.

부로 가는 길이 꼭 사업과 투자를 해야만 하는 것은 아니다. 순전히 근로소득만으로 높은 소득을 올릴 수도 있다.

우리는 자수성가형 직장인 부자를 목표로 한다.
직장을 다니면서 부자가 되는 길을 가고자 한다.

[표 6-5. 우리는 자수성가형 직장인 부자를 목표로 한다]

수억 혹은 수십억 연봉의 직장인이 존재한다. 그런 지위까지 올라갔다면 무엇 때문에 위험을 무릎 쓰며 사업을 하겠는가? 그러나 (초)고액 연봉 직장인이 된다는 것은, 어쩌면 자영업을 해서 돈을 벌거나 전문가 시스템을 구축해서 돈을 벌거나 기업체를 창업해서 돈을 버는 것보다 더 어려울 수 있다. 사실 더 어렵다. 그래서 부자들 가운데 근로소득자보다 사업을 하는 사람들의 비중이 더 높은 것이다.

직장인으로 부자가 되고자 한다면 어느 정도 위치까지는 승진해야 한다. 승진을 한다는 것은 그 지위에 걸맞은 사람임을 공적으로 인정받는 것이다. 초·중급 단계의 승진은, 능력에 의해 결정되는 경우가 많다. **그러므로 능력을 키우는 것이 승진의 비결이다.**

승진하기, 이직 제안, 경력직 채용

　우리는 직장에서 승진하고 성공하는 길을 찾아보려고 한다. 부로 가는 길의 첫걸음이 직장에 취업하는 것 즉, 근로소득을 벌어들이는 무대로 진입하는 것이므로 일단 진입한 무대에서 더 높은 생산성을 추구해야 한다. 일을 더 잘하고 보상을 더 잘 받아야 한다.

　급여가 상대적으로 적을 때는, 보상 자체가 주는 힘은 절대적이다. 나와 비슷한 사람이 나보다 월급이 5만 원이 더 많다거나 연봉이 100만 원이 더 많다고 하면 견디기 힘들 정도의 좌절감을 느낀다. 연봉이 1,000만 원 심지어 200만 원 차이에 이직을 결심하는 경우도 허다하다. 아직 축적된 부가 거의 없는 경우에 한 달에 10만 원의 현금 차이는 크다. 매달 카드 값이 빠듯한 게 정상이다. 게다가 경조사라도 생기면 갈등 속에 지출을 결심할 수밖에 없다. 보상 즉, 한 달에 받을 수 있는 급여가 얼마인지는 직장인의 절대과제다. 그 외 다른 어떤 것을 고려하랴!

　이것은 부가 빈약할 때 겪는 시련이고 시험이다. 많은 젊은 직장인들이, 한 직장에서의 3년 뒤, 5년 뒤 미래를 꿈꾸는 것을 회피한다. 급여 인상폭이 물가상승률 정도라거나 많아야 10%라고 한다면, 어느 세월에 목돈을 마련할 수 있겠는가. 집을 사는 것은커녕 학자금 대출을 갚는 것도 기약할 수 없게 된다. 그래서 알지 못하는 미래, 막연한 좋은 직장을 꿈꾼다. 갑작스레 큰 보수를 제안받는 일이 생길 거라는 기대를 해 본다. 어떻게 해야 하나?

　직장에서는 승진해야 한다. 승진에는, 높아진 직위, 직급이 주는 힘이 실린다. 보상을 포함한 힘이다. 승진에는, 높아진 직위, 직급이 주는 책임이 더해진다. 그 높은 책임을 넉넉히 안을 수 있다면 당신은 이미 승진 대상자다.

그러므로 승진하고 싶다면 책임에 집중해야 한다.

직장에서 요구하는 책임이 무엇인지 파악해야 한다. 그 책임을 다 짊어지려면 어떤 능력이 필요한지 알아야 한다. 그리고 내가 그 능력을 가질 수 있는지, 가지고 있는지, 무엇을 더 채워야 하는지 알아내야 한다.

많은 직장이, 연차에 따라 승진시킨다. 그러나 생각보다 많은 직장이, 능력에 따라 승진시킨다. 회사에서 필요한 사람은, 회사가 수행할 일에 필요한 사람이지 근무를 오래 한 사람이 아니다. 이것을 반증하는 현상이 '경력직 사원 모집'이다. 많은 회사가 사람을 채용해서 신입부터 교육하고 육성할 능력과 여건이 되지 않기 때문에 최소 3년 이상의 경력직부터 채용하는 경우가 많다. 당장 어떤 사업을 추진하고 있다면 5년이나 10년 이상 경력자를 선호하기도 한다. 경력직 채용은, 또 다른 형태의 승진 기회다.

나는 공공기관의 채용에 면접관으로 참여할 기회가 있었다. 그 중 하나는 높은 직급의 임원을 뽑는 자리였다.

다섯 명의 면접관은 채용담당관의 설명을 들으며 그 기관의 니즈를 이해할 수 있었다. 지방 공사가 대형 사업을 앞두고 상위 기관인 중앙정부와 협의를 해야 했다. 그런데 실무진 위주의 공사는 상위기관인 중앙정부와의 대화에 익숙하지 않았다. 결국 공사는 중앙정부와 대화를 이끌어 갈 연륜이 많은 경력직 임원을 채용하기로 결정했다.

앞서 언급했던, 이직하는 상황과 경력직 채용의 차이는 무엇일까? 이직을 전제로 연봉을 더 주겠다고 하는 경우는 통상 동종업계에서 어느 정도 능력이 있다고 보이는 직장인을 대상으로 제안한다. 경력직 채용은 아는 사람을 추천하기 어려울 때, 공채 방식으로 동종업계의 능력 있는 사람을 모집하는 방식이다.

둘 다 비슷하지만 다른 속성을 가지고 있다. 비슷한 점은, 사람이 필요하고, 그 사람은 경력직이며, 급여는 더 준다는 것이다. 다른 점은, 제안을 받는 직원이 당초 자신의 계획에 없는 기회가 온다는 것과 채용공고를 찾는 직원이 자신의 경력계획에 따라 또는 자신의 수입계획에 따라 만드는 기회라는 것이다. **기회발굴의 의도가 외부냐 내부냐의 차이다.**

겪다 보면, 내가 기회를 만드는 것보다 주어진 기회에 순응하는 것이 더 좋은 결과를 낳고 더 현명한 행동인 경우가 있다. 그래서 단정적으로 어떤 방향으로 가야 한다고 말하기 어렵다. 그러나 중요한 것은, 그 둘 중 어느 경우라도, 그 선택이 자신의 발전 연장선에 놓여야 한다는 것이다. 전자는 다소 그 발전과 거리가 있다는 암시이고, 후자는 그 발전에 적합하다는 암시다. 꼭 그렇지는 않다. 반대인 경우도 있다.

왜 경력은 개인의 발전의 연장선에 있어야 하는가? 이유는, 그것이 개인에게 더 큰 부를 가져다줄 수 있기 때문이다. 그리고 만족을 더 크게 가져다줄 수 있기 때문이다.

한 직장에서 승진하는 것은, 개인의 발전과 궤를 같이한다고 볼 수 있다. 직장에서의 승진, 경력직 채용, 이직의 제안 모두가 승진의 기회다. 그러나 어떤 것이 개인의 발전과 궤를 같이하는지 현명하게 분별해야 한다.

승진, 경력직 채용, 이직 모든 경우에서 개인이 기대했던 것과 아주 다른 일을 맡게 되는 경우가 많다. 담 너머로 볼 때는 몰랐는데, 그 안으로 들어가 보니 기대했던 내용과 아주 다른 경우다.

이럴 때는 어떻게 해야 하나? **당연히 주어진 상황과 일에 충실해야 한다.**

그리고? 그리고 그 안에서 자신의 발전기회를 탐색해야 한다. 발전기회란 반드시 어떤 전문성을 키우는 것만을 의미하지 않는다. 이력서에 쓸 수 있는 전문적인 지식과 경험을 쌓는 것만이 목표가 아니다. 오히려 **무형의 상황 속에 존재하는 법, 그 상황을 변화시키는 법, 변화의 과정에서 중심을 잡는 법**을 익혀야 한다. 이것은 직무기술서에 쓸 수 있는 내용이 아니다.

하지만 승진해 본 직장인들은 알고 있다. 그런 상황을 견디지 않고 일을 완성할 수 없으며, 그런 상황을 견디지 못하고는 승진할 수 없다는 것을.

일의 원칙

일의 원칙은, 단순하다.

'계획한다, 실천한다, 보완한다.'
플랜(plan), 두(do), 씨(see)다.

당신은 돈을 벌기로 계획한다. 돈을 벌기 위해 취업한다. 취업해 보니 돈을 벌기 위해 더 갖추어야 할 역량이 많음을 알게 되었다. 그래서 더 갖추어야 할 역량을 갖추기로 하고 행동한다. 돈을 얼마나 벌고 있는지 확인한다. 부족하다고 느끼면 더 벌 방법을 고민한다. 고민한 결과 해야 할 일을 계획한다. 그 일을 실천한다. 과연 의도한 대로 돈을 벌었는지 확인한다. 계획과 다른 점을 보완하기로 한다. 반복한다.

이것이 일이다. 직장에서 일도 마찬가지다. 회사에서 어떤 일을 하라고 주어진다. 그 일을 언제까지 어떻게 하기로 계획한다. 그 계획을 실천한다. 결과를 확인한다. 차이가 있다면 원인을 분석하여 보고한다. 원인에 대한 개선점을 찾아 보고한다. 개선점을 실천하도록 지침을 받는다. 지침에 따라 개선을 실천한다. 또 다른 임무가 주어지고 비슷한 과정을 다시 한다.

조금 더 발전시키면, '목표-계획-실천-진단-개선'이다. 플랜은 목표와 계획으로 나뉘었고, 씨는 진단과 개선으로 나뉘었다. 돈을 버는 회사는, 계획을 실천한 후 진단했으면, 개선하고자 한다. 개악이나 방치를 원하지 않는다. 그러므로 실제 개선의 진행 여부를 떠나 일의 원칙으로, 개선해야 한다고 개념을 세워두자.

일의 원칙을 가지고, 단선적으로 일을 추진하자.
일의 시작과 끝을 규정하고 신속하게 해내자.

대부분의 일을 잘하는 것으로 평가받을 것이다. 그리고 승진 대상자가 될 수 있을 것이다.

팀장 혹은 부서장으로 직장 다니기

축하한다. 팀장으로 승진했다. 부서장이 되었다. 지금부터 당신에게 요구되는 것은 다른 차원의 역할이다. 당신은 이미 개별 업무에 대해서는 전문가다. 누구보다도 순발력 있게 그 일을 처리할 수 있다. 그렇지만 이제 조직은 당신에게 다른 기능을 요구한다.

특정 업무에 대한 기능을 수행하는 다수를 통솔하는 것. 그 통솔의 결과 조직이 요구하는 성과를 달성하는 것. 그리고 조직이 무엇을 요구하는지 잘 파악하고 그 요구사항에 맞는 역할을 팀의 구성원들에게 적절하게 분담시키는 것.

성과책임과 이해 조정 능력이다.

평소 팀장이라는 역할에 대한 생각을 많이 하다가 팀장을 맡게 되면, 자신이 그려 왔던 모습과 실제 그 모습을 실행하는 것이 많은 차이가 있음을 알게 된다. 이때, 팀장의 외로움을 느낀다. 팀원들과는 더 이상 동료의 지위가 아니며, 회사로부터는 결과를 요구받는 존재가 되었다. 그러므로 팀장은 양쪽, 위아래로부터 책임을 요구받는 입장이 되었음을 알게 된다. 이것을 깨달았다면 빨리 감정적인 입장을 정리하는 게 좋다.

이상적인 팀장의 모습에 연연할 겨를이 없다. '멋진 팀장은 팀원의 애로사항을 너무 잘 이해해서 세세한 것까지 배려해 주실 거야'라는 기대에 부응할 여력이 별로 없다. 차라리 팀원을 이해시키고 팀장 본연의 역할에 충실한 것이 더 좋은 것임을 알게 해야 한다.

팀장 혹은 부서장에게 요구되는 역할을 정리해 보자. 일곱 가지다.

먼저 팀장은 팀의 업무를 이해해야 한다.

회사가 요구하는 부서의 성과책임을 이해하기 위해서는 조직의 업무 전반에 대한 이해를 해야 한다. 이는 각 부서원들 개개인의 능력과 역할을 이해해야 한다는 말이다. 동시에 다른 부서나 다른 위계의 임직원들의 입장 즉, 조직 내 이해관계를 이해해야 한다. 그 이해관계를 모르면 열심히 노력하고도 엉뚱한 결과를 맞을 수 있다. **바른 방향의 노력을 할 줄 알아야 한다.** 이해관계는 눈에 보이는 사람들과의 이해관계만 있는 것이 아니다. 회사라면 조직에서 지켜야 할 원칙이 있는 것이고, 자신의 커리어에 비추어 지켜야 할 원칙도 있는 것이다. 자신의 이해관계를 지키면서 이러한 다자 이해를 중재하고 조정하는 것은 어려운 일이다.

둘째, 팀장은 팀의 업무를 팀원들에게 하달하고 이해시켜야 한다.

이것은 팀장의 역할 중 가장 핵심적인 역할이다. 이해조정자 역할이다. 이 역할을 잘하면 다른 역할은 저절로 보완된다. 팀 내 팀장을 도와주는 사람들이 많아진다. 가장 많은 에너지를 쏟아야 하는 역할이다.

셋째, 팀장은 선임 기능인의 역할을 충실히 해내야 한다.

또한 팀장에게는 능숙한 기능인의 결과도 요구한다. 일도 하고 관리도 해야 하는 입장인 것이다. 관리기법이 발달할수록 전임 중간관리자를 허용하지 않는다. 관리자의 역할을 다른 많은 것들이 대체하기 때문이다. 하지만 관리자 없이 조직이 돌아가지 않는다. 관리자는 꼭 필요하다. 동시에 선임 기능자로서 자신이 해야 할 일을 해내야 한다. 팀장의 존재 이유가 파악됐다면, 이를 충족할 능력을 배양해야 한다.

넷째, 팀장은 팀의 평가 책임을 져야 한다.

팀원들을 이끌 때도 팀이 어떤 성과를 거두었는지, 팀원들이 어떠한 방식으로 얼마나 많은 재무적 성과를 달성했는지 제시해 주어야 한다. 협업해야 하는 팀의 생리상 개별 성과를 구별하는 것이 쉽지 않지만, 인위적인 척도를 개발해서라도 성과를 규정해 주는 것이 팀장의 역할이고 능력이다. 다소 비합리적이거나 미진한 측면이 있더라도 결론을 내리는 것은 팀장의 책임이 된다.

그리고 웰쓰 엔지니어링이 강조하는 직장인은, 돈의 흐름에 민감한, 돈의 성과에 민감한 직장인이 되어야 한다는 것이다. 일 중심으로만 직무를 보지 말고, 일의 결과로 얻어지는 돈의 흐름을 보아야 한다.

한 부서에 대한 평가는 결국 회사에 얼마나 기여했는가 즉, 회사에 얼마나 많은 돈을 벌어 주었는가로 평가된다. 영리조직에서의 평가는 자신의 직무에 얼마나 많은 열정을 쏟았는가가 최종 평가의 기준이 되기는 어렵다. 그러므로 팀장은, 부서장은 자신의 팀이 얼마나 많은 성과를 거두었는지, 얼마나 많은 돈을 벌도록 기여했는지 파악하고, 그 성과에 집중하여 이끌어야 할 책임이 있다.

다섯째, 팀장은 팀의 보고책임을 가져야 한다.

팀장은 명쾌한 보고를 할 수 있어야 한다. 경영진이 묻는 질문에 잘 정리된 몇 문장으로 현재 팀의 역할과 과거 실적, 그리고 앞으로의 계획을 말할 수 있어야 하는 것이다. 보고서라면 몇 줄 혹은 한 페이지로 요약한 서면을 작성할 수 있어야 한다. 피보고자인 경영진 혹은 다른 부서, 외부 고객들에 대한 응대 책임은 팀장에게 있다.

여섯째, 팀장은 팀 빌딩(team building)의 책임을 가지고 있다.

팀장은 팀원들의 단합과 단결, 협동과 좋은 분위기를 만들어 내도록 힘써야 한다. 각 개성을 가진 팀원들과 팀장이 저마다의 방식으로 함께 어울려 협업하도록 해야 한다. 이것은 일뿐 아니라 놀이와 여가시간에 대한 고려도 해야 한다는 의미다. 팀 전체가 같은 생각의 지향점을 가지고 있으면 팀원들 중 누구라도 혹은 다른 조직원들 중 누구라도 그 팀의 일을 도울 것이다.

구글의 수많은 팀 중 가장 성과가 높은 팀은 정서적 안정감이 높은 팀이다.

일곱째, 팀장으로서 필요한 마지막 역할은, 사람을 키우는 것이다.

흔히 사수, 부사수의 개념을 언급한다. 선임과 후임이다. 한 가지 업무를 두고 둘이 짝을 지어 한 사람이 책임을 맡아 리드하고 다른 한 사람은 그 일을 도우며 배워 가는 개념이다. 이것은 통전적인 리더십을 요구한다. 사람이 계속 어울리다 보면, 지식, 경험, 기술이나 인맥을 넘어서 그 사람을 전인적으로 인식하게 된다. 선임자는, 그 사람이 보고 있는 지향점, 가지고 있는 철학, 일이나 고객을 대하는 태도, 심지어 사생활마저도 후임자에게 영향을 주게 된다. 따라서 사람을 키운다는 것은 내가 먼저 커야 함을 의미하며, 자연스럽게 내가 가진 능력을 전수하는 교육을 베푼다는 뜻이 된다.

어떤 팀은 유능한 관리자가 많이 배양된다. 어떤 팀은 그렇지 않다. 사람이 많이 키워지는 팀은 발전한다.

이러한 능력과 요구사항을 충족하려 노력하면 좋은 팀장, 멋진 부서장이 될 수 있다.

임원 혹은 경영진으로 직장 다니기

임원 혹은 경영진이 된다는 것은 부서장과는 또 다른 차원의 능력을 요구한다.

임원이 된다는 것은, 회사 전반의 모든 일에 대한 책임을 떠안는다는 말이다.

이것은 자신이 하지 않은 일까지도 책임진다는 말이다. 이 책임감은 임원이 되기 위한 기본 중의 기본이다. 이것을 받아들일 수 없다면 부서장에 머물러야 한다.

신입사원 때 받았던 교육 중 하나는 임원의 경험 교육이었다. 내용은 중대 사고가 발생했을 때의 뒷수습 경험이었다. 건설 현장에서 발생한 사망사고를 정리하기 위해 사고자의 장례식장을 찾아간 것이다. 그분은 가족들로부터 뺨을 맞았다고 했다. 충격적이었다. 그것이 회사 업무인가 싶었다. 회사의 도리를 다하기 위해 정해진 영역을 뛰어넘는 일을 맡아야 하는 직장 생활이란 멀고 험한 것이라는 인상을 받았다.

업무에서 외연을 확장하여 성과를 거두어야 한다. 이것은 직무 4단계에서 언급한 최종 단계다. 자신의 인맥을 총동원하여 성과를 달성할 줄 알아야 한다. 주어진 틀에 머물러서는 안 된다. 회사가 제시하지 못한 것들도 찾아내야 한다. 시야를 넓히고 세상의 소리에 귀를 기울여야 한다.

필요한 것은 회사가 달성해야 하는 목표를 달성하는 것이다.

사람의 마음을 얻을 줄 알아야 한다.

회사 내부에서도 그렇고 고객들에게서도 그렇고 사회적으로도 그렇다. 사람이 한 사람의 마음을 얻는다는 것은 보통 어려운 일이 아니다.

그러나 일단 마음을 얻게 된다면 그것은 큰 힘을 발휘한다. 진짜 기회는 그다음에 올지 모른다. 더 큰 기회는 그다음에 올지 모른다. 만약 당신이 한 사람의 마음을 얻을 수 있다면, 그것이 회사의 최고경영자의 마음이라면, 아직 만나지 않은 고객들의 마음도 얻기 어렵지 않을 것이다. 이것이 또 다른 의미의 사업 기회가 될 수 있다.

회사의 최종 책임자로서 모든 책임을 감당할 각오를 해야 한다.

임원이 되었다면, 결과를 예측하지 말고, 회사에 남은 단 한 명의 임원이라고 상상하라. 그래서 어떠한 일이라도 자신에게 맡겨졌을 때, 다 감당해 내리라는 마음을 가져 보라. 언젠가는 그 마음의 훈련이 빛을 발할 것이다. 나아가 보상으로 이어질 것이다.

임원이 되었다면 언젠가는 최고경영자가 될 것이라는 마음을 갖기 바란다. 이것은, 권력을 향한 싸움과는 거리가 멀다. 이것은 책임을 바라보는 관점이다. 이것은 능력의 관점이다.

부의 관점에서 보면, 회사에서 임원이 되고 임원으로 남는 것이 창업하고 사업을 하는 것보다 개인의 리스크를 줄이는 일일 것이다. 그러나 최고경영자가 되기를 희망한다면, 최고경영자로서의 책임감당능력을 갖추기 바란다. 능력이 충분하다면 기회는 온다.

4-2 직장에서 오래 버티기

직장에서 오래 버틴다는 것은, 가장 안전한 부 축적의 길일 것이다. 그와 반대로 부 축적의 방향과 거리가 멀어지는 길일 수도 있다. 충분한 수입을 거두기 어렵기 때문이다.

직장에서 오래 버티는 전략을 구사한다면,
소비를 줄이고 최선의 투자를 해야 한다.

그리고 길고 오래 근무할 수 있는 직장에 취업해야 가능한 일이다. 이는 경영책임은 지지 않고, 자기 일에 대한 책임만을 진다는 것을 의미한다.

직장에서 오래 버티기 위해서는, 자신의 전 인생을 한 직장에 맞춰 조정해야 한다.

사는 지역, 하루의 삶의 패턴, 가족들의 삶, 자녀들의 교육 등을 직장을 중심으로 편성하게 된다. 간혹 가장이 희생하고 다른 가족들은 완전히 다른 지역에서 사는 것을 선택하기도 한다. 지출 통제를 염두에 둔다면, 가족은 한곳에서 같이 지내는 것을 추천한다.

직장에서 오래 버티려면 함께 일하는 사람들과 좋은 관계를 유지해야 한다.

직장에서 오래 버티는 것은, 그리 어려운 일은 아니다. 직장에서 오래 버티려면 함께 일하는 사람들과 좋은 관계를 유지해야 한다. 그들에게 부담을 주지 않으면서 예의를 갖추며 행동해야 한다. 비난이나 지적을 피하고 칭찬이나 격려를 생활화해야 한다. 중요한 것은 내가 잘나 보이는 것이 아니라 다른 사람들과 조화롭게 지내는 것이다. **마라톤을 완주하려면 호흡조절이 필수다.** 무리한 가속이나 급격한 감속은 좋지 않다. 평온한 상태를 유지하려고 노력해야 한다.

직장에서 오래 버티기를 선택하기로 했다면 그 조직의 생리에 대해 전

문가가 되어야 한다.

그래서 다른 사람들을 돕고, 불필요한 다툼에서 멀어져야 한다. 소모적인 신경전도 도움이 되지 않는다. 우리는 부를 축적하는 것이 목적이므로, 사소한 이익이나 우월감을 위해 경쟁할 필요가 없다. 오히려 조직의 생리에 정통해서, 적응에 어려워하는 사람들을 돕는 것이 훨씬 더 효과적이고 생산적이다.

직장에서 오래 버티면서 부를 쌓기 위해서는 투자를 병행해야 한다.

그러므로 직장에서 오래 버티기 전략을 선택할 마음이 있다면, 여가 시간에는 투자를 위한 공부에 집중해야 한다. 금융, 부동산 전부 공부해야 한다. 투자를 위한 좋은 방법은, 그 투자 대상을 직접 찾아가 보고, 듣고, 만지고, 경험해 보는 것이다. 주말에 부동산을 방문해 보거나 투자할 회사 혹은 제품을 직접 볼 수 있는 곳에 가보면 좋다. 한두 번 보고 모르는 것이 당연하고, 1, 2년 안에 감이 안 잡히는 것도 당연하다. 자연스럽게 알게 되기까지 쉬지 말고 공부해야 한다. 경험이 많은 사람과 대화하는 것도 좋은 방법이다.

한 직장에서 오래 근무하는 것이 쉽지 않다면 한 업계에서 오래 버티는 전략을 구사해야 한다.

자기 업무에 능숙하고 조직의 요구에 잘 순응하는 사람은, 나이가 들어서도 환영받는다. 그러니 오래 근무하기 위해 이직해야 한다면 두려워하지 말고 당당하게 지원하면 된다. 주변 사람들에게 자신의 의도를 미리 설명해 두는 것도 좋은 방법이다. 기회란 우연히 걸려 오는 전화로 찾아오는 경우가 많다.

꾸준한 현금흐름이 주는 힘은 크다. 이것은 살아가는 데 기초적인 동력이 된다.

또한 투자의 힘은 크다. 반드시 당신의 부를 이루어 줄 것이다. 현명하게 투자하기 바란다.

내 목표는 보상이 아니라 보상 경험이다

2018년 8월 18일 아침, 나는 둘째가 입원한 병실에 앉아 있었다. 가족과 동남아 여행을 다녀왔는데 둘째가 식중독 증상을 보여 병원을 찾았다. 의사는 위험할 수도 있다며 당장 입원시켰다. 늦은 밤까지 처치가 끝나고, 밤샌 아내와 교대한 나는, 둘째가 볼 책들과 내가 볼 책을 가지고 아침 일찍 병실로 갔다.

아이는 의사들의 분주함과는 다르게 차분했다. 남쪽 창으로 대모산이 보이는 종합병원 병실 811호였다. 둘이 나란히 앉아 각자 책을 읽었다. 아직 초등학생인 아이는 《미스터맨과 리틀미스》 시리즈를 읽었고, 나는 레이 달리오의 《원칙》을 읽었다.

나는 레이 달리오의 서술방식이 마음에 들었다. 진솔함과 의도가 느껴졌다. 자신의 분야에서 부와 성공을 이루고, 집필을 마치는 2017년 말이면 자신만의 자유를 찾아 제3단계로 넘어가려 한다며, 가르침을 남기겠다고 했다. 그러면서 프로이트의 말을 인용했다.

"사랑과 일은 인간다움의 근본이다."

그 토요일 오전 10시, 나는 《원칙》의 한 페이지 모퉁이에 이렇게 적었다. **"그렇다. 내 목표는 보상의 소유가 아니라 성취와 보상의 경험이다."** 나는 그렇게, 레이 달리오가 보상 자체가 아니라 발전이 중요한 것이라고 한 말에 공감했다.

이런 의문이 들 것이다. 보상이 동력이 아니라면, 돈을 버는 것이 목적인 회사에서 직원들에게 동기부여는 금전적 보상이 아니어도 된단 말인가?

하지만 깨달았다. **보상을 좇아 일을 시작했지만, 결국 발전을 먼저 추구해야 보상이 돌아오는 구조였음을.**

그러면 일에서의 성과는 더 풍부해진다. 일의 단계가 오를수록 더 그렇다. 보상과 성과를 보는 관점이 잡혀야 일을 오래 지속시킬 수 있다. 보상 자체가 목적이라면 그 보상을 받기 위해 투입한 노력과 열정의 의미는 보상받는 순간 사라져 버릴지 모른다.

당신도 보상 자체보다는 발전을 더 추구하는 철학을 세워가길 바란다. 보상을 더 원할수록 발전을 앞세워야 할 것이다. 우리는 보상을 바라지 않는 존재들은 아니다. **보상을 바라기에 발전을 우선하는 것이다.**

5

레버리지 4 : 부를 획득하는 길을 두 가지 이상 만든다, 시스템 믹스 엔지니어링

5-1 시스템 믹스 엔지니어링

시스템 믹스 엔지니어링

부를 창출하는 바람직한(필수적인) 방법은 수입을 다변화하는 것이다.
수입을 다변화한다는 것은, 근로소득을 반드시 얻어야 함과 동시에 투자소득을 겸해야 한다는 것을 의미한다. 근로소득을 거두는 길은 타인이 만든 시스템에 근로자로 종사하는 방법과 자신이 만든 시스템에 근로자로 종사하는 방법이 있다. 사업소득을 얻을 때, 사업 시스템의 일부로서 참여하여 근로소득을 얻는 것을 하지 않으려면, 배상소득만으로 일정 수준 이상의 수입을 얻어야 하는데, 이것은 높은 수준의 단계가 된다. 어느 시스템에 참여하든 간에, **근로소득이란 수입의 가장 기본적인 수단이 된다.**

돈을 버는 시스템을

두 가지 이상 섞어서 동시에 운영해야 한다.

〈시스템 믹스 엔지니어링〉이다.

시스템 믹스 엔지니어링 즉, 수입다변화 유형으로는 다음 세 가지 유형을 생각할 수 있다.

시스템 믹스 엔지니어링 유형 1 = 근로소득 + 투자소득
시스템 믹스 엔지니어링 유형 2 = 사업소득 + 투자소득
시스템 믹스 엔지니어링 유형 3 = 투자소득 1 + 투자소득 2 + 근로소득(또는 사업소득)

[표 6-6. 시스템 믹스 엔지니어링 유형]

5-2 근로소득 & 투자소득

근로소득과 투자소득의 결합은 가장 기본적인 유형

가장 기본적인 유형이다. 직장에 근무하면서 투자를 겸하는 방식이다. 일반적으로 대부분 직장에서 겸직은 금하는 곳은 많지만, 투자를 금하는 곳은 거의 없다. 공직 등의 이유로 이해충돌방지를 위해 투자를 못하게 하는 경우는 있지만, 집을 사거나 부동산을 사들이는 것까지 금하는 경우는 거의 없다. 부동산 관련 공공기관에서는 제한적으로 사업 관련 부동산 매입을 금지하기도 한다.

그러므로 〈근로소득 + 투자소득 유형〉은 직장에 다니면서 주식 투자

를 하거나 직장에 다니면서 부동산을 매입하는 경우를 상상하면 된다. (이것은 우리가 가장 선호하는 방식이다.) 근로소득을 위한 지침은 바로 전 장에서 설명한 〈직장에서 성공하기〉를 잘 따르기 바란다. 투자소득을 위한 지침은 마찬가지로 전 장에서 설명한 〈투자가 되기〉를 잘 따르기 바란다.

여기서 신경 써야 할 부분은, 이 둘을 어떻게 조화롭게 관리하고 운영하는가의 문제다. 특히 주식 투자를 겸할 때가 문제다. 주식 투자는 자칫 잘못하면 업무 시간 중 거래해야 할 수 있기 때문에 직장에서의 집중력이 떨어질 수 있다는 단점이 있다. 이 관리를 잘하기 바란다. 그래서 주식 투자 즉, 금융 투자도 장중 거래보다는 장기거래 방식의 투자가 더 바람직하다.

내 친구 중 주식 투자를 일찍부터 시작한 이가 있었다.

그는 군대에서 행군하다 말고 누군가에게 전화를 걸었다. "오늘 종합주가지수가 어떻게 되나요?" 나는 당시 그 용어를 이해하지 못할 때였다. 그 친구는 그날 밤 싱글벙글 웃으며 내무반을 돌아다녔다. 다른 동기들은 힘들다고 다 찡그리고 있었는데도.

종합주가지수는 장기적으로 오른다.

세계적 재해나 시황의 출렁임으로 지수가 한 번 떨어지고 수년간 회복되지 못하는 경우도 있었다. 하지만 장기적으로 보면 종합주가지수는 오르게 되어 있다. 장기적으로는 기업의 임금도 오르고, 원자재도 오르고, 제품 가격도 오르기 때문에 기업의 장부가치와 주가는 오를 수밖에 없다. 개별 기업의 사정은 개별 기업의 것이다.

거시적으로 주가는 오르게 되어 있다. 이것을 신뢰하여 종합주가지수와 연동되어 오를 수 있는 투자포트폴리오를 구성하면 된다.

부동산 투자를 할 때는, 나와 연고가 있는 곳을 고르면 좋다.

첫 번째가 가족들과 가까이 있는 집을 구하면 좋다.

집은 직장과 가깝거나 부모님이나 형제들과 가까우면 좋다. 특히 어린아이를 키워야 할 때는 가족들의 도움을 받을 수 있는 거리에 위치하면 도움이 많이 된다. 자녀들이 중고등학교로 진학할 때면 또 다른 지역을 찾게 된다. 학군 때문이다. 이것은 학원가와 같은 간접 학군도 포함된다. 선배들의 경험담을 많이 듣고, 2~3년 전부터 준비한다는 마음으로 부동산 구매를 계획하면 도움이 된다. 독신일 때나 가정을 꾸리고 초기에는 부모와 형제에 가깝게 살면 도움이 되지만 점차 지역적으로 독립하게 된다.

부동산 투자에 있어 두 번째 연고는 직장이다.

직장과 가까운 집을 구매할 수 있으면 도움이 된다. 출퇴근 거리를 단축한다는 것은 좋은 일이다. 시간을 많이 절약해 준다. 직장이 도시 중심부에 위치하지 않고 교외에 있다면, 역으로 교외에 있는 부동산 중에서 저평가된 곳을 공략하는 것도 좋다. 하지만 주의해야 할 것은, 거래가 활발한 곳을 택하는 원칙을 준수하라는 것이다. 부동산은 구매할 때 반드시 처분할 때를 구상하고 계획한 후에 결정해야 한다. 삶에서 변화는 오게 되어 있다.

부동산 투자에서 세 번째 연고는 자신의 활동 반경이다.

그것은 직업상 또는 인간 관계상 활동하게 되는 지리적 영역을 말한다. 부동산 투자는 자신이 아는 곳에서 해야 하고, 자신이 움직일 수 있는 곳에서 해야 한다. 너무 멀면 관리가 어렵다. 심지어 기업 투자에서도 워렌 버핏은 자신이 자주 다니는 매장이 있는 기업에 투자하지 않았나. 유사시에 신속하게 방문하여 무언가 조치를 취할 수 있는 지역이 좋다.

마지막 연고는 순수 투자를 겨냥한 지역이다.

이를테면 신도시에 분양하는 아파트나 상가, 저렴하고 수익률이 좋은 꼬마빌딩, 장래성이 기대되는 토지 등을 말한다. 이것은 평상시 활동과 무관한 지역을 고를 수 있는 대상이다. 관리할 자신이 있다면 원거리 부동산을 공략할 필요도 있다.

자신의 특성을 잘 살펴서 결정해야 한다.

자산형성은 긴 기간에 걸쳐 서서히 일어난다

다음 그림을 보자. 이것은 나의 가계부 데이터를 월별로 입력하여 구성한 그래프다. 18년에 걸친 자산형성 그래프다.

상단의 선의 자산 정도다. 전형적인 근로소득 + 투자소득 그래프다. 중간에 사업소득을 시도했으나 성공을 거두지는 못했다. 그래도 약간의 소득은 있었다. 그걸 감안하고 보면 된다. (수평선은 길고 수직선은 짧아야 하는데, 지면의 한계로 수평선이 짧고 수직선이 길게 표현되어 자산의 규모가 급격히 커지는 것 같은 인상을 주는 것은 오해가 없기를 바란다.)

그래프의 하단 수평선은 0원을 의미한다. 그러므로 약간씩 수평선 아래로 내려간 흔적들은 지출이 수입보다 많은 순간이다. 이것은 단순히 소비가 많았다는 것이 아니라 무언가 시도했다가 실패한 흔적이 숨은 결과다. 반대로 봉우리처럼 솟은 지점들은 갑자기 수입이 많아지는 경우가 있었음을 말해 준다. 수평선 부근에서 파동처럼 보이는 선들은 매달 벌어들였던 근로소득이다. 이런 소득 활동의 결과들이 쌓여 상단의 자산 그래프가 조금씩 올라간다.

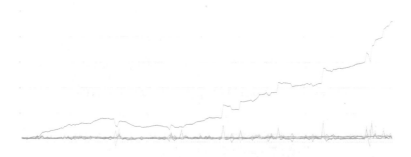

[그림 6-1. 자산형성 그래프 : 18년]

전체 기간의 중반부까지 좀처럼 위로 올라가지 못하던 그래프는 정확히 절반의 시점부터 급격히 올라가고 있다. 그리고 수입의 봉우리가 조금씩 더 자주 나타난다. 이 시점에 맞춰 자산 그래프가 계단처럼 올라간다. 후반 몇 년의 기간에는 더 가파르게 올라간다.

이 시기의 수입을 확대해서 보자.

[그림 6-2. 수입 지출 그래프 : 18년]

당월의 수입과 지출만 보니 진동폭이 크다는 것을 알 수 있다. 꽤 급격한 변동이 몇 차례 눈에 띈다. 이것은 소득을 얻기 위해 치열하게 움직였다는 것을 보여 준다. 가계에 갑작스럽게 크게 발생한 지출도 있었지만, 사업이나 투자를 시도하여 지출한 현금이 있었다. 곧이어 큰 수입이 발생했다는 것은 지출한 투자금을 회수했다는 것을 의미한다. 아래로 향한 큰 진동은 10회 정도다. 위로 향한 큰 진동은 12회 정도다. 작은 골짜기와 작은 봉우리들은 더 많다. 열심히 움직였음을 알 수 있다.

그 움직임의 총합, 시도의 결과는 성공적인 것으로 나타났다. 직장인으로서 살며 부지런히 투자하면 상위 10% 부자가 될 수 있다.

[근로소득 + 투자소득]의 시스템 믹스 엔지니어링

상위 10%를 향한 도전은 이 방법으로 달성할 수 있다.
10억 원의 부는 이 과정으로 도달할 수 있다.
더 열심히 노력한다면 이 방식으로 1% 부자가 될 수 있다.

[표 6-7. 10% 목표를 달성하는 길]

5-3 사업소득 & 투자소득

가장 높은 수준의 믹스 엔지니어링

사업소득과 투자소득의 결합은, 가장 바람직하고 가장 높은 수준의 믹스 엔지니어링이다.

기업 속성 중 하나는, 다양한 사람들이 모여 하나의 목표를 위해 일하다 보면 거대한 흐름을 만들게 된다는 것이다. 이것은 각 개인이 각자 만들어 내는 부의 양보다 훨씬 크며, 개인 간의 시너지는 물론 기업이 쌓아 온 이력과 추진력으로 인해 발생하는 시너지까지 더해져 높은 성장성을 보이게 된다.

어떤 기업가는, 1999년 45억 원의 예금성 자산을 가지고 있던 자신의 기업을 2023년 순자산 860억 원의 회사로 키워 냈다. 2009년에 사옥으로 구매한 부동산은 13년 새 57억에서 151억 원으로 크게 올랐다. 매출과 이익도 계속 성장했다. 그는, 그동안 기업으로부터 받은 근로소득을 제외하고 지분가치로만 574억 원의 자산을 확보하게 되었다. 한 분야 업무에 꾸준히 집중한 결과 자산이 크게 성장한 것이다.

이것은 상위 1%를 넘어서는 길이다. 0.1%에 도전하는 길이다. 100억 원, 1,000억 원에 도전하는 길이다. 누구나 할 수 있는 일은 아니다. 그러나 강력한 도전을 원한다면 참여할 만한 길이다. 가장 높은 수준의 믹스 엔지니어링이다.

[사업소득 + 투자소득]의 시스템 믹스 엔지니어링

상위 1%를 넘어서는 길이다.
상위 0.1%를 향한 도전에 바람직한 방향이다.
100억 원의 부를 목표로 할 수 있다.
하지만 누구나 할 수 있는 형태는 아니다.
결심과 선택, 전략과 끈질긴 도전이 필요하다.

[표 6-8. 1% 목표를 넘어서는 길]

5-4 기타 믹스 유형

믹스 엔지니어링은 다양하게 구사할 수 있다

믹스 엔지니어링은 다양하게 구사할 수 있다.

근로소득을 거두면서 다양한 투자소득을 겸할 수도 있고, 심지어 기업에 투자하여 사업소득을 직접 혹은 간접적으로 얻을 수도 있다.

사업을 한다는 것이 반드시 창업한 기업에서 근무해야 함을 의미하지 않는다. 워렌 버핏의 투자방식은, 단순히 주식 투자를 넘어 기업을 소유하게 되는 정도로 투자하는 경우가 많은데, 그렇다고 하여 투자자인 워렌 버핏이 그 기업의 경영진으로 들어가 일하거나 그 기업들로부터 근로소득을 거두는 일을 하지 않는다. 단지 배당소득과 주식가치 상승을 통한 이익을 취할 뿐이다.

우리 주변에서도 다양한 수익원을 가진, 믹스 엔지니어링을 실천하고 있는 사람들을 만날 수 있다.

나는 집을 이사하면서 인테리어를 거의 하지 않는데, 그래도 피치 못하게 해야 하는 경우가 있다. 기업을 상대로 하는 수장 업체는 아는 곳이 있었지만 개인 집을 시공하는 인테리어 회사는 아는 곳이 없었다. 여러 곳의 견적을 받고 상담해 보고 나서 한곳을 골랐다. 아주 고급은 아니었지만 적당한 품질로 저렴한 가격에 공사를 하고 있었다.

처음 공사를 잘 마무리했다. 그리고 몇 년 뒤 다음 공사를 맡기게 됐다. 이번에는 전체에 손을 대는 공사였다. 이 일도 잘해 냈다. 두 번이나 같이 일을 하게 되니 조금 친해지게 됐다. 대화를 나누며 사장님의 돈을 버는 방식을 알 수 있었다.

이 사장님의 수익모델은 두 가지였다. 하나는 인테리어 공사를 해서 버는 수입이었고 다른 하나는 낡은 주택을 사서 개량하고 그것을 되파는 일이었다. 인테리어 공사를 하면서 발견한 적당한 낡은 집을 구매한다. 그 집을 자기 비용을 들여 인테리어 및 성능개선 공사를 한다. 그러면 낡은 집이 꽤 괜찮은 집으로 변한다. 투자된 비용에 약간의 이익을 덧붙여 판매한다. 그렇게 취급하는 집이, 그 당시에도 10채가 넘었다. 양도세와 보유세는 어떻게 하느냐 물었더니, 벌어들이는 수익이 그 정도를 감수해도 될 정도라 했다.

인테리어 공사를 마감할 무렵, 두 명의 직원이 현장에서 일했다. 한 명은 전기공이고 한 명은 보조원이었다. 아직은 서툴러 보이는 이들은 40대 중반 정도였는데, 그 사장님 밑에서 일을 배우는 중이라 했다.

대화를 나눠 보니 전기공은 부모님으로부터 물려받은 작은 건물 하나를, 형과 절반씩 소유하고 있었다. 그는 건물로부터 나오는 월세 수익과 현장에서 일하는 근로소득을 벌어들이고 있었다.

보조원은 여성이었는데, 경매로 산 집 세 채를 가지고 있었다. 인테리어를 배우면 그 집을 더 좋게 만들어서 팔 수 있을 거 같아 현장에 출근하고 있다고 했다. 당연히 현장에서 배우면서 근로소득도 올리고 있었다.

시스템 믹스 엔지니어링을 실천하는 사람들은 부지런하다

돈을 버는 시스템을 여러 개 믹스하는 사람들의 특징은, 부지런하다는 것이다.

기본적으로 일을 부지런히 하고, 생각을 부지런히 한다. 여러 현장을 관리하는 사람들은 일찍 일어나 사람들이 출근하기 전에 여기저기 다니며 필요한 조치를 하고 상황을 살핀다. 모르는 것을 알게 하는 것이라기보다는 알고 있는 일을 확실히 해 두고 활력을 넣는 역할을 하는 것이다. 승패는 이미 정해진 것으로 만들어 두고 하루를 시작하는 것이다.

이것은 대부분 성공자의 방식이다.

부지런해야 한다.

부지런하게 생각하고, 부지런하게 행동해야 한다. 부지런하게 행동하다 보면 아침에 일찍 일어나고 아침에 그날의 일을 결정하게 된다.

당신이 이러한 행동 패턴을 가지게 되면 더 많은 일을 감당할 수 있게 된다. 그리고 하나의 수입원을 뛰어넘는 믹스 엔지니어링 실행자가 될 수 있다.

부의 레버리지 SUMMARY

1. 부의 레버리지 : 부를 확장하는 방법
   부의 지렛대는 종잣돈이다.
   종잣돈으로 사업과 투자를 시작한다.
   사업은 자영업을 시작하거나 기업을 만드는 것이다.

2. 레버리지 1 : 부를 획득하는 시스템 만들기, 소유하기, 사업가 되기
   돈, 상품, 사람, 마음을 다룰 수 있어야 한다.
   자영업에서는 집중의 전략이 유효하다.
   전문가 시스템에서는 탁월한 전문성으로 목표시장을 공략한다.
   기업은 기존 제품개선과 신제품에서 출발한다. 수요를 채운다.

3. 레버리지 2 : 돈이 돈을 버는 시스템, 투자가 되기
   일단 집을 사라.
   부동산 투자는 긴 안목으로, 사람들이 많이 모이는 곳으로.
   금융 투자, 목표를 세워라. 얼마를 벌 것인가?
   웰쓰 엔지니어링의 목표, 10억 모으기! 그 이후는?
   안전한 것이 좋은 것이다. 가치투자를 한다. 저축률에 집중하라.

4. 레버리지 3 : 하고 있는 일 더 잘하기, 직장에서 승진하기
   보상보다 발전을 우선하면서 보상의 선순환을 이끌어 낸다.
   일의 원칙은 플랜(plan), 두(do), 씨(see)로.
   승진을 위한다면 책임에, 지속을 원한다면 관계에 집중한다.

5. 레버리지 4 : 부의 채널을 두 가지 이상, 시스템 믹스 엔지니어링
   수입을 다변화해야 한다.
   근로소득 + 투자소득 : 10% 도전. 필수적이다. 충분히 할 수 있다.
   사업소득 + 투자소득 : 1% 도전. 가능하다. 가장 높은 경지다.
   기타 믹스 엔지니어링 : 다양한 방식. 부지런해야 한다.

제7장

부의 보이지 않는 영역

부를 만드는 뿌리, 어떻게 키울 것인가

사자의 이름으로 환영합니다.
더 높은 곳으로, 더 깊은 곳으로 가십시오.

_C. S. 루이스, 《나니아 연대기》 중에서

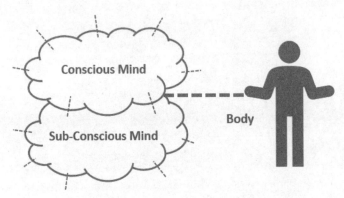

Invisible Area of Wealth   inspired by Bop Proctor

1

부를 바라보는 관점

부에 대한 생각

조셉 머피, 밥 프록터와 같은 많은 성공학의 선배들은 부에 대한 생각에서, 나쁜 것이라거나 더러운 것, 착취, 탐욕, 희생 등의 부정적 이미지를 제거하라고 조언한다. 그 대신 부는 좋은 것, 아름다운 것, 많은 좋은 것을 가능하게 해 주는 것, 깨끗한 부자, 정직한 부자, 성실과 노력 등의 이미지를 심어 주라고 말한다.

우리나라 부자들의 인식을 조사해도 돈에 대한 인식으로 떠오르는 개념은 편안함, 자유, 편리함, 행복 등이었다. 상대적으로 부자가 아닌 사람들이 떠올리는 개념은, 편안함과 자유도 있었지만 가장 중요한 것, 삶의 전부, 필요악, 항상 부족한 것이라는 대답이 많았다.

부를 대함에 있어서, 부를 바라보는 관점은 대단히 중요하다. 어떤 대상을 생각할 때, 특히 그 대상을 얻으려고 할 때, 긍정적인 이미지를 연결하여 너무 소중하고 가까이하고 싶은 대상으로 삼아야 한다.

부를 바라보자. 돈을 바라보자.

돈은 자원의 대표이므로 돈은 풍족함의 다른 얼굴이다.

돈은 삶에 필수적인 거다. 돈은 없어서는 안 되는 존재인 거다. 그러므로 돈은 좋은 것이다.

말하고자 하는 바는 단순하다. 어떤 대상이라는 것은, 단순하게 부정적인 면만도, 긍정적인 면만도 존재하지는 않는다는 것이다. 단지 우리가 그 대상을 얻기 위해서 어떤 관점을 선택해야 할 것인가를 묻는 것이다.

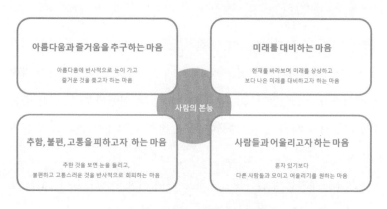

아름다움과 즐거움을 추구하는 마음
아름다움에 반사적으로 눈이 가고
즐거운 것을 쫓고자 하는 마음

미래를 대비하는 마음
현재를 바라보며 미래를 상상하고
보다 나은 미래를 대비하고자 하는 마음

사람의 본능

추함, 불편, 고통을 피하고자 하는 마음
추한 것을 보면 눈을 돌리고,
불편하고 고통스러운 것을 반사적으로 회피하는 마음

사람들과 어울리고자 하는 마음
혼자 있기보다
다른 사람들과 모이고 어울리기를 원하는 마음

[그림 7-1. 사람의 본능 : 4가지 측면]

우리 자신의 마음을 살펴보자.

사람들은 아름다움과 즐거움을 추구한다. 예쁜 것에 눈이 간다. 보기 좋은 것을 보러 다닌다. 즐거움을 찾아 어디론가 떠나고 싶다.

사람들은 추하고, 불편하고, 고통스러운 것은 피하려고 한다. 길을 가다 더러운 것을 보면 절로 눈을 피하게 된다. 앉아 있는 자리가 불편하면 자리를 뜨고 싶다. 몸에 고통을 받을 때 움츠러들고 고통스럽지 않은 방법을 찾으려 급해진다. 몇 년 전 여름, 나는 어느 지방 관청을 나서면서 보도블록으로 올라서고 있었다. 그런데 바닥에 떨어진 나뭇가지가 갑자기 스르륵 움직였다. 삼각형 머리를 가진 갈색 뱀이었다. 순간 나는 들었던 발을 내딛지 못해 잠시 멈춰 버렸다. 놀라서 몸이 굳어 버렸다. 피하고 싶은 순간이었다.

사람들은 미래를 생각한다. 현재를 보며 미래를 상상한다. 지금보다 나은 미래를 꿈꾼다. 그래서 대비하고자 하고 미래의 즐거움을 위해 지금의 고통을 감내하고자 한다.

사람들은 서로 어울리고 싶어 한다. 누군가와 대화하기 원한다. 함께 시간을 보내길 원한다. 모이고 싶어 한다. 사회적인 속성을 가지고 있다.

이러한 것이 사람의 본성이다.

사람의 본성은 아름다움과 즐거움, 편안함과 안정감, 미래에 대한 기대 그리고 사회적 조화를 지향한다.

이러한 속성은 우리가 부를 지향해야 할 이유를 설명한다. 부가 지향하는 것은 아름다움, 즐거움, 편안함, 안정감, 미래, 긍정, 발전, 조화와 같은 것이며, 이것은 사람의 본성이 지향하는 방향과 일치함을 알 수 있다.

사람의 본성과 부의 속성이 같은 방향을 향한다.

부는 인격적이다. 우리는 부를 얻고자 한다. 그러니 부를 바라볼 때,

부정적인 연상을 물리치고 긍정적이고 바람직한 연상을 떠올리자. 그래야 우리가 부를 더 쉽게 얻을 수 있다.

우리는 부를 추구하고 부자가 되고자 하기에, 부의 다양한 측면에 대한 논쟁은 접어두고, 성공적이고 효과적인 길을 찾는 데 집중하자.

우리는 부를 숭배하지 않는다, 우리는 부를 다룬다

부를 강하게 지향하다 보면 받게 되는 오해가 있다. 그것은 배금주의자로 오해받는 것이다. 성공학이란 배금주의라고 오해받는 것이다. 그렇지 않다.

성공학을 추구함은 부를 숭배하려는 것이 아니다.
부를 다루려는 것이다.

웰쓰 엔지니어링은 부를 숭배하지 않는다. 웰쓰 엔지니어링은 부를 다룬다.
사람을 돕도록 부를 얻어내자는 것이다. 부를 캐는 기술을 익혀 두자는 것이다. 우리의 우선순위 가장 윗자리에는 부가 있지 않다. 우리의 우선순위에는 아름다움, 즐거움, 사람들과 어울리는 것, 사랑하는 것, 미래를 대비하여 더 숭고한 사람이 되는 것들이 있다. 우리는 돈을 위해 사람을 희생하지 않는다. 돈을 위해 사랑하는 사람들과의 관계를 단절하지 않는다. 우리는 사람들을 희생시키지 않기 위해, 사랑하는 사람들과의 관계를 이어가기 위해 부를 차지하려 한다.

돈은 우리의 하인이다.

우리는 돈의 지시를 받지 않는다. 돈이 우리의 지시를 받는다.

이것은 잠재의식을 통제하고자 하는 우리의 방향과 일치한다. 우주의 무한지성은 우리에게 무언가 계시를 줄 수도 있겠지만, 우리의 잠재의식은 우리가 작용하는 방향대로 흘러간다. 다만 그 작용의 구조를 이해하지 못하여 의도와 반대로 잠재의식의 작용을 일으키곤 하는 것뿐이다.

우리는 누구를 숭배하지 않는다. 숭배하지 않기 위하여 열심히 공부하고 연습하여 부를 통제하고자 하는 것이다. 다른 어떤 가치보다도 돈을 우선순위에 두는 부자를 지향하는 사람이라면, 그들은 우리 부류는 아니다.

정리해 보자. 부는 수단이다. 부는 나를 섬긴다. 부는 내가 추구하는 이상을 실현하도록 돕는다.

나는 목적으로서의 인간다움을 추구한다.
나는 수단으로서의 부를 추구한다.

반복해서 말한다.

나는 이상을 추구한다.

나는 부를 얻는다.

부는 나를 섬긴다.

부는 나의 이상실현을 돕는다.

2
보이지 않는 세계의 이해

보이지 않는 세계, 정신적 세계의 실체를 찾아서

우리는 사람을 분석할 때, 육체와 영혼으로 구분한다.

육체는 육체다.

영혼은 무엇인가? 육체 안에 머무는 또 다른 영적 존재인가? 육체와 영혼은 존재를 구별해서 다른 존재가 될 수는 없다. 하지만 영혼과 육체는 엄연히 다르다. 우리가 이 개념을 쉽게 인정하는 이유는 생각이라는 실체를 인정할 수밖에 없기 때문이다. 지금 이 글을 읽고 있는 독자도 육체가 글을 읽고 있지만 그 글을 받아들이는 존재는 뇌로 표상되는 생각임을 알고 있다. 그래서 존 아사라프는《부의 해답》에서 인간의 뇌를 그려가며 다양한 생각의 기능을 설명했다.

육체적으로 표현하자면 육체와 영혼이라는 구분은 뇌를 제외한 몸 전체와 뇌 하나로 구분된다고 말할 수 있겠다. 그러나 우리는 그 설명으로 부족함을 느낀다. 생각도 있지만 마음도 있음을 알기 때문이다. 마음은 생각의 속도와 궤적을 뛰어넘는다는 것도 알고 있다. 아름다운 이성을 보고 갑자기 마음을 뺏길 때, 생각이 나서서 나는 저 사람을 좋아하기로 했으니까 너는 앞으로 저 사람을 좋아하도록 하라고 명령하지 않는다. 첫눈에 반한다는 이 현상은, 생각이 아니라 마음이 시키는 대로 가는 현상이다. 그래서 우리는 마음과 생각이 다른 실체들임을 알고 있다. 마음과 생각은 눈에 보이지 않기 때문에 우리는 통상 이들을 합쳐 영혼이라고 표현하기도 한다.

그런데 이 두 가지 눈에 보이지 않는 존재 외에 다른 하나가 더 있음을 어렴풋이 느끼고 있다. 우리가 의식적으로 생각하고 의식적으로 느끼고 의식적으로 인지하지 못하지만 그것을 뛰어넘어 우리 몸 안에서, 우리 정신 안에서 무언가 작동하고 있음을 알고 있다. 그것이 꿈을 꾸게 하고, 잠을 잘 때 신체의 모든 기능을 움직이며, 기억나지 않았던 기억을 떠올리게 하거나, 정신세계 어딘가에 흔적을 남겨 자신도 모르는 사이에 육체적인 반응을 하도록 만든다. 그것은 잠재의식이다. 뇌간 하부의 간뇌와 척수의 신경계가 자율적으로 심장 박동과 호흡, 체온 유지 등과 같이 인체의 항상성 유지 가능을 통제하기 때문에 육체의 일부라고 주장할 수도 있지만 잠재의식이란 그것을 뛰어넘는 보이지 않는 존재임을 인정할 수밖에 없다.

이 존재들을 구분해서 보면 마치 삼위일체의 존재들이 '나'라는 한 사람 안에 존재함을 알 수 있다. '영혼'은 이들을 통칭하는 말일지 모른다.

웰쓰 엔지니어링에서는 생각, 마음, 잠재의식 등을 종합하여 부의 보이지 않는 영역이라 말한다. 본 서에서 말하는 '부의 보이지 않는 영역'은 직접적인 생각과 마음보다는 메커니즘을 직관적으로 인식하기 어려운 잠재의식의 영역에 방점을 둔다.

뇌과학을 분석하여 정신적 활동, 무의식적 활동의 생물학적 원리를 규명하고자 하지 않는다. 우리는 뇌의 활동으로 표상될 수 있는 정신적 활동이, 뇌 안에서 벌어지든 밖에서 벌어지든 간에, 우리의 웰쓰 엔지니어링에 어떤 영향을 줄 수 있는지 논하고자 한다. 이것은 기존의 성공학자들, 성공학의 대가들, 성공학의 거인들이 주장한 내용에서 크게 벗어나지는 못할 것이다. 그러나 우리는 단순히 부 축적을 향한 정신적 활동만을 바라보지 않고 육체적 활동, 인생의 라이프사이클과 어떤 조화를 이루어야 할 것인지를 살펴볼 것이다.

보이지 않는 세계가 움직이는 보이는 세계

영혼으로 대변되는 정신세계 즉, 보이지 않는 세계는 육체로 대변되는 물질세계 즉, 보이는 세계를 움직인다. 정신이 육체를 지배한다는 말과 같다.

윌리스 와틀스는 무형의 원형질이 있어 이것이 우주를 움직이는 동력으로 작용한다고 보았다. 이 원형질은 생각하는 존재이며, 우주를 구석구석 채우고 있다고 했다. 그러므로 우리는 이 무형의 원형질과 연결됨으로써 세상의 모든 것과 연결될 수 있다고 보았다.

조셉 머피는 잠재의식에 새로운 청사진을 그려 새로운 나로 거듭날 수 있다고 말했다. 그러므로 상상력은 가장 강한 능력이라고 했다. 또한 잠재의식의 심연에는 무한한 지혜와 힘 그리고 내가 필요로 하는 모든 것이 숨어 있다고 말했다. 이러한 잠재의식의 세계, 잠재의식 안의 무한한 지성은 예전에는 존재하지 않았던 새로운 지식을 선사한다고 말했다.

찰스 해널은 외부 세계는 내부 세계의 반영이라고 말했다. 외부에서 나타나는 건 내부에서 발견된 것이라고 했다.

얼 나이팅게일은 사람은 생각하는 대로 된다고 말했다.

밥 프록터는 정신세계 지향점을 주파수의 개념으로 설명했다.

이 주장들을 종합하면 이런 결론이 나온다.

보이지 않는 세계는 보이는 세계의 설계도다. 보이지 않는 세계는 보이는 세계를 낳는다.

보이지 않는 세계는 보이는 세계를 움직인다.

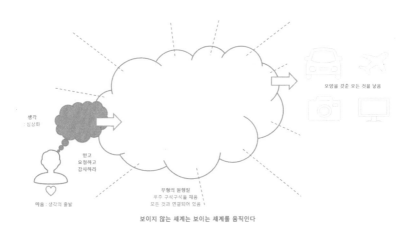

보이지 않는 세계는 보이는 세계를 움직인다

[그림 7-2. 보이지 않는 세계는 보이는 세계를 움직인다]

그리고 보이지 않는 세계는 마음에서 출발한다. 보이지 않는 세계는 마음속 생각을 명확하게 시각화한 심상을 통해 설계도를 만든다. 명확하게 정리된 생각은 무형의 원형질에게 요청하고, 감사하고, 믿음으로써 주문을 넣는다. 이 주문은 보이는 세계를 낳는다.

이 과정에서 무형의 원형질은, 우주 구석구석을 채우고 있으며, 모든 것과 연결되어 있기 때문에 이 주문을 실현하기 위한 모든 자원을 끌어당기게 된다. 끌어당겨진 자원들은 어떠한 원리에 따라 형상화를 거치면서 결국 모양을 갖춘 물질적 세계의 실체를 낳는다. 이러한 흐름을 통해 보이지 않는 세계는 보이는 세계를 움직인다.

3

부의 보이지 않는 영역에 도덕이나 지식은 직접적 도움을 주지 못한다. 가치중립적인 영역에 긍정의 가치를 심어라

부의 보이지 않는 영역에 도덕이나 지식은 직접적 도움을 주지 못한다

부의 보이지 않는 세계에서 도덕이나 지식이 직접적 도움이 되지 못하는 이유는, 도덕이나 지식은 부의 작동 원리에서 직접적인 투입요소가 되지 못하기 때문이다.

부의 작동 원리에서 직접적인 투입요소가 되는 것들은 돈으로 바꿀 수 있는 시장제공물 즉, 어떤 제품이나 서비스를 생산하기 위한 필요한 물질적 자원, 만들어 내는 기술 등이고, 그 자원과 기술을 획득하기 위해 투입하는 시간과 열정이다. 이것은 도덕과 상관이 없다. 도덕은 그 사람이 더 높은 신용을 쌓거나 더 효율적인 환경을 만드는 데 도움이 될 수 있는 정도이지 부를 산출하는 직접적인 원인으로 작용하지 못한다.

일반적인 지식도 마찬가지다. 돈을 버는 데 필요한 지식은 매우 협소하고 특수하며, 방대하지 않다. 오히려 지식(knowledge)보다는 기술

(skill)에 가깝다. 그래서 높은 학식이 돈을 버는 데 직접적인 원인으로 작용하기 어렵다.

도덕보다는 근성에 집중해야 한다. 지식보다는 특정 기술에 집중해야 한다.

통전적이고 거시적인 지식과 도덕성을 갖춘 것이 사업에 장애가 될 수는 없다. 단지 도덕과 지식만으로 돈을 벌리는 것은 아니라고 말하는 것이다. 도덕이나 지식은 부를 축적하는 데 장애로 작용하지 않는다. 다만 충분조건이 되지 못할 뿐이다. 그것은 다른 영역의 속성들일 뿐이다.

부를 축적하려면 부 축적에 필요한 능력을 갖추면 되는 것이다. 그래서 일반적으로 중요한 속성이라고 여겨지는 도덕과 지식이 부 축적에는 도움을 주지 못한다고 말하는 것이다.

육성해야 할 속성 중 돈을 버는 데 필요한 부분에 집중하면 된다.

보이지 않는 영역에서 작용하는 힘을 다루는 수단

보이지 않는 영역을 이끌고 가는 것은 이미지다. 이미지는 보이지 않는 영역을 이끌고 가는 이정표가 되고 깃발이 되고 목적지가 된다.

보이지 않는 영역에서 작동하는 힘은 맹목적이다. 가치중립적이다. 반사적이다. 그저 원리에 따라 작동할 뿐이다. 물이 위에서 아래로 흐르듯이. 보이지 않는 영역에서 작용하는 힘은, 눈이 먼 맹인과 같고 스스로 판단하지 못하는 어린아이와 같다. 그 힘은 그저 주어진 조건대로 흘러갈 뿐이다. 그러므로 보이지 않는 영역에서 작동하는 힘을 다룰 수 있으려면 작동원리를 다룰 수 있으면 된다.

보이지 않는 영역에서 작동하는 힘을 다루는 첫 번째 수단은 이미지다.

내 안에 살아서 움직일 이미지를 만들고 보여 주어야 한다. 그렇게 되면 보이지 않는 영역 속의 힘은, 내 안에서 작동하는 그 힘은, 주어진 이미지를 현실세계에 나타나도록 만들기 위해 자동적으로 작용하게 된다. 이것을 아는 많은 성공학자들, 성공자들은 의식적으로, 무의식적으로 자신이 만들어 낸 강력한 이미지를 구축하는 데 집중하려 했다.

보이지 않는 세계를 움직이는 힘을 다루는 두 번째 수단은 말이다.

말은 이미지와 마찬가지로 가치중립적인 보이지 않는 세계를 이끌고 가는 중요한 이정표다. 그래서 항상 긍정적인 말을 해야 한다. 같은 뜻이라 할지라도 표현에 유의해야 한다.

대학 때 의과대학에 다니던 한 친구가 말했다. "우리 엄마는 밥 먹고 나서 '아, 배불러 죽겠다'라고 하면 혼내서. '아, 맛있게 잘 먹었어' 아니면 '배불러 행복해'라고 말하든지 그게 정 안 되면 '아, 배불러 살겠네'라고 반대로 말하라고 하시지."라 했다.

부정적 언어는 부정적 결과를 불러들인다. 긍정적 언어는 긍정적 결과를 불러들인다. 죽겠다는 표현은 죽음을 연상시킨다. 맛있다는 표현은 맛있는 것을, 행복해라는 표현은 행복을 불러낸다. 언어 한두 마디가 즉각적인 결과를 가져오는 것은 아니다. 감정 계좌에 좋은 감정이 쌓여 있으면 나쁜 감정이 들어왔을 때, 좋은 감정이 차감되면서 감정의 총량을 좋은 쪽으로 유지해 주듯이, 언어의 계좌에 좋은 언어를 쌓아 두어야 한다. 그래야 부정적 말이 들어오더라도 삶의 에너지 총량에서 긍정의 방향을 유지할 수 있다.

보이지 않는 세계를 움직이는 힘을 다루는 세 번째 수단은 기분과 감

정이다.

이것은 인간관계에서 많이 분석되는 대상이다. 내가 친구나 배우자, 가족이나 동료들과 어울릴 때, 좋은 감정, 좋은 기분을 많이 느끼면 나쁜 일이 벌어질 때 나쁜 기분을 상쇄해 준다. 사업을 잘하는 사업가가 중시하는 태도 중 하나는 '항상 기분 좋은 상태를 유지한다'는 것이다.

평소의 감정은 항상 좋은 상태를 유지하도록 노력해야 한다. 인간관계에서도 늘 웃는 마음으로 기분 좋은 상태를 유지하려 노력해야 한다. 그래야 부정적 감정이 찾아오는 순간에 보호받을 수 있다.

네 번째 수단은 마음이다.

어른들은 흔히 마음을 잘 써야 한다고 충고한다.

무슨 말인가? 한 사람이 마음을 좋게 먹든 나쁘게 먹든 현실 세계에서 무슨 상관이 있단 말인가? 그게 표시라도 난단 말인가? 그래서 겉과 속이 다른 것을 아예 비즈니스 전략으로 삼는 사람들이 많다. 억지로 웃고, 억지로 좋다고 하며, 억지로 싸다고 하는 것이다. 훈련에 의해 친절해지고 예의를 갖추는 것과 속마음은 원망이 가득하고 상대를 저주하는 마음인데 겉으로만 친한 태도를 보이는 것과는 다르다.

전자는 최소한의 예의를 갖추는 태도이고, 후자는 마음을 잘못 쓰는 것이다. 차이는 상대를 겨냥한 미움의 마음을 먹었는가 여부다. 상대를 향해 박애적 사랑을 느끼지는 않더라도 최소한 의도적 미움을 만들어서는 안 된다. 상대방에 대해 합리적 미움을 갖지 않더라도 우발적인 상황 속에서 얼마든지 미움을 생성할 수 있다. 예를 들면 운전할 때 그렇다. 하지만 이것은 현명하지 못한 처신이다. 가급적 거의 모든 상황에서 다른 사람을 향한 미움을 만들지 않도록 노력해야 한다.

마음과 감정이 다른 것은, 감정은 한순간 느껴지는 스틸 사진과 같다면, 마음이란 원인과 결과, 과정이 깃들인 작은 체계와 같다. 마음은 일련의 흐름을 내포한다. 그러므로 감정보다 마음이 더 상위 개념이 된다. **그래서 진짜 '마음을 잘 써야 한다.'**

보이지 않는 세계를 움직이는 힘을 다루는 다섯 번째 수단은 신념과 습관이다.

신념과 습관은 상위 개념이다. 신념과 습관은 정신세계의 자동항법장치와 같다. 맥스웰 몰츠는 사이코 사이버네틱스라 불리는 정신세계의 자동항법장치를 만들어 우리의 무의식을 부와 성공의 길로 인도하라고 말한다. 그는 사이코 사이버네틱스를 만드는 방법을 제시한다. 그 방법의 요체는 반복을 통한 훈련이다. 먼저 정신세계의 틀을 부와 성공을 향하도록 개선한다. 그리고 그 틀이 개인의 정신세계에 뿌리를 내리도록 효과적인 방법으로 반복한다. 그러다 보면 머지않아 훌륭한 자동항법장치가 개인의 무의식에 형성된다는 것이다.

그 자동항법장치는 신념과 습관이다. 좋은 신념과 습관을 기르기 바란다. 부단히 훈련하고 반복하여 성능 좋은 사고의 틀을 만들어 내길 바란다. 무의식중에 하는 행동이 좋은 결과와 연결된 힘을 불러올 것이다.

보이지 않는 세계를 움직이는 힘				
이미지	말	기분과 감정	마음	신념과 습관

[표 7-1. 보이지 않는 세계를 움직이는 힘 다섯 가지]

보이지 않는 영역에서 부를 축적하는 힘을 얻으려면 강력한 이미지를 만들 줄 알아야 한다

보이지 않는 영역에서 작용하는 힘을 움직이는 대표적 수단은 이미지다. 그렇다면 이 이미지가 어떤 구조로 작용하는지 알아보자.

사람의 내면의 상상력을 이용하여 어떤 이미지를 만든다. 그리고 그 이미지를 생생하게 떠올린다. 떠올린 이미지는 사람의 잠재의식 속에 투영된다. 이미지를 투영받은 잠재의식은, 보이지 않는 영역에서 이 이미지를 현실화시키기 위해 작용한다. 사람의 행동과 결합한 잠재의식의 힘은, 마침내 그 이미지를 현실세계에 드러낸다.

보이는 세계와 보이지 않는 세계의 작용은 크게 6가지 단계로 나뉜다. **먼저 의식의 세계에서 목표를 정하고 그 목표가 지향하는 이미지를 만들어 낸다.**

강력한 이미지를 만들수록 그 효과는 커진다. 맥스웰 몰츠는 의식적인 결정과 상상력을 통한 목표 또는 대상과의 커뮤니케이션을 결합하여 자아 이미지를 극적으로 바꾸라고 했다. 그렇게 한다면 자기 통제 메커니즘에 대한 새로운 지침이 수립된다고 했다.

다음은 의식의 세계에서 만든 강력한 이미지를 무의식의 세계 즉, 보이지 않는 세계로 보낸다.

이것은 의식을 잠재의식에 깃들게 하는 활동이다. 밥 프록터는 오직 반복을 통해서만 그림에 담긴 생각을 잠재의식 속에 심을 수 있다고 했다. 찰스 해낼은 자기를 통제하는 법을 배운다면 외부 세계를 통제하는 내부 세계를 발견하게 될 것이라고 말했다. 연습이 바로 그 대답이며, 마음의 힘은 신체의 힘을 운동으로 만들어 내는 것처럼 정확히 같은 방식으로 길러낼 수 있다고 했다.

세 번째는 무의식의 세계, 보이지 않는 세계로 들어간 강력한 이미지가 잠재의식의 이정표가 되어 그 이미지가 인도하는 곳으로 보이지 않는 세계의 힘을 작동하게 하는 것이다.

조셉 머피는 잠재의식은 논쟁하지 않고 현재 의식의 명령을 그대로 받아들일 뿐이라고 말했다. 현재 의식은 잠재의식의 문지기 역할을 하며, 잠재의식은 현재 의식이 현실이라고 믿는 것을 받아들여 실현한다고 했다. 그러므로 우리는 좋은 이정표를 만들어 그것이 현실화됨을 믿어야 한다.

보이는 세계와 보이지 않는 세계의 작용

[그림 7-3. 보이는 세계와 보이지 않는 세계의 작용]

네 번째는 잠재의식이 일하는 단계다.

잠재의식은 주어진 이미지에 따라서 그 이미지가 현실화되도록 일한다. 그 결과 보이지 않는 세계의 힘은 그 목표가 달성되도록 작용한다. 찰스 해낼은 우주의 마음은 힘, 지혜, 지성의 근원이라고 했다. 그리고 마음에는 창조하는 힘이 있으며, 이 법칙의 근거가 되는 원리는 바르고 합법적이며 사물의 본질에 내재되어 있다고 했다. 또한 무한하고 전능한 우주의 마음은 무한한 자원을 지니며 그것을 원하는 대로 쓸 수 있다고 했다. 잠재의식과 우주의 마음은 본질적으로 같으며, 다른 것은 크기의 차이일 뿐이라고 했다. 따라서 잠재의식은 우주의 마음과 연결되어 무한한 힘, 지혜, 지성을 활용하여 창조하는 힘으로 원하는 것을 창조하게 됨을 알 수 있다.

다섯 번째는 잠재의식이 일한 결과가 보이는 세계에 드러나는 것이다.

잠재의식은 보이지 않는 세계에서 이루어낸 일의 결과를 보이는 세계로 보낸다. 조셉 머피는 내 말은 살이 되고 나의 세상에서 형태를 갖추어 나타난다고 말했다.

여섯 번째는 보이는 세계에서 이루어진 결과를 목표 달성의 성과로 받아들이는 것이다.

의식적 활동으로 그려낸 강력한 이미지를 진짜 실체가 있는 결과로 받아낸다. 얼 나이팅게일은 사람은 생각하는 대로 된다고 말했다. 맥스웰 몰츠는 성공과 행복은 정신적 습관의 결과라고 말했다. 찰스 해낼은 '우리는 먼저 우리의 욕망이 성취되었다고 믿어야 한다. 그래야 성취가 뒤따른다.'고 말했다.

이렇게 의식의 세계에서 만들어 낸 강력한 이미지는 외부 세계에서 출발하여 내부 세계 즉, 보이지 않는 세계로 들어가 잠재의식이 거대한 힘으로 움직여야 할 목표와 지침이 된다.

그 지침을 받아 일하면 강력한 이미지는 실체를 입고 보이는 세계로 드러난다.

마침내 의식이 만들어 낸 강력한 이미지는 현실 세계에서 실체가 되어 주인에게 돌아오고, 이미지를 만들어 낸 주인의 목표는 달성된다.

이것이 보이는 세계와 보이지 않는 세계가 움직이는 과정이다.

보이지 않는 영역은 가치중립적이다
그러므로 긍정의 가치를 심어야 한다

보이지 않는 영역, 잠재의식의 영역, 내부 세계는 가치중립적이다. 그곳은 암실과 같다. 백지와 같다.

보이는 영역에서, 의식의 영역에서, 외부 세계에서
보이지 않는 영역에 긍정의 가치를 심어야 한다.

그렇지 않다면 아무 가치나 심겨 어지러운 심상으로 남게 될 것이다.

당신에게는 넓은 면적의 땅이 주어졌다. 비밀의 화원이다. 그곳은 당신만 출입할 수 있는 곳이다. 당신은 그곳에 어떤 씨앗이든 심을 수 있다. 사과나 복숭아 같은 과실수를 심을 수도 있고, 꽃이나 관상수 같은 정원용 식물을 심을 수도 있다. 반대로 가시덩쿨이나 잡초를 심을 수도 있다. 심지어 쓰레기를 버릴 수도 있다. 기름 찌꺼기나 화학물질 같은 토양을 직접 오염시키는 물질을 버릴 수도 있다. 다른 식물이 자라지 못하도록 덩치 큰 사물들을 쌓아 둘 수도 있다. 그곳은 다른 사람이 출입하지 못하므로 그곳에서 벌어지는 결과는 오직 당신 책임이다. 어지럽고 보기 싫고 냄새가 나고 대지의 흙이 진흙탕과 같다면 그것은 당신이 그동안 쓰레기와 폐기물을 계속해서 버린 탓이다. 잘 정돈되고 보기 좋고 향긋한 냄새가 나며 대지는 생명의 양식들을 많이 배출한다면 그것은 당신이 잘 가꾼 덕이다.

지금 펼쳐진 아름다운 정원, 당신만의 비밀의 화원은 오직 당신이 지금껏 노력한 결과다.

보이지 않는 영역은 비밀의 화원과 같아서 당신이 의식의 세계에서 긍정의 가치를 만들어 보내면 차곡차곡 쌓여 결실을 맺는다.

긍정의 가치를 만들어 보내는 방법은 좋은 생각과 이미지를 떠올리기, 좋은 말하기, 좋은 감정을 느끼기, 좋은 마음 품기, 좋은 습관과 신념 쌓기다.

당신이 부를 쌓고자 한다면 부를 쌓는 데 도움이 되는 생각, 이미지, 말, 감정, 마음, 습관과 신념을 만들고 잠재의식의 세계로 보내면 된다. 더 빠른 효과를 얻고 싶다면 더 효율적이고 직접적인 생각, 이미지, 말, 감정, 마음, 습관과 신념을 만들어서 보내야 한다.

4

끌어당김의 법칙과 확언

기본 중의 기본, 끌어당김의 법칙

이 책의 독자들이라면 론다 번의 《시크릿》에서 소개된 끌어당김의 법칙(The Law of Attraction)을 모르는 분들이 없을 것이다.

내가 처음 끌어당김의 법칙을 접했을 때, 생각보다 많은 범위에서 이 법칙을 당연하게 언급해서 약간 당황한 적이 있다. 왜냐하면 이 법칙을 모른다면 부로 가는 길에 들어서지 못할 거 같은 인상을 받았기 때문이다.

하지만 나는 이제 이렇게 말할 수 있다. **끌어당김의 법칙을 몰라도 된다.** 이 법칙을 몰라도 당신이 부로 가는 길을 방해받지 않을 뿐만 아니라 도달할 수 없다는 선입견을 버려도 된다고 말하고 싶다.

그러나 어찌 우리가 끌어당김의 법칙을 모르고 넘어가겠는가! 몰라도 된다는 말은 정신 훈련이 잘되어 있다면 굳이 그 힘에 이름 붙이지 않아도 충분히 작용하게 할 수 있다는 의미다.

우리는 끌어당김의 법칙을 배워야 한다.

끌어당김의 법칙

끌어당김의 법칙이란 무엇인가? 선배들의 이야기를 들어보자.

당신이 하는 모든 생각은 실체이며, 끌어당기는 힘이다(프렌티스 멀포드).

생각은 무형의 실체에서 유형의 재화를 산출할 수 있는 유일한 힘이다(월리스 와틀스).

온 우주가 의지하는 가장 위대하고 정확한 법칙이다(찰스 해낼).

당신이 가장 많이 생각하는 것을 끌어당긴다(존 아사라프).

마음으로 본다면 손으로 쥐게 될 것이다(밥 프록터).

당신이 원하는 것을 생각하고 온 힘을 다해 거기 집중하면, 끌어당김의 법칙은 바로 그것을 확실하게 당신에게 돌려보낸다(리사 니콜스).

당신이 마음속으로 가장 많이 생각하는 것이 당신에게로 끌려간다(마이클 버나드).

《시크릿》의 저자 론다 번은 이렇게 요약한다.

'인생의 커다란 비밀은 바로 끌어당김의 법칙이다.'

그렇다. 끌어당김의 법칙은 무언가를 끌어당기는 힘이 있다는 것이다. 그리고 우리는 누구나 그 끌어당기는 힘을 작동시킬 수 있다는 것이다.

대학 시절, 바쁜 와중에 정기적으로 하던 봉사활동이 있었다. 일주일에 한 번 모이는 그 모임 시간에 몇 번 연거푸 늦었다. 그 모임의 간사가 말했다. "자꾸 늦는 것은 마음이 없어서 그런 거야." 나는 그 말이 서운했다. 허둥지둥 달려온 것은 나인데, 그렇게 함부로 말하다니.

나중에 진실을 깨닫고 나서 나는 그 말을 인정할 수밖에 없었다. 그 시기는 그 모임에 조금 싫증을 내기 시작한 때였던 거다. 마음이 진정 원했다면 그 모임 시작 전에 도착해서 사람들이 빨리 모이기를 기다리고 있었을 것이다.

우리는 우리가 원하는 것을 끌어당긴다. 그리고 우리는 우리가 원하는 것을 끌어당길 수 있다. 그것은 마음의 작용이고 보이지 않는 세계의 힘이다. 끌어당김의 법칙은 부의 보이지 않는 세계에서 작용하는 가장 근원적인 힘 중 하나다.

우리는 끌어당김의 법칙을 배워야 하고 또 실천할 줄 알아야 한다. **우리는 우리가 원하는 것을 끌어당겨야 한다.**

끌어당김의 법칙의 메커니즘

끌어당김의 법칙에서 작용하는 메커니즘을 이해하기 위해 윌리스 와틀스의 설명을 들어보자.

우리는 생각할 때, 빛이나 열기나 소리, 전기의 진동만큼이나

실제적인 고도의 진동을 시작한다.

생각의 파동은 우리 자신과 타인들에게 영향을 미칠 뿐만 아니라, 모종의 끌어당기는 힘을 가지고 있다. 다시 말해서 우리가 발산하는 생각의 파동은 우리 마음에서 일어나는 가장 중요한 생각의 특성과 일치하는 타인의 생각과 사물, 조건, 사람들, 행운 등을 우리 쪽으로 끌어당긴다는 것이다.

결과적으로 같은 생각을 가진 사람끼리 만나게 되는 이른바 유유상종 현상이 나타나는 것이다. 사랑으로 충만한 사람은 남녀를 불문하고 사방에서 사랑을 목격하고, 다른 사람들의 사랑을 끌어당긴다.

월리스 와틀스는 생각은 끌어당기는 힘을 가진 존재임을 소개한다. 이어서 어떻게 하면 그 힘을 발현시킬 수 있는지 단계적으로 알려준다.

그는 힘을 일으키고 성장하는 과정을 다섯 단계로 설명했다.

첫째는 성공의 원인은 오로지 그 사람이 내면에 있음을 인지하는 것이다.

그렇다면 무엇이 성공의 원인이 되는지 알아야 한다고 했다. 성공의 원인이 어떻게 적용되어야 하는지도 알아야 한다고 했다. 그 방법은, 특별한 능력의 개발이라고 했다. 가장 잘할 수 있는 능력을 개발해야 한다고 말한다.

둘째는 균형과 믿음이라고 했다.

이것은 자신이 어떤 일을 할 수 있다는 강한 자각이라 설명한다. 정신 훈련을 통해 꾸준하게 자신에게 암시해야 한다고 했다. "나는 성공할 수 있다. 남들도 다 하는데 내가 왜 못 하겠는가! 나도 성공한다. 반드시 성공한다. 그건 내가 성공의 힘으로 가득 차 있기 때문이다." 한 달 동안 끈질기게 스스로에게 말하기를 권했다.

셋째는 지금 가지고 있는 것을 건설적으로 활용하라는 조언이다.

그 말은 현재 주어진 일을 완벽하게 처리하는 것이라고 했다. 그렇게 한다면 더 큰 일들이 주어지고 더 큰 것들을 차지할 수 있다고 했다. 아울러 성취하고자 하는 것에 대한 명확한 개념을 잡으라고 말한다. 이것은 현재에 살되, 미래를 위해 살라는 것이라고 설명한다.

넷째는 오늘 가질 수 있는 최선의 것을 가지라고 말한다.

그 이상을 바라지 말고 단지 최선의 것을 잡으면 된다고 했다. 당당함을 잃지 말고 진보하라고 요구한다. 또한 모든 사람을 정성껏 대해서 합심하고 협력하도록 유도해야 한다고 했다. 자기 자신과 타인을 존중하라고 한다. 이러지 못하는 것은 진보를 방해하게 된다고 알려준다.

마지막 다섯째는 자신이 원하는 것을 이미지화하여 마음속에 선명하게 담아두라는 것이다.

공연히 현재를 미래의 환경이 있는 것처럼 행동하지는 말고, 단지 원하는 것은 분명하게 있음을 아는 것으로 충분하다고 했다. 모든 일을 완벽하게 실행하고, 마음을 당당하게 가지라고 말한다.

월리스 와틀스는 그저 현재에 최선을 다하라는 요령을 제시하면서 생각이 발현하는 끌어당김의 법칙을 설명했다.

요약하면 이런 말이다.

성공은 당신 안에 있다. 능력을 개발하라.
자기 확신을 가져라.

현재 조건을 최대한 활용하라. 주어진 일을 완벽하게 처리하라.

모든 사람을 성심으로 대하며 협력하고 진보하라.

원하는 이미지를 선명하게 담아라.

더 요약해 보자, 이런 전개가 펼쳐진다.

1단계	2단계	3단계	4단계	5단계
성공개념 + 재능개발	자기 확신	자원 활용 + 완벽한 업무처리	타인존중과 협력 + 진보	선명한 비전

[표 7-2. 윌리스 와틀스의 끌어당김의 법칙을 구현하는 방법]

이것은 끌어당김의 법칙을 현실 세계에 적용하는 방법론이다.

끌어당김의 법칙을 보완하는 것

존 아사라프는 끌어당김의 법칙은 행동의 법칙으로 보완되어야 한다고 강조한다.

보통 사람들은 끌어당김의 법칙을 실천 즉, 생각하기만 하면 되는 것으로 알지만, 행동하지 않으면 안 된다고 말한다. 이것은 기도하면서 동시에 발을 부지런히 놀리라는 탈무드의 격언과 같다고 했다.

윌리스 와틀스는 생각이 가져오면 행동이 받아야 한다고 했다.

조셉 머피는 잠재의식이 주는 선물을 받은 후에는 자신을 위해 행동해야 한다고 했다.

밥 프록터는 마음이 바라는 만큼 몸이 움직인다고 했다.

끌어당김의 법칙을 보완하는 것은 행동의 법칙이다.

우리는 행동해야 한다. 행동은 결과를 낳는다.

행동의 출발은 생각이며, 마음속에 품은 목표이고 심상이다. 생각나면 즉시 행동하는 습관을 길러야 한다.

내가 만나는 많은 사람은 이렇게 행동한다.

아, 누군가에 연락할 일이 생겼다. 그러면 즉시 전화기를 들고 전화한다. 길을 걷다가, 밥을 먹다가, 운전하다가, 대화하다가, 책상에 앉아 집무하다가, 누군가로부터 보고받거나 어떤 설명을 듣다가도 즉시 전화한다. 메모하고 적당한 시간이 될 때까지 기다렸다가 연락하면 좋겠지만, 그런 경우 할 일을 잊어버리게 된다. 그리고 나면 때를 놓쳤음을 알게 된다. 이 경험이 반복된 사람들은, 어떤 해야 할 일이 생각나면 즉시 어떤 조치를 하게 되는 것이다.

그들은 의식적으로 혹은 무의식적으로 알고 있다. 생각은 행동으로 옮겨져야 한다는 것을. 바로 그것이다!

생각나면 행동하라.

확언

말에는 힘이 있다. 특히 자신에게 하는 말에는 더 힘이 있다.

부동산 영업 현장에서 훈련받을 때의 일이다.

당시는 부동산 불황이어서 누구도 부동산 매매계약을 하려 하지 않았다.

한 영업부 부장님이 계약하려면 이렇게 해야 한다고 가르쳤다.

"아침에 일어나서 넥타이를 매잖아. 그때 거울을 보면서 말하는 거야. 야이~! 오늘은 내가 꼭 계약하고 만다!"

그 말을 들으며 이게 뭔가 싶었다.

그런데 그 말이 맞았다. 계약하고 싶다면 거울을 보며 자신에게 말해야 한다.

"야이~, 오늘은 꼭 계약하고 만다!"

이런 게 확언이다.

확언이란 (가급적) 좋은 말을 스스로 하기 위해 미리 정해둔 좋은 시나리오를 실행하는 것이다. 성공자의 루틴이다. 좋은 것, 효율적인 방법을 미리 정해서 시간을 아끼고 삶에 자동적인 진보를 주는 습관을 기르는 것이다. 주로 아침에 일어나서 자신에게 말한다.

오늘 나는 마음먹은 모든 일을 한다.

오늘 나에게 좋은 일이 일어난다.

나는 오늘 최선을 다해 살며, 세상의 모든 것은 나를 돕는다.

오늘에 대해 말했다면 다음은 미래에 대해 말하는 것이다.

나는 앞으로 5년 안에 부자가 된다. 나는 그 목표를 이루기 위해서 지금 나에게 주어진 일을 잘해 낸다.

나는 1년 안에 현재 지위를 뛰어넘을 것이다. 이것을 실행하기 위한 모든 자원은 나에게 온다. 필요한 지혜, 용기, 담력과 배짱 뿐 아니라 도와주는 사람, 뒷받침해 줄 돈, 필요한 기술, 사업적인 기회 등 주변의 모든 것이 내가 설정한 목표를 달성하기 위해 모여든다. 나는 그 모든 것을 감사히 받을 것이고 최선을 다해 활용할 것이다. 나는 마침내 그 목표를 이룬다.

지금 내 기분은 그것을 이루었다는 마음이 든다. 이것이 미래를 바라보는 나의 믿음이다. 나는 기쁘고 감사하다.

또한 자신에 대해 긍정과 격려의 말을 한다.

나는 긍정적인 사람이다. 나는 운이 좋은 사람이다. 나는 아름다운 사람이다. 나는 사람들에게 힘을 주는 사람이다. 나는 지혜와 유머가 넘치는 사람이다. 나는 여간한 일에는 충격을 받거나 좌절하지 않는 사람이다. 나는 모든 일에 대해 금방 회복하는 탄력성을 가지고 있다. 나는 지식을 추구하고 항상 배운다. 나는 즉시 행동하는 사람이다. 나는 결심을 잘한다. 나는 결정하는 사람이다. 결정된 것은 흔들림 없이 실행하는 사람이다. 나는 신용의 사람이다. 나는 약속을 잘 지킨다. 나는 간혹 실수할 때도 있지만 금방 만회한다. 나는 잘못된 일에 대해 사과도 잘하고 보완하려고 행동하는 사람이다. 나는 사람들의 칭찬과 격려를 받는 사람이다. 나는 사람들의 사랑을 받는 사람이다. 나는 다른 사람들에게 칭찬과 격려를 잘하는 사람이다. 나는 다른 사람들을 사랑하고 포용하는 사람이다. 나와 함께, 많은 사람은 조화를 이룬다. 나를 중심으로 평화가 이루어진다. 나는 사람들의 관계를 좋게 하는 사람이다. 그러므로 나는 다른 사람들의 진심 어린 축복을 받는다. 나 또한 그들을 축복한다.

소개된 많은 확언이 있다. 그 내용들을 찾아서 읽어 보길 권한다.

그리고 그 확언을 연습하면서, 자신에게 맞는 확언을 개발하라. 자주 바뀌어도 된다. 중요한 것은 내가 나의 잠재의식에게 그것을 잘 투영시킬 수 있는가다.

100번 쓰기를 해도 좋고, 1000번 말하기를 해도 좋다. 21일 연습도 좋고, 100일, 심지어 1000일 연습도 좋다. 도움이 되는 것은 무엇이든 하라. 나쁠 것이 무엇인가. 나에게 맞는 방법을 찾을 수 있다면 좋다. 침실에, 욕실에, 옷장에, 사무실 책상에, 운전대에, 지갑에, 자주 쓰는 노트에, 가방 어딘가에 그 확언들을 붙여 놓고 자주 들여다보라. (나는 옷장 안쪽 벽에, 욕실 수납장 안쪽 벽에, 컴퓨터 옆면에, 그리고 현관문 한쪽 구석에 나의 확언을 붙여 두었다. 그리고 매년 바꾸는 작은 다이어리 첫 장에 슬로건과 목표를 써서 붙인다.)

그리고 읽어라. 소리를 내어 중얼거려라.

당신 자신에게 거는 마법의 주문이 될 것이다.

그리고 그 주문은, 그 기도는 응답받을 것이다.

5

잠재의식을 다스려라

어린 시절 형성된 정서와 자세를 바로잡는 방법

정서적으로 강한 사람은 어린 시절, 특히 3세 이하 유아 시절을 잘 보낸 사람이다. 개인적 특성상 기질이 활달할 수도 있고 차분할 수도 있지만 더 근원적인 어딘가에서 차분함과 단단함이 느껴진다. 정서의 뿌리가 강한 사람이다.

자세가 바른 사람은, 어린 시절, 사춘기가 오기 전 교육을 잘 받은 사람이다. 다른 사람을 배려할 줄 알고 몸에 밴 예의범절이 있다. 주변에 본이 되는 사람이 있었다거나 잘 가르치는 누군가가 있었던 덕이다. 가정교육의 힘이 크다.

사고가 바른 사람은, 성인이 되기 전, 교육을 잘 받은 사람이다. 가치관이 건전하다. 좋은 공교육을 받았을 가능성이 높다. 학교와 단체에서 규율에 대한 훈련을 거쳤다. 체계가 있고 합리성과 논리, 수용성이 있다.

뒤늦게 성장하는 사람이 있다. 불우한 환경 탓에, 예기치 못한 사고나 잘못된 선입견 탓에 정서, 자세, 사고에 대한 교육과 훈련이 되지 않은 상태로 성인이 된 사람들이다. 그러나 그들은 조금 늦었지만, 자신의 인생이 잘못되었음을 깨달았다. 그리고 그 잘못을 바로잡겠다고 결심했다. 그래서 노력했다. 부단한 노력 끝에 꽤 괜찮은 사람으로 발전했다.

어린 시절부터 좋은 환경, 좋은 교육, 좋은 지지를 얻는 것은 매우 중요하다. 필요하다. 그러나 그렇지 못하다 해서 잘못되지 않는다. 지금이라도 깨달았다면 바로잡으면 되는 것이다. 찰스 해낼은 바로잡는 방법을 이렇게 설명했다.

잠재의식은 논쟁하듯 바꿀 수는 없다. 따라서 잘못된 인상을 받아들인다면 **그것을 극복하는 확실한 방법은 반대되는 인상을 자주 강력하게 받아들여 새롭고 건강한 생각과 삶의 습관을 형성하는 것이다.** 반복해서 하면 어느 순간 저절로 된다.

그렇다. 바로잡는 방법은, 바람직한 무언가를 강력하게 받아들여 습관을 형성하는 것이다. 반복하는 것이다. 이것은 컵에 담긴 흙탕물을 깨끗한 물로 바꾸기 위해 맑은 물을 흠뻑 쏟아붓는 이치와 같다. 맑은 물은 결국 흙탕물을 밀어낸다.

유아 시절에, 어린 시절에, 소년 시절에 형성하지 못한 정서, 자세, 가치관이 있다면 이제부터 채워 나가면 된다. 정서가 문제라면 좋은 정서를 흠뻑 쏟아붓자. 자세가 문제라면 좋은 자세를 흠뻑 쏟아붓자. 가치관이 문제라면 좋은 가치관을 흠뻑 쏟아붓자.

부족한 것이 있다면 필요한 것을 흠뻑 쏟아붓자. 반복해서.

좋은 것들로 대체될 때까지.

뿌리 생각 만들기

뿌리 생각을 만들어야 한다.

이것은 사람의 의식을 무의식적으로 통제하는 수단이 된다. 여기서 통제란 무엇을 하거나 못하게 하는 것이고 어떤 곳으로 이끌고 가거나 어떤 곳으로 가지 못하게 하는 것을 말한다.

뿌리 생각은 이런저런 지식이나 기억, 성향이나 기호를 뛰어넘어 그 바닥에 자리를 잡은 생각이다. 이것은 체계일 수도 있고 단순한 감정의 집합일 수도 있다. 뿌리 생각은 개인에게 있어서 국가나 단체를 이끌고 가는 신조나 이데올로기와 같은 존재가 된다. 역사적으로 오래 유지된 국가 체제를 보면, 정신적인 틀을 잡아주는 통치 철학이 확고했음을 알 수 있다. 로마, 그리스가 그랬으며, 중세를 이끌었던 종교가 그랬고 르네상스 이후 철학 사조가 그러했다. 각 국가나 어떤 정권, 정파는 그들이 지향하는 철학이 있다. 그 철학이 체계적이고 탄탄할수록 함께 소속된 사람들의 응집력이 강해지고 개인을 뛰어넘어 집단 차원의 지속성이 좋아진다.

철학의 요건은, 일정한 논리와 합리성을 가져야 하며, 공감하는 가치와 이야기를 표방함으로써 자신의 고유한 특성을 가져야 한다. 개인의 뿌리 생각도 마찬가지다. 자신이 좋아하는 가치 몇을 꺼내서 우선순위를 부여하고 그 가치들을 추구하기로 마음먹어야 한다. 세상을 바라보는 관점도 규정해야 한다. 그리고 장기적으로 도달하고자 하는 목표를 정한다. 여기에 이 틀에 맞는 성공담 혹은 실패담이 있다면 입체적인 철학 체계가 만들어진다. 소위 신화다.

이집트의 통치철학은 오시리스 신화에서 출발한다. 신들의 아들이자 이집트의 통치자인 오시리스는 백성들에게 인기가 많았다. 그의 인기와 지위를 질투한 동생 세트는 그를 죽이고 시체를 12개로 나누어 동서남북으로 흩어 부활하지 못하도록 조치했다. 오시리스의 아내 이시스는 흩어진 남편의 시체를 모아 남편을 부활시켰다. 부활한 남편과의 사이에 아들 호루스를 낳았다. 호루스는 성장하여 아버지의 원수 세트와 전쟁을 벌여 이긴다. 이 이야기는 선악의 대결구도를 보여 주며 이집트와 서양철학의 근간을 이루는 사상적 틀을 제공했다.

어느 민족, 국가, 지역이나 공동체, 개인에게도 이러한 서사가 있게 마련이다.

이와 같은 사고의 체계가 개인의 잠재의식에 깊게 뿌리내리게 해야 한다. 반복적인 암시를 통해서, 어떤 경험과 교육의 반복을 통해서 강화한다. 철학 체계가 탄탄할수록, 보편적인 지지를 얻을수록 이 철학은 견고하게 형상을 갖춘다.

뿌리 생각은 근원적인 생각을 의미하기 때문에 자신에게 가장 솔직하고 정직한 마음으로 형성해야 한다. 몸통이 될 공간을 점유해야 한다.

이미 자리를 잡은 다른 뿌리를 걷어내야 한다. 좋은 뿌리로 바꾸어야 한다. 체질을 바꾸어야 한다. 잘못된 선입견, 어린 시절부터 쌓아 온 부정적 기억들이나 오해에서 비롯된 삐뚤어진 가치관, 운이 좋지 않다고 생각하는 자아상, 미신과도 같은 징크스들, 시기와 질투심, 갑자기 솟아오르는 격한 감정, 미움과 같은 파괴적인 감정들, 잘못된 언어 습관, 불규칙하고 무절제한 식습관과 나태한 생활 태도, 나는 할 수 없다는 좌절감, 자기 능력에 대한 불신과 근원적 한계 의식과 같은 것들이다. 이런 것들은 제거하고 교정해야 한다.

좋은 글을 읽자. 자기에게 좋은 말을 하자. 할 수 있다고 말하자. 좋은 장면을 찾아서 보고 웃는 사람들과 어울리자. 건전하고 발전적인 사람들에게서 듣자. 그들을, 그들의 삶의 모습을 마음속에 담자. 주변 사람들에게 좋은 표정을 짓고 좋은 말을 건네자. 자기 기분을 좋게 만들자. 자기에게 인사를 건네고 잘될 거라 말하자. 명상하자. 기도하자. 자기에게 글을 쓰자. 무언가 좋은 것을 찾아 따라서 생각하고 말하고 행동하자. 그렇게 뿌리 생각을 심고 키우고 가꾸자. 긍정적 경험과 그 경험에서 비롯된 좋은 감정을 반복하여 느낌으로써 그 뿌리를 강화하자. 정성을 들인다면 당신의 잠재의식 속에 든든히 뿌리를 내릴 것이다.

나무가 있다. 나무가 좋은 나무인지는 열매를 보고 안다. 그 잎과 줄기를 보고 안다. 뿌리를 볼 수는 없다. 나무를 좋게 만들기 위해 우리는 열매에 거름을 주지 않는다. 나무에 거름을 주고 물을 뿌리면 그 영양분은 뿌리가 흡수하는 것이다. 주는 행위는 땅 위에서 주지만 받아들이는 행위는 땅 아래에서 이루어진다. 그래서 우리는 나무가 영양분을 잘 받아들이는지 눈으로 볼 수는 없다. 그 방법이 적정했는지 아는 길은 거름과 물을 준 뒤 잎과 열매가 잘 달리는지 확인하는 것이다. 부족했다면 더 주고, 과했다면 덜 주면서 뿌리가 잘 흡수하는 방법을 찾아간다.

뿌리 생각을 만드는 방법도 똑같다. 우리는 의식적인 영역, 보이는 영역에서 뿌리 생각을 만들기 위한 행동을 한다. 그러다 보면 알게 된다.

자기 생활 속에서 무의식중 드러나는 말, 행동, 생각, 느낌 등과 자기 업무와 일에서 나타나는 성과를 보면서 뿌리 생각이 올바르게 형성되고 있는지 짐작할 수 있다. 어딘가로 치우쳤다면 그쪽은 줄이고 다른 쪽, 반대쪽을 강화하려 노력한다. 그렇게 얼라인먼트를 맞춰 간다. 이것이, 인생의 주인인 당신이 커다란 배인 당신의 삶을 운행해 나가는 방식이다. 이것이, 당신이 당신 인생이라는 배의 방향타를 움직여 가는 방식이다.

6

웰쓰 엔지니어링
보이지 않는 영역 전략

웰쓰 엔지니어링 보이지 않는 영역 전략

2006년 늦가을 어느 아침 나는 벌떡 일어나 침상에 멍하게 앉아 있었다. 갑자기 내가 죽을 수도 있겠다는 생각이 들었다. 아무런 징후도 없는 그저 번득이는 직관일 뿐이었다. 그때 나는 인생에 진지한 목표가 필요하다 생각하게 되었다. 사실 나는 그 몇 년 전부터 매년 목표를 기록하고 있었다. 그러나 지금과 똑같은 형태의 목표기록은 그때부터였다. 내가 처음 인생 목표를 써본 것은 10대 후반 아버지가 인생 계획서를 써 보라고 하실 때였다. 그리고 20대 후반 군대 제대 후 인생 계획서를 두 번째로 썼다. 나는 2006년 그날 이후 매년 12월에 다음 해의 목표를 종이에 쓰고 1월 1일부터는 실행한다는 마음을 먹었다.

과거에 기록한 목표와 실제 벌어진 결과를 돌이켜 보면 이런 생각이 든다. 어떤 목표들은 잠깐 등장했다가 사라진다. 뿌리가 얕은 것들이다. 어떤 것들은 정확히 이루어졌다. 마음과 실행이 일치했었다. 뿌리가 잘 내린 것들이다. 지나치게 거창하고 추상적인 목표들은 차분하게 다듬어졌다. 당면한 문제들, 극복하기 위한 목표들은 많이 조정됐다. 어떤 것은 존재도 없어졌으며, 어떤 것은 실제로 이룬 것보다 훨씬 낮았음을 알게됐다. 뿌리가 자리를 잡아가는 과정이었다. 뿌리 생각을 가꿔가는 데 어떤 거름이 효과가 있고 어떤 것이 그렇지 않은지 확인해 가는 과정이었다.

이제 우리는 이 방법들을 참고하여 우리의 전략을 개발해야 한다.

보이지 않는 영역 전략	3단계	매년 점검하기, 교정하기
	2단계	해야 할 일 10가지
	1단계	뿌리 생각과 자아 이미지 만들기
전략의 핵심 과제		뿌리 생각 + 자아 이미지

[표 7-3. 웰쓰 엔지니어링 보이지 않는 영역 전략]

전략의 핵심 과제는 두 가지다. 하나는 뿌리 생각을 만드는 것이다. 그리고 다른 하나는 자아 이미지를 만드는 것이다.

그리고 한 가지가 더 필요하다. 이 뿌리 생각과 자아 이미지가 현실 세계에서 작동하도록 돕는 것이다.

실행계획을 세워 보자. 3단계로 구분한다.

1단계, 지금 당장 뿌리 생각과 자아 이미지를 수립하라.

구체적인 내용을 기록하라. 기록할 내용은 이렇다.

당신이 최고로 추구할 가치는 무엇인가? 하나를 꼽아라. 다섯 개를 꼽아라. 열 개를 우선순위에 맞게 꼽아라. 그리고 그 이유를 자기에게 설명하라.

당신이 도달하려는 자아상은 무엇인가? 하나의 그림으로 그려 보라. 성공한 사람의 사진을 가져다가 당신의 얼굴을 그 위에 붙여라. 그 사람이 가진 특징과 상황은 무엇인가? 무슨 일을 하는 사람인가? 사회적 지위는 무엇인가? 얼마의 부를 소유하고 있는가? 어떤 방법으로 소득을 올렸는가? 성향과 기호는 무엇인가? 그 사람의 하루는, 그 사람의 일주일의 모습은 어떠한가? 그 내용을 자기에게 설명하라.

2단계, 뿌리 생각과 자아 이미지를 심고 가꾸고 유지하기 위해 당신이 할 일은 무엇인가? 해야 할 일을 각각 10가지씩 기록하라.

그리고 우선순위에 맞게 배열하라. 배열된 일들을 언제 어떻게 실행할 것인지 그 일 옆에 기록하라. 그리고 실천하라.

3단계, 위 두 가지를 매년 점검하라.

당신이 세운 뿌리 생각과 자아 이미지는 매일 떠올리고, 적어둔 기록을 매일 읽고, 자신에게 그 내용을 말하며, 꿈에서도 나올 정도로 암시를 걸어야 한다. 당신이 움직이는 모든 공간 어딘가에 붙여두거나 연상할 수 있는 흔적을 남겨야 한다. 그러나 그 뿌리 생각과 자아 이미지는 바뀔 수 있다. 변화가 생길 때는 정확하게 변경하라. 일 년에 여러 번 바꿀 수도 있고, 몇 년간 전혀 바꾸지 않을 수도 있다. 일 년에 한 번씩 점검을 통해 당신의 발전 과정을 추적하고 관리해야 한다.

100일 실천하고 1년에 한 번씩 점검해 보자.

뿌리 생각과 자아 이미지를 수립하라.

그것을 실현하기 위한 실행 과제를 도출하라.

1년에 한 번씩 그 내용을 점검하라.

이것이 웰쓰 엔지니어링 보이지 않는 영역 전략이다.

부의 보이지 않는 영역 SUMMARY

1. 부를 바라보는 관점

   부는 풍요의 다른 얼굴이다. 풍요는 인간 본성의 방향과 일치한다.

   우리는 부를 숭배하지 않는다. 우리는 부를 다룬다.

2. 보이지 않는 세계의 이해

   보이지 않는 세계가 보이는 세계를 움직인다.

3. 부의 보이지 않는 영역에 도덕이나 지식은 직접적 도움을 주지 못한다. 가치중립
   적인 영역에 긍정의 가치를 심어라

   긍정의 가치를 심어야 한다. 근성과 기술을 익혀야 한다.

   움직이는 힘은 이미지, 말, 기분과 감정, 마음, 신념과 습관이다.

4. 끌어당김의 법칙과 확언

   행동의 법칙은 끌어당김의 법칙을 보완한다.

   말에는 힘이 있다. 미래의 모습을 말하라. 성공의 주문을 외워라.

5. 잠재의식을 다스려라

   부족한 것이 있다면 필요한 것을 흠뻑 쏟아 부어라.

   뿌리 생각을 만들어야 한다. 보이는 세계에서 의식의 뿌리에게 필요한 양분을 공
   급한다.

6. 웰쓰 엔지니어링 보이지 않는 영역 전략

   핵심 과제는 뿌리 생각과 자아 이미지를 만드는 것이다.

   달성하기 위해 할 일 10가지를 적는다. 매년 교정한다. 반복한다.

   100일 실천하고 1년에 한 번씩 점검하라.

제8장

부의 보이는 영역

부의 과정들, 어떻게 다룰 것인가

하늘이 큰 임무를 내리려 하실 적에 반드시 먼저 그 심지를 괴롭히며, …
그렇게 함으로써 마음을 분발시키고 성질을 참게 하여
그 능하지 못한 부분을 증익시키기 위한 것이다.

_맹자, 《고자장구하》 제15장 중에서

역경과 회복탄력성

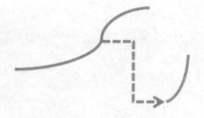

1
부의 보이는 영역

필수확인점

　필수확인점이라는 용어가 있다.

　이것은 건축물을 해체할 때 반드시 감독자가 입회해서 점검해야 하는 지점을 말한다. 도심지 해체공사가 늘어나면서 다중에게 영향을 줄 수 있는 해체공사 과정을 안전하게 관리하기 위함이다. 필수확인점은 주요 구조부를 해체할 때 등이다.

　웰쓰 엔지니어링에서도 필수확인점이 필요하다. 꼭 점검해야 하는 지점들이다. 웰쓰 엔지니어링에서 필수확인점은 크게 네 지점이다.

　먼저 부의 출입구를 확인해야 한다.

　자신이 출입구 안으로 들어갔는지 확인하는 것이다. 일을 신중하게 선택하고 선택한 일은 단호하게 추진하는 것이다. 설령 잘못된 점이 있다 해도. 최근에는 정식 직장에 들어가는 것을 기피하는 현상이 늘어나고 있다. 사회보장제도에 의존하려 해서는 안 된다. 자기 힘으로 일하는 환경에 들어가야 한다. 자신이 정확히 그 지점에 도착했는지 확인해야 한다. 훈련의 단계다.

두 번째 필수확인점은 도전할 때다.

내가 훈련의 시기에 접어든 것인지 아는 것은 쉽다. 일을 시작하는 것과 같은 시점이기 때문이다. 그러나 도전의 시기를 인지하는 것은 어렵다. 일반적이지 않기 때문이다. 누구나 그 시점에 도전하지 않는다. 그것은 자신이 정하는 것이다.

도전의 시기는 일을 시작한 지 10년이 되는 날로 보면 적절하다. 혹은 팀장, 부서장 등으로 승진한 날을 기준으로 삼아도 된다. 도전은 많은 준비를 해야 한다. 필수확인점이 가장 필요한 시기다.

세 번째 필수확인점은 레버리지를 시작할 때다.

레버리지는 사업소득을 시작하거나 투자소득을 시작할 때. 사업소득을 선택하지 않는다면 직장에서의 원숙한 단계를 레버리지 시점으로 지정할 수도 있다. 레버리지는 항상 시도해야 한다. 이것은 시기가 정해져 있지 않다. 준비되면 시작해야 한다.

마지막 네 번째 필수확인점은 관리의 시점이다.

관리의 시점도 확인해야 한다. 직장에서 일정 지위를 점유한 이후다. 사업을 시작했다면 1년에서 5년 사이다. 10년 이후일 수도 있다. 사업이라는 것이 시간이 흐른다고 다 잘되고 다 성장하는 것은 아니기 때문이다.

이것 역시 관리라는 취지에 맞게, 벌어들인 부를 관리해야 하는 시점을 적절히 지정하는 것이 필요하다.

필수확인점은 선택의 시점이고 중대한 변화의 시점이다. 그러므로 의사결정 측면에서 고민을 깊게 할 지점이다. 필수확인점이 아닌 시기에는 주어진 일에 집중하는 것이 좋다. 불필요한 시간을 줄이고 필요한 시간을 최대한 확보하자. 그리고 내용을 충실히 만들고 결과를 발전시키는 데 집중하자.

필수확인점 확인사항

필수확인점을 확인하는 방법에 대해 알아보자. 필수확인점에서는 다섯 가지를 확인한다.

첫째는 처음에 수립한 목표는 무엇인가. 둘째는 지금 가지고 있는 자원과 역량은 어떠한가. 셋째는 이 단계에서 성공하기 위해 갖추어야 하는 역량과 자원은 무엇인가. 넷째는 이 단계에서 해야 할 일은 무엇인가. 다섯째는 전체 계획과 부분 계획에서 변경하고 보완할 것은 무엇인가.

처음에 수립한 목표를 계속 확인해야 한다. 이것은 원대한 꿈, 인생 목표, 인생의 로드맵이다. 이에 비해 나는 어디까지 왔는가를 확인하는 것이다. 초기 단계에서는 거대한 목표에 미미한 영향을 줄 정도밖에 분량을 주지 못할 것이다. 그러나 계속 도전해야 한다. 계속 확인해야 한다.

둘째는 지금 가지고 있는 자원과 역량이다. 현재의 부를 측정하고 현재 가지고 있는 경쟁력을 측정해야 한다. 그리고 기록해 두어야 한다.

셋째는 이 단계에서 성공하기 위해 갖추어야 하는 역량과 자원을 정의한다. 이것은 이 단계에서 달성해야 하는 부분 목표일 수도 있다. 완성된 수준에서의 역량을 규정해 보자. 완성된 수준에서의 자원을 규정해 보자. 당신은 거기까지 도달해야 한다.

넷째는 활동 계획이다. 이제 무엇을 할 것인가를 정하는 것이다. 이것은 단숨에 알 수 있는 것이 아니다. 거대한 봉우리가 작은 봉우리에 가려 보이지 않는 것처럼 진짜 이 단계에서 가야할 길과 방향이 보이지 않을 수 있다. 하지만 장기와 단기, 그리고 당장으로 나누어 무엇을 할 것인지 계획을 세워야 한다.

다섯째는 이런 일련의 과정을 거친 후 처음 세웠던 계획을 수정해 보는 것이다. 보완해 보는 것이다. 그렇게 인생 목표와 인생 계획의 완성도를 높인다.

필수확인점의 확인사항을 점검하고 나면 이 단계에서의 중장기 계획이 자연스럽게 수립된다. 변화된 상황을 반영해서 실제 수행할 계획으로 다듬어 나가야 한다. 구체성과 실행 가능성이 높아진다.

당위성과 대응성의 결합

어떤 기간을 정하고 그 기간에 해야 할 일들을 미리 정해 두는 것은 계획이다.

계획의 속성은 당위성이다. 출발과 도착을 정한 뒤 거기에 도달하기 위해서 필요한 것들을 나열하고 합리적으로 조직하는 것이다. 이것은 당위성의 영역이다. 일반성, 보편성의 성격을 가진다.

현실은 그렇게 예상대로 움직여 주지 않는다. 세상은 늘 변하고 시장과 고객도 항상 변한다. 나의 상황도 변하고 나의 시각도 변하고 마음도 변한다. **그러므로 계획에서 고려해야 할 것은 유사시 상황에 대한 대응이다.**

이것은 예측하기 어려운 영역이다. 그래서 많은 선배의 경험을 알아보고 자신도 그럴 것이라고 짐작할 따름이다. 간혹 전혀 예상하지 못하는 상황들이 발생한다. 그때는 그저 대응할 수밖에 없다. 이것은 현실 세계에서 벌어지는 대응성의 영역이다. 일이 벌어지면 수습하는 것이다. 특수성, 비예측성의 성격이다.

우리는 이 둘을 다 경험한다. 어쩌면 모든 것은 다 대응의 영역일지 모른다. 우리는 당위성의 계획과 대응성의 수습을 결합해야 한다. 이것은 다시 계획의 평가로 이어진다.

일에 대한 당위성과 대응성을 결합하여 실행해야 한다. 반드시 성공하는 일을 만들어야 한다.

2

역경과 실패, 회복탄력성

대응성 중에서도 위험에 대해 주목해야 한다

웰쓰 엔지니어링의 관점에서 보면, 당위성과 대응성 중에서 도드라지는 것은, 위험에 대한 대응이다.

위험은 피할 수 없다. 그리고 그 파장이 크다. 어쩌면 인생의 흐름이 완전히 뒤바뀔 수 있을 정도다. 인생 계획이 중단되거나 심지어 완전한 실패로 끝날 수도 있다. 그래서 우리는 위험에 대한 주제를 잘 살펴야 한다.

이것은 역경과 실패, 회복탄력성에 관한 문제다.

끌어당김의 법칙을 설파한 론다 번 역시 역경에 처해 고민에 휩싸여 있었다. 그녀는 고민 끝에 사고의 전환이 필요하다고 결론 내렸다. 그래서 그가 한 행동은 돈이 너무 필요한 자신을 바라보지 말고, 자기가 가진 돈을 누군가에게 나눠 준 것이다. 터무니없어 보이는 그 행동 직후, 론다 번은 예상치 못했던 돈을 받게 된다.

자, 이 얘기만 보면 우리는 생각의 전환과 돈을 나눠 주는 행위, 그리고 예상 밖의 수입에 초점을 맞추게 된다. 끌어당김의 법칙이 일어난 결과에 주목하는 것이다. 하지만 우리는 그 이전 상태에 주목한다. 론다 번의 상태는 어떤 것이었나. 실패를 거듭한 제작자이자 막대한 빚을 잔뜩 떠안은 한 여인의 모습이었다.

이 모습은《웰씽킹》의 저자 켈리 최의 모습과 비슷하다.

그녀는 30대에 10억 원의 빚을 안고 비참한 마음으로 미래를 고민하고 있었다. 정말이지 죽고 싶은 심정이었다.
하지만 그는 성공자들의 모습을 곱씹으며, 자신도 그렇게 변하리라 결심했다. 돈도 없고, 은둔의 생활로 자신 없는 외모를 한 채, 성공을 향해 가겠다고 마음을 먹은 것이다.
그리고 5년 안에 자신의 목표를 이룬다!

실패도 성공도 삶의 과정 중 하나일 뿐
: 시도는 곧 자원 확보다

이들의 이야기는 무엇을 말해 주는가?

그것은, 그들은 그 결심의 시점에 이미 성공 자원을 가지고 있었다는 사실이다. 그들은 무작정 하늘에서 돈이 떨어지길 기다린 것은 아니었다. 론다 번은 자신의 마지막 자원인 신용을 최대한 끌어다가 다큐멘터리 제작비에 투자했다. 켈리 최는 자신의 모든 사업적 역량을 동원하여 새 사업을 준비하고 프랑스 대형 판매점의 회장에게 사업 제안을 시도했다. 자신에게 돈이 들어오고 기회가 들어온 건 우발적으로 발생한 사건 중 하나이지 그 자체가 성공은 아니었고 그 자체가 부의 보장은 아니었다. 단지 과정에 불과했다!

우리는 '시도를 통한 자원의 확보'를 배워야 한다.

시도를 통한 자원의 확보라는 말의 뜻은 이렇다. 시도하면 경험이 생긴다. 경험을 통해서 무엇이 효과적인 행동이고 무엇이 효과가 없는 행동인지 구분할 수 있다. 이는 단지 생각만으로 추정하던 영역에서 벗어나 계획 속의 참과 거짓을 구분하게 한다.

그리고 이 경험들은 그 사람에게 더 적은 시행착오를 낳을 계획 수립 능력을 부여한다. 그러면서 이 사람은 점점 실현 가능성 높은 계획을 세울 수 있게 되고, 그것을 잘 실행할 수 있게 되는 것이다.

시도 = 자원 확보

= Σ (경험 + 참과 거짓의 구분 능력 + 자신의 자본 + 은행을 포함한 타인의 자본 + 시행착오를 줄이는 능력 + 조력 집단의 형성 + 사업 기회 + 시장과 소비자들을 빠르게 만남 + 사업이 빠르게 성장할 수 있는 기회를 만들어감 + α)

[표 8-1. 시도는 곧 자원 확보]

그뿐인가? 이 과정에서 사람들이 모인다. 그 일을 실제로 담당할 사람들을 찾을 수 있게 된다. 또 자금이 모인다. 처음에 자신의 자본으로만 시작하겠지만 점차 신뢰를 주는 주변 사람들의 자금도 모이게 된다. 이것이 재무제표 등의 객관적 자료로 남게 되면 은행에서도 자금을 제공해 준다.

이 외에 사업 기회가 모인다. 사업 기회란 이 사업에 참여하는 다른 사업자들이 제공하는 기회를 말한다. 다른 사업자들이 사업을 제안하게 된다. 그리고 시장을 발견하는 눈과 재빠르게 침투하는 능력을 배양할 수 있다. 그렇다면 시장 즉, 소비자들과 직접 만날 수 있다. 이것은 장차 사업의 빠르게 성장할 수 있음을 암시하는 것이다.

'시도'는 도널드 트럼프가 표현했던 '추진력'을 가져다준다.

보통 사업에 실패한 사람들이 재기할 때, 처음 하는 사람들보다 빠르게 회복하는 경우는 바로 이러한 속성이 숨어 있기 때문이다.

사업 실패를 경험한 사람들이 갖게 되는 속성

사업에 실패한 사람들이 갖게 되는 속성은 무엇인가?

우리는 그것을 통상 '내공'이라 부른다. '내공'은 무언가? 그것은 어렵고 힘든 일을 만났을 때 버틸 줄 아는 근성, 갑작스러운 상황을 만났을 때 당황하지 않는 침착함, 상대방의 예기치 않은 무례함에 쉽게 분노하지 않는 여유, 모든 것이 계획대로 되고 있었는데도 불구하고 원인을 알 수 없는 오작동과 멈춤에 발을 구르며 탄식하지 않는 태도, 점점 어려워져 가는 환경 속에서 바보 같을 정도로 미래를 낙관하는 표정, 많은 시간을 들여 쌓아온 일을 다시 처음부터 해야 할 상황에서도 절대 불평하지 않는 말투 같은 것들이다.

'내공'은 어려운 상황에서 순간적인 힘을 발휘하는 괴력이나 거대한 자본력, 만능의 기술력을 의미하지 않는다.

내공이란 조금 더 견디는 힘, 조금 더 참는 인내, 조금 더 베푸는 친절, 조금 더 다듬어진 자세를 의미하는 것이다.

세상은 그 '조금'을 일컬어 '대단하다'고 평가한다.

나폴레옹도, 자신의 용감함이란 전장의 공포 속에서 남들보다 5분 더 견디는 것이라고 설명했다.

사업의 성공을 위해 반드시 실패의 경험이 있어야만 하는 것은 아니다. 단지 실패할 정도의 경험이 있는 것이 진정한 성공의 토대를 쌓을 수 있음을 강조한 것이다. 실패는 많은 의미를 함축한다. 실패는 적어도 한 번의 사업계획과 그 계획의 실행을 의미한다. 그리고 실패라는 것은, 실패를 극복한 경험까지 내포한다. 그래서 부의 스승들은 실패를 강조하는 것이다.

실패했다는 말은, 그 사람이 부를 향해 가는 과정에서 초보자는 아니라는 의미가 된다. 중급 이상의 자질을 가진 사람들에게 부와 성공을 설명하는 것은 비교적 용이하다. 끌어당김의 법칙과 잠재의식의 작동을 적용하기에도 중급 이상의 사람들에게 효과가 더 크다. 우리는 중급자 과정까지 가야 한다. 그러므로 실패를 두려워하지 말자.

역경이란 무서운 것

　역경이란 무서운 것이다.

　머나먼 남의 일이 아니라 내가 전적으로 책임져야 하는 나의 일이 되었을 때, '사업'은 위험한 존재가 된다. 수많은 성공학의 선배와 저서들은 도전하고 창업하라고, 자신을 위한 사업을 시작하라고 권한다. 하지만 뜨거운 불에 덴 것처럼 날카로운 실패 체험을 한 사람에게 창업은 두려운 존재로 등장한다. 직접 겪어 보지 않은 이들에게도 현실에서 '사업'이란 위험한 것으로 받아들여진다. 사업가들이 사위로 맞이하고 싶지 않은 직업군이 '사업'을 하는 사람이다.

　세계 최고의 부동산 재벌 도널드 트럼프조차도 부동산 시장의 불경기를 맞아 크나큰 위기를 경험한다. 그는 1980년대 후반 미국 부동산 시장의 상승에 힘입어 큰돈을 벌고 사업을 크게 벌였으나 곧 1990년대 초의 불황기에 휩쓸리게 된다. 부채만 90억 달러가 넘었다.

　금융권의 독촉을 받던 어느 밤, 그는 시티뱅크로 소환된다. 회의장까지 가는 길에 택시를 잡지 못해 걸어야 했다. 세찬 비가와 흠뻑 젖기까지 했다. 그는 다 포기하고 싶었으나 다시금 마음을 다잡고 금융가들과 협상을 시작한다.

　그는 정신을 집중하여 타협안을 이끌어냈고, 마침내 재기에 성공했다.

인생을 살아 보니 사업을 한다는 것은, 처음에 큰돈을 들여야 하는 일이며, 여간한 끈기와 운이 없이는 성공하기 힘든 것임을 겪게 됐다. 게다가 사업하는 사람들이 주변에 있으면, 돈을 빌려달라고 하기 일쑤다. 사업가에게 돈을 빌려주면 투자 이익은커녕 원금만 돌려받아도 다행이다. 그래서 사업을 한다는 것은 주변 사람에게 민폐 끼치는 일로 인식된다. 목돈으로 빌려준 돈은 이자도 없이 분할로 돌려받다가 나중에는 달라고 하기 미안한 지경까지 이른다. (나도 빌려 달라는 입장이 돼 본 적이 있어 이 마음을 잘 안다. 미안함, 씁쓸함, 억울함, 이를 악무는 마음 등이 교차한다.)

　사업을 하다 난관에 봉착한다. 처음에는 막연하게 극복이 되겠지 스스로 달랜다. 혼자서 1박 여행도 떠나본다. 하지만 상황은 나아지지 않는다. 매출과 수입은 이상하리만치 일어나지 않는다. 전혀. 그 기간이 오래 지속된다. 6개월, 1년, 그 이상. 그리고 은행에서 빌린 대출금 이자 납부가 어려워진다. 신용을 통해서 빌릴 수 있는 돈은 다 빌렸다. 이제는 여기저기 돈을 빌리러 다닌다. 더 이상 돈을 구하기 어렵다는 것을 깨닫는 순간, 잠 못 드는 밤이 시작된다. 체중은 급격히 줄어든다. 깜빡 졸기만 할 뿐, 불을 끄고 누워도 온통 부채의 압박에서 헤어 나올 수 없다. 마침내 은행과 채권자들의 독촉이 시작된다.

　반쯤 체념한 상태로 채권자들에게 변명한다. 용서를 구하고 더 믿어 달라고 간청한다. 은행거래에 대해서는 이미 지불 불능 상태가 되었다. 금융거래가 제한된다. 가혹한 독촉은 없지만 금융 거래를 못하게 되는 것이 얼마나 아픈 것임을 매 순간 느끼면서 지낸다. 사업장은 이미 돌보지 못한 상태로 방치되었다. 직원들은 의리로 남아 있다가 한 달, 두 달

후 모두 떠난다. 미지급급여를 청구하지 않은 사람은 그나마 나를 배려해 준 것이다. 그러나 몇 달 후 고용노동부에서 연락이 온다. 가 보면, 직원들이 노무사를 대동하고 밀린 급여를 달라고 요구한 상태임을 알게 된다. 불과 수개월 전에 나와 역경을 함께 하던 동지라고 생각했는데, 이제는 나를 향해 돌을 던지고 있다. 끔찍하다.

이것이 역경이다.
사회 전체가 나를 등지고, 나를 압박한다.

사회는, 순수하게 일만 했던 나에게 경제적으로도 도덕적으로도 나쁜 존재라고 규정한다. 이것을 바라고 나의 모아둔 돈을 쏟아놓고 사람들을 모으고 제품과 서비스를 만들며 재능과 열정을 집중시킨 것인가. 내가 과연 무엇을 잘못했나. 누구라도 붙잡고 항변하고 싶다. **고통스럽고 억울하다.**

역경의 실체다. 많은 사람이 알고 있다. 역경이란 이런 것임을. 역경을 부르는 것은 '사업'이라는 것임을. 그저 자신이 얻을 수 있는 작은 급여만을 바랐다면 위험에 빠지는 일은 없었을 것이다.

세상은 말한다. 그러니 공연한 욕심 내지 말고 소박한 꿈만 꾸어라. 그이상을 탐하는 것은 화를 부르는 일이다. 사업을 하다가 성공한 사람을 부러워하지 마라. **그들의 성공은 믿을 만한 것이 못 된다.** 허상일 가능성이 높다. 아니, 곧 어려움이 닥쳐 위험한 상황에 빠질지 모른다. 그러니 너는 지금 있는 직장에 만족하고 한 달, 한 달 버는 돈을 족하게 여겨라. 재능이 있다면 투자를 해서 돈을 조금씩만 더 벌어라. 그것으로 만족하라.

뭐 하러 더 큰 꿈을 꾸려느냐.

왜 더 큰 위험을 자초하려 하느냐.

역경 극복하기

무서운 역경을 극복한 사람들은 많다. 그러나 역경을 극복하지 못한
사람들은 더 많다. 어떤 차이가 있는가.

역경 극복 차이는 교육의 차이다.

역경 대응에 기술적 제도적 대응이 중요하다.

역경을 만났을 때, 심리적 자세에 집중하게 된다. 역경을 극복하는 데
정신력이 절대적으로 필요하기 때문이다.

**그러나 역경에서는 제도적, 기술적 대응이 매우 중요하다. 돈에 대해
서는 세무제도와 금융제도에서의 대응이 중요하다.**

돈을 거래하는 것은 금융기관이 만든 시스템에서 이루어진다. 그리고
세무당국이 만든 시스템에서 이루어진다. 그러니 금융기관과 세무당국
의 시스템을 잘 이해하고 대응해야 한다. 그러므로 세무 회계 전문가의
도움은 절대적으로 필요하다. 역경을 만나게 되면 그 전문가들과 상의
해야 한다. 단순하게 혼자 감성적으로 판단하고 결정할 문제가 아니다.

관계에 대해서는 노사대응이 중요하다. 또한 회사 내부에서 고용한
직원들과의 관계를 잘 정리해야 한다. 보통은 관성에 의해 무조건 남아
주기를 원하게 된다. 하지만 **어려우면 즉시 관계를 정리해야 한다.** 직원

과 사장 간 급여로 인한 채권 채무를 남겨서는 안 된다. 이것은 어려운 일이다. 단순히 기술적인 처리능력으로 다루기 어렵다. 창업의 과정에서 인간적인 교류가 많았기 때문에 그 관계를 돈의 관점에서만 정리하려는 것에 반감이 생긴다. 그러나 진솔하게 대화해서, 이 사회의 제도를 이해한다면 관계 정리에 협조하는 것이 서로를 위한 길임을 인정해야 한다. 그리고 도와줄 마음이 있다면 다른 생계의 수단을 찾은 후 여러 방법으로 도와 달라고 해야 한다. 그러나 한번 떠나면 다시 만나는 것은 쉬운 일이 아니다. 그러니 서로 헛된 기대는 하지 않는 것이 현명하다.

거래관계에서 발생한 채권자들과의 관계를 잘 정리해야 한다. 특히 순수하게 돈을 빌려준 채권자들에게는 직접 만나 상황을 설명하고 양해를 구해야 한다. 또한 그 시점에서 채권 채무가 정확히 얼마이며 앞으로 어떻게 상환할 것인가 계획을 밝혀야 한다. 어렵지만 서면으로 정리해서 교환해야 한다. 그리고 이 약속을 지키는 것이 쉽지는 않겠지만 인간적인 노력을 다하겠노라고 말해야 한다. 그들은 내가 어려울 때 도와준 사람들이므로, 앞으로 어려워도 도와줄 것이고, 혹시 내가 성공한다면 은혜를 갚을 대상이 된다. 그런 사람들을 잊어서는 안 된다. 그들도 당신을 충분히 알아볼 것이다. 예기치 못한 상황과 시기에서 다시 도움을 줄 것이다. 거래상의 채권자들에게는 신속하게 연락을 취한다. 그리고 그 시점에서의 채권 채무를 확인한다. 이것은 이견이 있을 수 있고, 심지어 무리한 요구를 받을 수도 있다. 하지만 당신은 당신의 입장을 정하고 그들에게 말해야 한다. 받아들이는 것은 그들의 몫이다. 가급적 서면으로 정리해야 한다. 혹 지키지 못하게 됐다면 나중에 다시 변경해서 합의할 각오를 해야 한다. 이 과정에서는 세무 회계 전문가의 도움을 받으면 좋다. 법률 전문가의 도움까지 받으면 좋다. 그러나 어려운 시기에 법률가의 도움은, 비용을 수반하므로 현실적으로 받는 것은 쉽지 않다.

그리고 나면 당신이 이미 만들어 둔 것을 어떻게 보존할 것인가의 문제가 남는다. 영업권, 제품이나 서비스, 그 시장제공물들을 만드는 방법과 노하우, 지식재산권, 설비, 사업장이나 사무실, 책상 의자와 같은 집기, 사업과정의 기록들, 계약서와 공적 문서들, PC나 전자기록장치들 등이다. 이런 것들을 보존하려면 물리적인 공간이 필요하다. 물리적인 공간을 유지하는 데는 돈이 든다. 그러므로 물리적 사물들은 처분해야 한다. 이것도 시간과 비용을 수반한다. 여러 권리관계를 아우르는 문서들은 한곳에 모아 집으로 가져간다.

여기서 포기하지 말아야 한다. 포기하지 말아야 한다는 것은, 사업상의 노하우, 지식을 흐려지지 않은 통찰력과 기억력으로 자신의 마음속에 보존해야 한다는 말이다. 언제라도 고객을 만났을 때, 즉시 사업적 활동을 개시할 수 있도록. 그래야 재기의 기회가 생긴다.

다시 일해야 한다. 회복탄력성은 이때 요구된다.

물리적 환경이 조금 달라졌을 뿐, 나는 계속 사업을 영위하고 있다. 그리고 제도적으로 그 권리는 살아 있다. 단지 규모가 조금 축소됐을 뿐이다. 나는 여전히 시장을 향해 움직이며 나는 여전히 고객을 찾고 만나고 관계를 시작한다. 그리고 사업상의 서비스를 제공한다. 대가를 받는다. 세무 회계 활동을 이어간다. 급변한 환경에 적응해야 한다. 그 환경에서 서비스를 계속할 수 있도록 적응해야 한다. 사업 활동이 중단되지 않도록 보존해야 한다. 실패의 원인, 역경의 원인을 다시 생각해 본다. 무엇을 보완할 것인지 생각한다.

가까운 조언자들을 찾아 나선다. 그들과 대화하며 무엇이 문제였는지 분석한다. 무엇을 개선하면 되겠는지 방향을 찾는다. 그리고 실제 할 일은 무엇인지 의논해 본다. 조언자들, 멘토들은 당신에게 그저 원론적인 조언만 하겠지만 그 말은 울림이 되어 당신에게 힘을 준다. 힘을 얻은 당신은 지혜와 총기를 되찾게 된다.

다시 꿈을 꾼다. 그리고 고객을 찾아 나서기로 한다. 기존 거래처에 연락해서 다시 만난다. 사업의 기회를 다시 엿본다. 어디를 공략할 것인지 두루 다니며 알아본다. 최소한의 비용으로. 약간의 식사를 하고 대중교통을 이용할 돈만 들고 다닌다. 충분하다. 몇 개월이 지나기 전에 알게 된다. 자립하는 방식으로 다시 사업을 시작할 수 있을 것인지 아니면 재취업을 해서 당장의 수입을 벌어야 할 것인지가.

만약 당장 수입이 필요하다면, 채용사이트 구인란을 뒤져서 가장 잘 맞을 거 같은 일자리를 찾는다. 그리고 이력서와 자기소개서를 정성껏 준비하여 문을 두드린다. 아는 사람들에게 부탁하는 것도 잊지 않는다. 그러나 공개시장에서 채용되는 것이 훨씬 마음이 편하다.

기회는 걸려 오는 전화 속에 있다. 누군가 나를 찾는 것을 알게 됐다면, 당장 찾아가야 한다. 오전에 연락했다면 오후에 찾아가라. 오후에 연락됐다면 내일 오전에 찾아가라. 상대방이 시간을 정해 준다면 가장 이른 시간에 찾아가라. 언제 출근할 것인가 물어보면 지금부터라고 대답하면 된다. 아마 그렇게 재취업에 성공했다면 맡은 일을 잘해 내는 데 그리 오랜 시간이 필요하지 않을 것이다. 일은 어렵지 않을 것이며, 그전에 맡았던 사람보다 훨씬 잘해 낼 것이다. 잘 모르는 부분이 있다면 적극적으로 물어보거나 열심히 공부하라. 신경 써야 할 것은 다른 사람들과의 관계다. 기존 직원들에게 당신이 위협적인 존재가 아님을 알게 해야 한다. 당신은 이미 자존감이 높을 것이므로 겸손하게 하던 대로 생활하면 된다. 그리고 더 어려운 일을 맡기를 주저하지 말고, 남들이 버거워하는 일을 덜어주기를 망설이지 않으면 된다. 곧 당신은 그 조직에서 든든한 존재로 자리매김할 수 있다.

수입이 발생하면 기존에 생긴 부채와 새롭게 준비할 일에 대해 적절히 분배하는 지혜가 필요하다. 당연히 초반에는 부채 상황에 집중해야 한다. 아마 이자도 내지 못할 정도로 압박이 많을 것이다. 마음속 기간을 길게 잡고, 3년 이내 모든 상처를 씻어 내겠다는 마음으로 계획하고 실행하고 절제하고 노력하면 된다.

당신은 깊은 상처를 입은 맹수다.
회복이 먼저다.

그러니 어딘가 안식처를 찾아 머물러야 한다. 최소한의 활동으로 연명한다. 회복된 후에 정글로 돌아가면 된다. 그렇게, 깊은 상처를 입은 맹수가 굴속에 들어가 긴 시간에 걸쳐 회복하는 것을 연상하며 회복하면 된다. 긴 호흡을 결심하고 여유로운 태도를 지니면 충분히 회복할 수 있을 것이다. 당신을 품어준 그 직장은 안전한 안식처이고 고마운 존재다. 당신의 회복을 돕는다. 게다가 재기의 기회를 제공할지도 모른다. 그러니 당신은 그 직장에서 최선을 다한다. 당신은 받는 급여에 비해 훨

씬 많은 가치를 제공한다. 항상 웃고 고마움을 표시한다. 그렇게 일관성
있게 지내면 또 다른 보상이 당신에게 온다. 사람들의 지지다. 그 지지
는 당신에게 용기를 준다.

당신은 그렇게 회복할 수 있다.

시간은 제한적이어서 사업 활동할 시간이 줄어들고 있긴 하지만 성공
을 거둠에 있어서 반드시 긴 시간이 필요한 것은 아니다. 삶은 언젠가 충
분한 성공을 거둘 여유를 제공할 것이다.

역경 극복 대비의 비결, 수율 관리
: 성수기의 성공이 아닌 비수기의 지속

수율 관리라는 말이 있다. 수율이란 투입한 자원 대비 산출된 양품의
비율을 말하는 용어다. 생산관리에 적용되는 것이 적합할 것 같은 이 용
어는 변동가격 전략에 자주 사용된다. 무슨 말인고 하니 성수기와 비수
기를 나누는 시기에 가격을 변동시키는 경우 수율 관리라는 말을 사용
한다. 이것은 수요의 변동성을 가격의 변동으로 관리하는 방식을 의미
하는 것이다.

2024년 3월 주중 김포공항에서 제주공항까지 가는 대한항공 비행기표
가격은 56,000원(06:05)에서 102,000원(07:25)까지 차이가 있다. 제주공
항에서 김포공항까지는 41,000원(07:00)에서 116,000원(13:20)까지 차
이를 보인다. 이렇게 가격을 차등하는 것이 수율 관리다. 이용자들의 수

요가 변동되기 때문에 수요가 적은 시간에는 싸게, 많은 시간에는 비싸게 가격을 책정하는 것이다. 이를 통해서 분산된 수요를 평준화시키려한다.

수요에 대해 직접적인 영향을 받는 자영업은, 이 수율 관리가 필수적이다. 자영업에서는 가격의 변동정책을 사용하기 어렵다. 보통 사용하는 방식은, 식당에서 주중 점심 가격과 저녁 가격을 차등하고, 주말 가격을 또 다르게 책정하는 것이다. 이미 소비자들은 이러한 차등 가격에 익숙해져 있다. 가격을 변동하기 어렵다면 점심때는 저렴한 메뉴를 제공하고 저녁때는 비싼 메뉴만 제공하는 방식으로 수율 관리를 한다.

사업에서의 위험성을 대비하는 비결 중 하나는,
사업 규모를 비수기에 맞추는 것이다.

성수기 때는 고객들이 많아지기 때문에 더 넓은 공간과 더 많은 설비와 더 많은 인력을 투입해야 한다. 하지만 같은 매장에서 비수기를 고려하면 그 넓은 공간과 많은 설비와 많은 인력은 불필요하다. 아니 운영에 큰 부담으로 작용한다. 그러므로 장기적인 관점에서 사업에 성공하는 사람들은 성수기 때 많은 돈을 버는 사람이 아니라 비수기 때 적은 비용으로 영업을 지속하는 사람이다. 일종의 수율 관리다.

기업체 운영도 마찬가지다. 모든 사업에는 사이클이 있어 계절, 월, 주간, 하루 사이의 수요가 달라지는데, 이것을 예측하여 최소한의 비용으로 계속 유지할 수 있는 규모만 가져가는 것이 필요하다. 특히 1년 이상 지속되는 경기 사이클을 버티고 가려면 더욱 필요하다. 불황이 2년 이상 지속될 수도 있고 호황이 3년 이상 지속될 수도 있다. **하지만 예기치 못한 시점에 찾아온 불황에 쓰러지지 않고 생존할 줄 알아야 한다. 이것이 역경 극복을 위한 조건이 된다. 대응하는 비결은 수율 관리다.** 불황을 기준으로 기업의 규모를 유지하는 것이 현명하다. 호황일 때는 임시로 증원하고 증설하거나 외주를 통해서 공급하는 접근을 해야 한다. 선불리 규모를 늘렸다가 불황기 때 어려워질 수 있다.

역경 극복을 위한 대비의 비결이다.

역경 극복을 위해 수율 관리를 하라.
비수기 기준으로 규모를 맞춰라.
항상 위험에 대비하라.

다시 도전할 것인가

역경을 겪었다면 다시 도전할 것인지 진지하게 고민해야 한다. 어쩌면 당신은 '사업'보다는 '직장'이 잘 맞는 사람인지 모른다. 어쩌면 당신은 '사업'을 통한 부의 창출보다는 '직장'에서의 역할을 통한 부의 창출이 더 성공적일지 모른다. 누가 그것을 알겠는가? 겸손한 마음으로 한쪽의 가능성도 닫지 말고 탐색해야 한다.

중요한 것은, 목표가 무엇인지다. 목표가 얼마인지다. 일단 그것을 달성할 수 있는 길을 찾자. 방법을 먼저 정하지 말고 지금 주어진 틀에서 그 목표를 달성할 수 있는 최선의 방안을 연구하자. 사업을 위한 사업을 다시 할 필요는 없다. 단지 내가 능력을 펼칠 수 있는 공간과 그릇을 만들고자 할 따름이다. 더 다양한 방법을, 더 심도 있게 연구하자. 꿈을 잃지 않는 마음가짐이 더 중요하다.

꿈을 다시 꾸자. 그리고 열심히 노력하자. 이것을 내가 열망하는 꿈을 끌어당겨 주는 힘으로 작용시키자. 큰 꿈을 갖는 것은 좋은 일이다. 하지만 꿈만으로는 부족하다. 꿈을 현실로 만들기 위한 행동을 취해야 한다.

실패를 두려워하지 말라. 주저하는 습관을 들이지 말라. 과감하게 행동하고 자신과의 약속인 목표를 반드시 지키는 습관을 갖도록 하라. 당신이 헌신할 수 있는 일을 찾았다면 과감하게 행동하라.

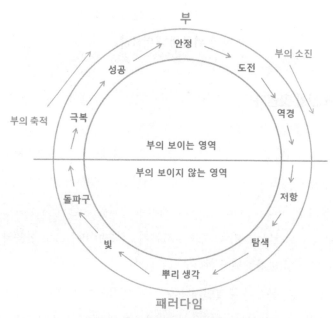

패러다임의 플라이 휠 : 역경 극복의 플라이 휠

[그림 8-1. 패러다임의 플라이휠 : 역경 극복의 플라이휠]

패러다임의 플라이휠을 살펴보자. 역경 극복의 플라이휠이다.

사람들 특히 꿈을 가지고 도전하는 사람들은 역경을 만난다. 보이는 영역에서 만나는 상황이다. 역경을 만난 사람은, 내면에서 저항한다. 극복하려는 노력이다. 처음에는 당황하지만 이내 돌파구를 찾으려 노력한다. 탐색이다. 탐색은 바로 결과를 얻어내지 못한다. 탐색은 방황을 포함한다. 긴 인내를 포함한다. 결국 역경을 만난 사람은 자기의 뿌리 생각으로 가라앉는다. 그리고 내면의 소리에 귀를 기울인다. 잠을 자다가, 명상하다가, 기도하다가, 책을 읽다가, 멘토를 찾아 상담하다가, 길을 걷다가, 우연히 어떤 장면을 보다가, 라디오를 듣거나 텔레비전을 보다가, 대중교통 속에서 핸드폰이나 신문을 보다가 영감을 얻는다. 그리고 알게 된다. 자신의 깊은 잠재의식 어딘가에서 답을 일러주려 애쓰고 있다는 사실을. 그리고 빛을 보게 된다. 희망의 마음을 되찾았다. 마침내 돌파구를 발견한다. 그리고 보이지 않는 영역에서 일어나 보이는 영역으로 회귀한다. 이제 극복을 위한 걸음을 시작하는 것이다. 그것은 누군가에게 전화를 거는 행위이고, 누군가를 만나는 행위이고, 글을 쓰거나 물건을 만드는 등 어떤 일을 시작하는 행위이고, 돈을 지출하거나 빌리는 행위이고, 물건이나 서류를 옮기거나 전달하는 행위 같은 것이다. 행동하는 것이다. 그리고 그 사람은 역경 극복에 성공한다.

이 과정은 성공을 향해 나가는 작은 영웅의 위대한 여정이다. 그 영웅은 바로 당신이다.

3

웰쓰 엔지니어링 보이는 영역 전략

효과적이고 효율적인 방향을 추구한다

웰쓰 엔지니어링에서 추구하는 전략은 가장 효과적이고 효율적인 전략이다.

보이는 영역에서 효과적이라는 것은 돈을 버는 것을 말한다. 효율적이라는 것은 적은 자원을 투입하고 많은 성과를 거두는 것을 말한다. **그러므로 우리는 돈을 버는 효율적 방법 만들기 체계를 찾아야 한다.** 그것을 우리의 전략으로 삼아야 한다.

단순하게 접근해 보자. 우리는 업무를 할 때, 돈을 버는 길을 찾아 바로 실행해야 한다. 이것을 효율적으로 하다 보면 다소 거칠고 무례한 인상을 남길 수 있다. 이것을 다듬어가야 한다. 무조건 돈을 벌고 최대한 적은 자원만을 투입하는 것은 세련되지 못하다. 그 정도로 인색하게 굴 필요는 없다. 그러니 조금 더 나은 방법을 개발해 가면 된다. 중요한 것은 가장 빠른 길, 가장 쉬운 길을 알고 있는가의 문제다. 그리고 주변 사람과 상황을 고려하면서 적절한 자세를 갖추어야 한다.

왜냐하면 우리는 이 일을 길게 해야 하며, 그것을 위해서는 다른 사람들의 협력이 필요하며, 협력을 얻기 위해서는 좋은 평판을 만들어 나가야 하기 때문이다. 그러니 너무 이기적이고 무례하며 거친 방법을 사용한다는 인상은 억제해야 한다. 그렇게 하지 않아도 우리는 충분한 돈을 벌 수 있으며, 넉넉한 평판을 얻을 수 있다. 그래야 오래 가고 그래야 멀리 갈 수 있다. 그러므로 효과적이고 효율적인 방향을 추구하되, 멀리 돌아가는 것을 마다하지 않는다.

오래 가고 멀리 갈 수 있는

효과적, 효율적 방향을 추구해야 한다.

웰쓰 엔지니어링 보이는 영역 전략

웰쓰 엔지니어링 보이는 영역 전략이다.

이것은 돈을 버는 활동에서 펼쳐야 할 전략이다. 그러므로 이것은 업무 전략이다. 우리의 업무 전략은 다음과 같다.

첫째, 이 업무의 이해관계를 정확히 파악해야 한다.

이 일을 하면 누가 이익을 얻고 누가 손해를 보게 되는가. 또는 누가 가장 많은 수고와 대가를 지불해야 하고 가장 많은 편의를 얻는 존재는 누구인가. 이 구조를 파악한다면 각 이해당사자와의 협상전략이 자연스럽게 수립된다. 누구에게 무슨 제안을 하고 누구에게 어떤 일을 맡길 수 있을 것인지, 따라서 나는 어떤 일을 맡으면 되는지 알게 된다.

이해관계 파악이 끝나면 이해관계의 조정, 일의 주도적 진행은 자연스럽게 만들어 낼 수 있다.

둘째, 이 업무를 위해 필요한 일들을 파악하고 우선순위를 정해야 한다.

과제를 도출하고 순서를 정하는 것이다. 과제는 내가 할 일들도 있고 남이 할 일들도 있다. 과제를 적절하게 도출할 수 있다면 리더십을 가질 수 있다. 결정권을 가져올 수도 있다. 내가 명령 받아야 하는 입장이라 하더라도 시기적절한 제안을 하고 자신의 의도대로 끌고 갈 수도 있다.

일의 내용을 파악하자. 그리고 내용을 나열하자. 나열한 일들의 우선 순위를 매기자.

셋째, 즉시 결정하고 바로 행동해야 한다.

결정이라는 것은 지금 무슨 일을 할 것인가를 정하는 것이다. 결정할 때는 적절한 권한을 위임받아야 한다. 결코 지휘체계나 동료들을 무시하는 태도를 보여서는 안 된다. 함께 일하는 사람들, 내가 소속된 조직을 존중해야 한다. 이 과정에 다소 시간이 소요될 수 있지만 일이란 그런 것이다.

오히려 이 과정에서 인간관계의 신뢰를 쌓는 것이 돈을 버는 일을 직접 하는 것보다 더 중요할 수 있다.

즉시 결정하는 것, 즉시 행동하는 것은 기본이다.

넷째. 행동했으면 반드시 결과를 가져와야 한다.

결과란, 일을 분석하고 계획한 내용을 알기 쉽게 작성한 문서, 내가 상담 또는 협상한 상대와의 결론, 이 업무에서 요구되는 어떤 실물을 가져오는 것, 복잡해 보이던 상황에 대해 육하원칙에 따라 정리된 계획을 가져오는 것 등이다. 결과를 가져오는 것은 대부분 경우 신속해야 한다.

시간이 오래 걸린다고 더 나은 결과물이 되는 경우는 별로 없으므로 가급적 빠른 시간 내에 완료해야 한다.

나의 의지와 상관없이 시간이 오래 걸리는 일이 있다. 뚜렷한 주체가 정해지지 않은 다수 이해관계자들과의 지루한 협상, 선뜻 계약이 이루어지지 않는 영업, 제도에 따라 절차를 준수해야 하는 허가권, 긴 조달과정을 거쳐야 하는 실물의 취득, 다자간에 장기적으로 축적된 관계를 단일한 의견으로 이끌어내는 것, 규모가 크고 복잡해서 검토할 내용이 많은 대상에 대한 매수 또는 매각협상 같은 것들이다.

이러한 일들은 반대의 전략을 구사해야 한다. 마감일은 정할 수 없다. 이것은 넓은 마음으로 큰 식견을 가지고 책임을 떠안는 문제다. 하지만 경험이 많은 사람은 이런 일들이야말로 우연히 촉발된 사안들에 의해 급격히 방향이 바뀔 수 있음을 알고 있다. 따라서 아무 일도 없는 듯 무심하게 버티다가도 어느 순간에는 신속하고 치열하게 상황에 매달릴 줄 알아야 한다. 이런 일들을 처리해 낸다면 또 다른 차원의 평판을 얻을 수 있다.

어떤 일이 주어지든 행동을 한다면 결과를 가져와야 한다. 설령 그 결과가 아무런 소득이 없는 결과라 할지라도. 결론을 짓는 습관은 매우 중요하다. 그리고 반드시 필요하다.

다섯째, 일의 결과 발생한 성과를 나의 것으로 가져와야 한다.

나의 것으로 가져온다는 것은 세 유형으로 나뉜다.

하나는 그 일로 인해 벌어들인 돈의 전부 혹은 일부를 나의 것으로 가져오는 것이다.

둘은 그 일로 인해 생긴 성과의 공을 나의 것으로 가져오는 것이다.

셋은 그 일로 인해 벌어들인 돈이나 공을 나의 것으로 가져오지 못할 경우다. 이때는 그 공이 누구의 것임을 인정하고 그들을 지지함으로써 그들과 조직의 마음을 얻어야 한다.

	5단계	일의 결과 발생한 성과를 나의 것으로 가져와야 한다.
보이는 영역 전략	4단계	행동했으면 결과를 가져와야 한다.
	3단계	즉시 결정하고 바로 행동해야 한다.
	2단계	필요한 일을 파악하고 우선순위를 정한다.
	1단계	업무의 이해관계를 파악한다.

[표 8-2. 웰쓰 엔지니어링 보이는 영역 전략]

일하는 방법론 : 집중-집착-몰입

이 전략을 실천하기 위해서 우리는 집중, 집착, 몰입의 방법을 써야 한다.

일의 집중도 5단계를 기억하는가? 일의 발전 단계 중 훈련 단계에서 소개했던 원칙이다. 일을 선택한 후에는 3단계만 남는다. 집중, 집착, 몰입이다.

첫째 단계는 집중이다.

집중은 기본이다. 업무하는 날은 적어도 하루에 한 번 이상은 집중해야 한다. 그래야 작은 일이라도 결과가 나온다. 그러니 집중에 대해서는 두말할 것이 없다. 집중에 성공하려면 집중을 위한 환경을 만드는 것이 중요하다. 연락을 차단하고 30분에서 3시간 정도의 조용한 시간을 확보한다. 그 시간 동안 한 가지 과제만을 처리한다.

둘째는 집착이다.

집착은 어려운 일을 만날 때 요구된다. 집착은 다른 사람이 볼 때, 약간 질린다 정도의 느낌을 갖게 하는 것이다. 몰입은 그보다 더 상위개념이 되므로 다른 사람들이 볼 때, 미쳤다 수준이다. 우리는 어떤 일을, 한 분야의 일을 전문적으로 하는 사람이라면, 질릴 정도로 그 일을 한다. 일을 제대로 해 내기 위해서는 그 정도 평은 들어야 하는 것이다.

집착은, 단순하지 않은 일을 만날 때 필요하다. 쉽게 결과를 가져오기 어려운 일들이다. 구조가 단순하지 않은 일들이다. 지식이나 체계가 심오하고 복잡한 구성의 일들이다. 상대해야 하는 사람들이 많거나 까다로운 경우의 일들이다.

집착이란, 그랜트 카돈의 《집착의 법칙》에서 영감을 얻은 표현인데, 현업에서 필요한 경우를 만나게 된다. 그래서 나는 이 표현을 가져오기로 마음먹었다. 내가 집착했던 경험은 민원에 관한 것이었다. 자기 동네에서 사업을 하는 것이니 대가를 달라는 것이었다. 끈질긴 협상이 필요했다. 반복되는 요구에 견디기 힘들었지만 내가 더 집착한 결과 공적인 합의 결과를 받아냈고 불합리한 요구와 연락을 물리칠 수 있었다. 집착이 필요한 경우는, 좀처럼 변하지 않는 상대를 두고 내가 얻어내야 하는 것을 얻어야 할 때다. 이때는 끈질김이 필요하다. 통찰력 있는 지혜나 날카로움도 필요하지만 더 필요한 것은 끈기다. 끈질기게 물고 늘어져야 한다. 이것은 사람의 말투나 성향으로 드러나는 것이 아니다. 말투가 부드럽든 성향이 모질지 않든 필요한 것은, 계속 그 과제를 놓치지 않고 요구하고 질문하고 다시 연락하는 것이다. 그리고 계속 생각하는 것이다. 상대는 결국 알게 된다. 당신이 이 목표를 놓치지 않을 것이고 그 목표를 달성할 때까지 계속해서 자신에게 연락해 올 것임을.

나는 이런 집착 수준의 과제를 여러 번 맡았다. 과제를 안게 되면 한숨이 나온다. 힘든 것을 알기 때문이다. 하지만 동시에 할 수 있다고 생각한다. 실제로 대부분 과제는 해결했다.

10번은 만나야겠다는 마음을 먹고, 30번은 연락해야 그 만남을 성사시킬 수 있겠다 구상해야 한다. 그렇게 한다면, 만남의 횟수가 7번도 되기 전에 상대는, 당신에게 원하는 것이 무엇인지 물어볼 것이다. 그리고 곧 동의를 얻어낼 수 있을 것이다.

집착해야 할 일은, 한 달에 한 번 생기기 어려울 수도 있고, 여러 번 생길 수도 있다. 일 년에 3에서 5회 정도의 과제를 해낼 수 있다면 당신은 충분히 인정받을 수 있을 것이다.

셋째는 몰입이다.

몰입은 더 어렵다. 아마 일 년에 한 번도 몰입할 일이 없을 수도 있다. 어쩌면 10년에 3에서 5회 정도의 몰입을 해낼 수 있다면 업계에서 알아주는 전문가가 될 수 있을 것이다.

몰입은, 몰입이 필요한 일이 주어질 수도 있고 아닐 수도 있다. 오히려 몰입은, 당신이 적극적으로 몰입할 과제를 발굴하여 어떤 성과를 만들어 내는 접근으로 실행하는 것이 좋다.

중요한 것은, 당신이, 질리도록 집착한다, 어떤 일에 좀 미쳐있다는 말을 듣는 것이다. 그런 말을 듣다 보면 정말 어려운 과제를 해내는 것이다. 쉽게 성과를 얻어내기 어렵겠지만 포기하지 말라. 그 책임을 붙들고 있다면 반드시 일정 수준 이상의 성과를 얻을 수 있을 것이다. 그리고 그 경험은 반드시 당신을 위로 올려줄 것이다.

당신은 웰쓰 엔지니어링 보이는 영역 전략을, 집중, 집착, 몰입의 방법을 써서 실행해야 한다.

4

보이는 영역의 경쟁력, 어떻게 강화할 것인가?

시스템 비계 만들기

건축물을 지을 때나 기존 건물을 해체할 때 필요한 시설이 있다. 비계(飛階)다. 비계라는 말은, 날 비(飛)자에 섬돌 계(階)자를 쓴다. 임시로 만든 공사용 계단, 작업용 발판을 뜻한다. 건축물을 공사하기 위해 높은 곳을 날아다니는 장면을 떠올리게 한다. 보통 쇠파이프를 가로 세로로 엮고, 안과 밖으로 이중벽으로 만들어서 그 사이에 합판으로 바닥을 설치하는 것이다. 현장에서 직접 제작하는 방식이다.

그런데 최근에 새롭게 도입되는 비계가 있다.

시스템 비계다. 시스템 비계란, 현장에서 제작하지 않고 미리 제작해서 운반한 후 현장에서 조립하는 방식의 비계를 말한다. 이것은 견고하고 안전하며, 작업자가 일하기에 용이하다. 외관도 좋다. 비용이 문제지만, 설치하는 과정의 어려움과 위험을 줄이고 비계의 성능을 획기적으로 개선한 것이다. 실제로 설치된 현장에 가면 시스템 비계는 건축물의 바닥과 시스템 비계 바닥을 구분하기 어려울 정도로 안정감을 준다. 위험성이 현저히 줄어들어 도입 사례가 늘고 있다.

시스템 비계는 기존 강관비계와 똑같은 재료로 만들어진다. 주된 구조물인 강관은 2.4mm의 두께를 가진 48.6mm 지름의 파이프다. 사용되는 철물도 이음, 받침, 조임으로 똑같다. 그런데 어디서 차이가 나는 걸까? 그것은 미리 조립했는가, 현장에서 조립했는가의 차이다. 미리 조립하면 시스템 비계, 현장에서 조립하면 강관비계. 사용할 구조물의 크기와 규격을 미리 정해서 모듈화한다. 일정 단위로 규정하는 것이다. 그리고 현장에서 모듈 단위로 맞춰서 사용한다. 정확히 맞지 않으면 그 부분만 현장에서 별도 제작하는 방식이다. 미리 조립한 비계는 일정 수준의 강도와 성능이 보장된다.

어떤가? 원리가 이해되는가?

부의 환경에서도 똑같은 원리를 적용하면 된다. 모듈화하고 미리 제작해 두면 그 결과로 엄청난 효율을 얻게 된다.

우리는 부 창출 환경의 시스템 비계를 만들어야 한다.

미리 정해진 업무환경이며, 잘 설계된 틀이다. 이는 작업환경을 안전하게 만들어 주며, 보다 더 집중이 잘되고 강도 높은 작업을 하기에 편리한 환경을 제공해 준다. 훈련이 엄한 군대가 실제 전투에 강한 법이다.

시스템 비계의 발상은, 필요한 업무가 있다면 대부분의 일, 대부분의 환경을 사전에 해 둔 뒤, 필요한 과제가 생겼을 때 필요한 일만 하도록 준비하는 것이다. 웰쓰 엔지니어링에서도 똑같이 따라 하면 된다.

웰쓰 엔지니어링에서 제안하는 시스템 비계는 다음과 같다.

하루 일과의 루틴, 일하는 곳의 환경 정리, 함께 일하는 사람들과의 팀워크, 외부 협력자들과의 팀워크, 업무 표준화, 업무에서 일정한 프레임워크 사용, 직장 예절을 고려한 행동지침, 여가 시간을 효율적으로 보내기 위한 사전계획, 정기적인 운동과 명상의 습관, 목표와 실행점검에 대한 습관 등이다.

웰쓰 엔지니어링 시스템 비계	하루 일과 루틴
	일하는 곳의 환경 정리
	함께 일하는 사람들과의 팀워크
	외부 협력자들과의 팀워크
	업무 표준화
	업무에서 일정한 프레임워크 사용
	직장 예절을 고려한 행동지침
	여가 시간을 효율적으로 보내기 위한 사전계획
	정기적인 운동과 명상의 습관
	목표와 실행점검에 대한 습관

[표 8-3. 웰쓰 엔지니어링 시스템 비계]

특히, 업무 프레임워크에 집중하기 바란다.

이것은 어떤 업무들에 대해 양식을 만들어 두고 필요한 일을 할 때, 양식에 맞춰 빨리 문서를 만들어 내는 것이다. 문서를 만든다는 것은 일종의 계획안을 만드는 것이다. 문서는 기존 일을 분석하는 보고서, 앞으로의 일을 기록하는 계획서, 상대방이 있는 계약서로 전후와 수평으로 구분할 수 있다. 양식에 사로잡힐 필요는 없지만 일정한 틀을 만들어 둔다는 것은 시간을 절약해 준다. 양식을 뛰어넘어야 할 때는 창의적으로 접근하되, 기존 양식에 추가문서를 덧붙이는 방식도 유용하다.

업무 프레임워크는 비단 서면의 양식만을 의미하지 않는다. 이것은 사안을 바라보는 관점을 말하기도 한다. 벌어진 상황, 주어진 과제를 가능한 한 효율적으로 신속하게 파악하고 그에 따른 대책과 할 일을 정확하고 간결하게 도출하기 위함이다. 이것은 사람의 경쟁력을 크게 높여 준다. 만약 그 프레임워크가 성능이 떨어진다고 느껴진다면 즉시 개선하라. 상황은 늘 변하게 마련이고, 그 상황 속에서 움직이는 사람들도 항상 변하고 있기 때문이다.

또 중점을 두어야 할 것은, 사람들과의 팀웍이다.

사람들은 내부 사람들과 외부 사람들이 있다. 내부 사람들에 대해서는 내부 영업이라는 개념을 가지고 있어야 한다. 함께 일하는 동료, 상사와 후배들이지만 엄연히 나의 고객이다. 직장 내의 사람들을 만날 때, 나의 고객을 만난다는 자세로 대해야 한다. 그들은 나의 평판을 만들어 주고 지지해 줄 첫 번째 사람들이고 가장 강한 근거가 될 존재들이다.

다음은 외부에서 함께 일할 사람들이다. 외부 관계자들에 대해서, 갑을 관계를 의식해서 고압적으로 대한다거나 너무 저자세가 되는 것은 좋지 않다. 그저 평등한 관계이되 업무상 설정된 역할에 충실한 태도가 좋다. 그리고 사람에 대해서는 늘 진심으로 대하는 입장이어야 한다. 회사의 비밀을 유지해야 하거나 전략상 일의 내용을 제한적으로만 노출해야 할 때는 단호하게 처신하면 된다. 상대방은 내가 지켜야 할 선이 있다는 것을 알면 더 이상 그 선을 넘도록 요구하지 않는다. 잘 인지하지 못했다면 즉시 내용을 알려 주면 된다. 그렇게 하면 외부에서 함께 일하는 사람들도 내가 지켜야 할 것은 지키는 사람임을 깨닫게 되고 기본적으로 호의를 가지게 되며, 좋은 평판을 만드는 데 일조하게 된다.

사람들과의 의사소통에 많은 시간과 노력이 들어가게 마련이다. **그러므로 함께 일하는 사람들과 부지런히 의사소통하는 연습을 해 두어야 한다.**

이것은 평소 작은 일들을 주고받음으로써 오차를 줄이는 것을 말한다. 사람들 간의 말하는 습관, 일을 주고받는 습관들을 미리 경험하고 파악함으로써 긴급하고 중요한 일을 만났을 때, 신속하고 오차 없이 처리하려고 노력해야 한다. 이것은 나의 경쟁력을 크게 높여준다.

기타 일상과 업무 즉, 부를 창출하는 데 필요한 일을 하는 데 있어서 미리 할 수 있는 일들은 미리 해 두고, 미리 정해둘 수 있는 일들을 미리 정해 두기 바란다.

시간은 가장 소중한 자원이다. 이렇게 시간과 오차를 줄일 수 있는 환경을 미리 만들어 두는 것이 시스템 비계를 구축하는 것이다.

지속적 자기교육

지속적 자기교육은 웰쓰 엔지니어링 보이는 영역 강화에 필수적인 것이다.

아마 전 세계 성공자 중 이것을 하지 않은 사람은 없을 것이다. 성공한 사람들은 어떠한 형태로든 자기에게 교육한다. 일하면서 어깨너머로 배우는 일이 많을 것이고, 사람들을 만나면서 그들이 해 주는 말속에서 가르침을 찾았을 것이다. 적극적으로 교육 프로그램을 신청해서 듣기도 하고, 학교에 다니기도 한다. 독서는 빼놓을 수 없는 자기교육 수단이다. 요즘에는 팟캐스트, 유튜브 등 여러 앱을 통해 오디오, 비디오를 듣고 본다. 수동적이지만 확실한 독서효과를 거둘 수 있다.

신문이나 잡지를 꾸준히 보며 새로운 동향과 기술의 추이도 살핀다. 디지털 시대에도 부자들은 여전히 종이신문과 종이서적을 선호한다.

학술논문을 읽거나 세미나에 참석하거나 조찬모임에 가서 강연을 듣는다. 지식이 많은 사람끼리 모여서 서로 알고 있는 것에 대해 얘기해 주기도 한다. 모두 자기교육의 일환이다.

적극적으로 대학원에 진학하거나 각종 교육 프로그램에 등록하여 교육을 받는 것도 좋다. 나는 이 과정들을 통해 많은 발전을 이루었다. 인맥을 얻는 것은 덤이다. 그리고 매우 유용하다. 그래서 나는 당신께 조언하고 싶다.

대학원에 진학하라.

물론 파트타임 과정을 말한다. 학비가 싸지 않다. 학위는 그냥 주지 않기 때문에 공부도 많이 해야 한다. 논문을 써야 할 수도 있다. 이것은 또 다른 차원의 노력을 요구한다. 쉽지 않은 일이다. 하지만 이 모든 어려움에도 불구하고, 당신이 더 발전하고자 하는 의지가 있다면, 대학원 진학을 추천한다.

학위는, 그 자체가 주는 경제적 이득은 없지만 사람을 강력하게 고양시켜 준다.

시대는 변한다. 기술과 환경도 변한다. 여기에 적응하기 위해 부단히 노력하는 것은 성공하는 사람들의 기본적인 특성이다.

강점 강화

강점을 강화하는 방법은 부를 축적하기 위해 해야 할 일 중의 근본이다. **강점을 강화하는 가장 보편적인 방법은 한 가지 일을 평생 하는 것이다.** 그러면 그 일에 대해 숨을 쉬는 것처럼 자연스럽게 능숙하게 처리할 수 있게 된다. 사실 그렇게 이상적으로 잘하게 되지는 않는다. 일이라는 것은 매번 어려운 것이다.

일본에서 오래 내려오는 교훈이 있다. 나무를 잘 타는 사람이 그에게 배우러 온 사람에게 나무를 타 보라며 베푼 가르침이다. 나무타기 명수는, 배우러 온 사람이 나무를 타고 올라가고 꼭대기에 이를 때까지 한마디도 하지 않다가 나무에서 내려오기 직전에 한마디 했다. "발을 헛디디지 않도록 주의하라."

이 말은, 가장 위험한 순간이 아니라 가장 긴장이 풀리는 순간에 조심해야 한다는 교훈이다. 어떤 일을 오래 했다고 해서 항상 잘하는 것은 아니다. 오히려 겸손하게 긴장해야 한다.

한 가지 일을 오래 하는 것은 강점을 강화하는 가장 기초적인 접근이다. **강점을 강화하고 싶다면, 읽기 어려운 글을 많이 읽어야 한다.**

이것은 건강하고 싶다면 맛없는 음식을 먹으라는 것과 같고 돈을 벌고 싶다면 냄새나고 험한 일을 하라는 것과 같은 이치다. 업무를 위한 읽을거리는 대개 재미가 없다. 그 읽을거리에는 법조문과 규정들이 잔뜩 쓰여 있거나 지루한 숫자들과 이력들만 쓰여 있다. 흥미로운 스토리는 없다. 기승전결의 흐름도 없다. 그냥 알아야 할 지식의 나열에 불과하다. 그래서 오래 보기 힘들다. 그러나 이러한 문서들을 꾸준히 읽어야 한다.

그리고 머릿속에서 체계화해야 한다. 어떤 부분들에 대해서는 용어나 사건, 논리적 체계, 숫자들을 외워야 한다. 이러한 재미없는 읽을거리의 축적은 당신의 실력을 향상시켜 준다. 보기 어렵다면 그냥 10번 본다 생각하고 반복해서 책장을 넘겨라. 독서백편의자현(讀書百篇意自顯)이다.

강점을 강화하고 싶다면, 경험을 반복해야 한다.

신기하게도 뻔한 전개일 거 같은 경험들도 전부 다르며, 각자 구분되는 특징이 있다. 그러니, 일상의 반복이다 생각하지 말고 새롭고 재미있는 일이 시작된다는 마음으로 하던 일을 계속해야 한다. 강점은 강화된다.

강점을 강화하기 위해서는 생각을 많이 해야 한다.

남들과 차별화된 발상을 꺼낼 수 있다면 아주 좋다. 그렇지 못하다면, 하던 일을 조금씩 개선할 방법을 찾으면 좋다. 약간의 효율을 높이는 사소한 개선이다. 그리고 이 일의 처음과 끝을 떠올린다. 동시에 함께 일하는 사람들의 이해관계와 선호도를 생각한다. 그러다 보면 당신은 협상력을 높일 수 있게 된다. 남들보다 조금 더 일찍, 조금 더 많이 생각해 두는 것은 경쟁 사회에서 앞서나가기 위한 첫 번째 규칙이다.

그리고 강점을 강화하기 위해 무언가 계속해서 노력해야 한다.

당신의 강점은 당신의 부 창출 근원이 된다.

약점 보완을 위한 협력 구성

사람은 누구나 약점을 가지고 있다.

그러나 약점은 보완되어야 한다. '아무리 해도 안 된다'는 말은 약점을 감싸는 이유가 되지 못한다. 조직이 클수록 나의 약점은 경쟁자에게 빌미를 주기 좋은 명분이 된다. 그러니 어떠한 형태로든 약점을 보완해야 한다.

수줍은 성격의 마이클 잭슨이 자신이 잘하는 일에 집중해 음악을 만들고 춤을 추면서 엔터테이너로서 정상에 오른 이야기는, 자신의 약점을 극복한다는 것이 어떤 것인지 잘 보여 준다. 그는 자기가 잘할 수 있는 음악이라는 강점에 집중하여 결국 무대에서 서는 것에 대한 두려움이라는 약점을 극복했다.

약점을 보완하는 가장 좋은 방법은, 내 약점을 강점으로 가지고 있는 사람을 협력자로 만나는 것이다.

나는 나의 강점을 이용해서 그 사람을 보완해 준다. 강점과 약점이 상호보완적이지 않아도 된다. 나의 약점을 받쳐줄 수 있는 사람을 만나는 것이 중요하다. 만나기만 하면, 그 사람은 나의 약점을 어렵지 않게 보완해 낼 수 있기 때문에 좋은 협력자가 될 수 있다. 약점을 보완하기 위해 다른 사람들과 협력을 구성하는 것은 매우 좋은 전략이다.

자기 약점을 극복하기 위한 강자들의 연합은 《삼국지》에서 잘 볼 수 있다. 조조는 각종 분야의 인재들을 무조건 규합함으로써 앞으로 생길지 모르는 약점에 대비했다.

약점을 보완하기 위해 약점을 집중적으로 훈련하는 것은 필요하다. 정말 보충하기 어려운 것이라면 최소한 그 약점을 노출하지 않기 위한 수준에라도 도달해야 한다.

의외의 경우에는, 약점인 줄 알았던 것이 강점인 것으로 드러나기도 한다. 이것은 자기 계발의 승리다. 또 하나의 귀중한 능력을 소유하게 되는 것이다.

지지 얻기

부를 창출한다는 것은, 사람들과 어울린다는 것을 전제로 한다.
혼자 작업하는 일이라 할지라도 결국은 고객과의 소통이 중요하며, 고객과의 교류를 통해 부를 얻게 되는 것이다. 따라서 부를 창출하는 과정에서 다른 사람들의 입장을 고려하는 것은 매우 중요한 주제가 된다.

웰쓰 엔지니어링 보이는 영역 전략을 강화하는 방법 중 하나는, 다른 사람들의 지지를 얻는 것이다.

지지를 얻어야 할 사람은 크게 두 부류다. **첫째는 함께 생산에 참여하는 사람들이고, 둘째는 그 생산의 결과를 향유하는 사람들이다.** 즉, 부 창출 활동의 내부자인가 외부자인가로 구분할 수 있다.

내부자는 함께 일하는 사람들이다. 직장 동료, 협력사 관계자들이다. 내부 고객들이다. 그들의 지지를 얻어야 한다. 훌륭한 지휘관은, 위험한 전장에서, 병사들의 마음을 먼저 움직여야 한다. 그들의 가슴이 숭고한 목적의식과 사명으로 가득하도록 격려해야 한다. 이것은 '사기'의 문제다. 사기가 충천한 군대는 승리할 수 있다. 천시(天時), 지리(地理), 인화(人和) 중 제일은 인화다.

외부자는 내가 생산한 결과를 향유하는 사람들이다. 직접 구매한 고객은 물론이고, 이 결과를 바라보는 모든 사람을 말한다. 고객의 지지를 얻는 것은 쉬운 일이 아니다. 그들은 공동체 의식을 가져야 할 어떠한 이유도 없다. 칭찬하거나 비판하는 것은 어려운 일도 아니고 중요한 일도 아니다. 하지만 그 대상이 되는 나와 우리 팀에게는 어려운 일이며, 중요한 일이 된다. (모든 고객의 지지가 아니라 진짜 고객들의 지지가 필요하다.)

　외부자들의 지지를 얻기 위해서는 통전적 리더십이 필요하다. 기업가라 해서 돈만 쫓아가다 보면 사회적 장애에 부딪치는 경우가 생긴다. 그럴 때 힘이 되는 것은 소위 '미담'이다. 평소에 좋은 일을 하고 선의의 활동을 하다 보면 예기치 않은 곳에서 힘을 발휘하게 된다. 그렇다고 하여 전략적 선행만을 할 수는 없다. 너른 시야로 폭넓은 활동을 해야 할 필요가 있다. 사회적 지지를 얻기 위해서다. 선행이 당신이 품은 고유한 목적 중 하나라면 더 좋다.

　겸손한 자세로 보이는 세계에서 활동하는 내부자들과 외부자들의 지지를 얻어야 한다. 이것은 웰쓰 엔지니어링 보이는 영역 전략 중에서 요구되는 하나의 과제다.

5

부의 보이는 영역과
보이지 않는 영역의 통합

부의 보이지 않는 영역과 보이는 영역을 통합해서 이해하자.

이것은 그림으로 이해하는 것이 좋다. 이 그림은 보이는 영역과 보이지 않는 영역을 통합적으로 이해하자는 취지다.

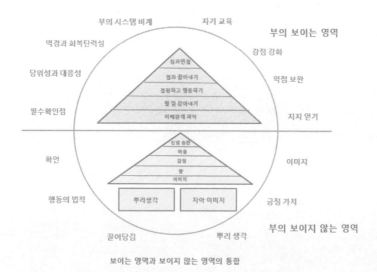

[그림 8-2. 보이는 영역과 보이지 않는 영역의 통합]

이 그림은 웰쓰 엔지니어링에서 소개한 각 영역의 개념을 종합한 결과다.

부의 보이는 영역에서는 필수확인점으로 시작한다. 본격적인 일의 시작에 대비한다. 당위성과 대응성으로 해야 할 일들을 도출한다. 일을 시작했으면 역경을 맞게 된다. 회복탄력성을 갖추어야 한다. 부의 시스템 비계로 안정성을 갖춘다. 이것은 부의 보이는 영역 전반기의 흐름이다. 전반기라는 것은 부를 창출하는 활동을 의미한다. 후반기는 자기 기반을 강화하는 일이다. 자기교육을 한다. 강점을 강화하고 약점을 보완한다. 그리고 지지를 얻는다. 자기에서 출발한 내적 역량 육성은 주변의 지지를 얻음으로써 공고해진다. 이로써 부의 보이는 영역 후반기 즉, 자기 기반 강화의 역할을 수행한다. 이것은 보이는 영역에서 해야 할 일이고 전략이다.

부의 보이지 않는 영역은 이미지로 시작한다. 이미지가 긍정가치로 이끌어간다. 뿌리 생각에 들어와 강력한 기반을 갖춘다. 보이지 않는 영역 전반기의 활동은 자기가 원하는 심상을 형성하고 필요한 가치관을 확립하여 무의식중에도 흔들리지 않을 뿌리 생각을 만들어 내는 것이다. 부의 보이지 않는 영역 후반부 활동은 정립한 뿌리 생각과 이미지 즉, 원하는 목표를 달성하기 위한 보이지 않는 영역에서의 활동을 의미한다. 부의 보이지 않는 영역은, 원하는 목표를 달성하기 위해 필요한 힘과 자원을 외부에서부터 끌어당기는 일을 시작한다. 그리고 끌어당김은 행동의 법칙으로 보완된다. 끌어당김의 확장, 보이는 영역과의 접점으로 확언한다. 이미지, 긍정가치 등은 뿌리 생각으로 가는 길이다. 끌어당김, 행동, 확언 등은 뿌리 생각을 현실 세계에서 구현해내기 위해 작동시키는 보이지 않는 영역에서 움직이는 수단들이다. 이것은 진정으로 원하는 이미지, 목표를 끌어당긴다.

부의 보이지 않는 영역에서는 뿌리 생각과 자아 이미지가 주춧돌이 되어 이미지, 말, 감정, 마음, 신념과 습관을 형성해 나간다. 부의 보이는 영역에서는 이해관계를 파악하고 할 일을 찾아내며 결정하고 행동한다. 결과를 끌어내고 성과로 연결한다. 나의 부를 창출하는 것이다. 이 모든 과정은 개별적이고 독립적이다. 하지만 이들은 모두 하나의 선으로 연결된다. 하나의 과정을 이룬다. 생각과 잠재의식의 뿌리가 하나의 행동양식으로 자리를 잡으며, 특정한 일을 만나고 과제를 도출해 낸 후, 마침내 결정과 행동을 통해 결과를 내며, 부라는 성과를 가져다주게 된다. 그렇게 부의 보이지 않는 영역과 보이는 영역은 통합된다. 각 요소와 역할은 블록처럼 차곡차곡 쌓이면서 플라이휠처럼 큰 원을 그리며 회전한다. 이것은 한 사람의 전인적 영역에서 부라는 보이는 결과를 가져다준다.

이제 이 결과를, 이 큰 그림을 당신의 것으로 만들 때다. 당신만의 스토리는 무엇인가? 당신의 자아 이미지는 무엇이고, 어떤 과정을 거쳐, 언제 어떤 성과를 연결해 낼 것인가? 바로 생각하고 바로 쓰자. 날이 지나면서 그 생각과 글은 더 날카로워지고 정교해질 것이다. 그리고 그 글은 현실이 되어 당신 앞에 나타날 것이다.

부의 보이는 영역 SUMMARY

1. 부의 보이는 영역

    필수확인점을 점검하라.

    당위성과 대응성을 결합하여 성공계획을 만든다.

2. 역경과 실패, 회복탄력성

    시도는 곧 자원 확보다. 실패도 과정 중 하나일 뿐이다.

    역경을 만났다면 상처 입은 맹수처럼 회복 후에 다시 도전한다.

    역경 극복에 기술과 제도를 아는 것은 중요하다.

    수율 관리는 역경 극복의 비결 중 하나다.

3. 웰쓰 엔지니어링 보이는 영역 전략

    이해관계, 우선순위, 결정과 행동, 결과, 나의 성과로 연결한다.

    집중, 집착, 몰입으로 일을 해결하고 결과를 만들어 낸다.

4. 보이는 영역의 경쟁력, 어떻게 강화할 것인가?

    시스템 비계를 만들어라.

    지속적 자기교육으로 강점을 강화하고 약점을 보완한다.

    주변의 지지를 얻어야 한다.

5. 부의 보이는 영역과 보이지 않는 영역의 통합

    부의 보이지 않는 영역에서는 이미지, 긍정 가치, 뿌리 생각으로 기반을 확립한다.

    끌어당김, 행동의 법칙, 확언으로 잠재의식의 힘을 보이는 세계로 이끌어 낸다.

    부의 보이는 영역에서는 필수확인점, 당위성과 대응성으로 계획을 확립한 후 도
    전기에는 역경과 회복탄력성으로 도전과 극복을, 극복 후에는 시스템 비계로 안
    정성을 달성한다. 동시에 꾸준한 자기교육을 통해, 강점 강화, 약점 보완을 해 나
    가며, 주변의 지지를 얻어낸다.

제9장

부의 파도

부를 향한 퀀텀 점프

또 이런 종류의 재산 획득 기술에서 생겨나는 부에는 한계가 없다.
의술은 무한한 건강을 추구하고, 그 밖의 다른 기술도 모두 제 목표를 무한정
추구한다. 그것들은 제 목표를 최대한 달성하기를 원하기 때문이다.

_아리스토텔레스

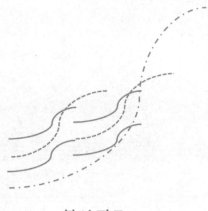

부의 파도

1

세상의 모든 시스템은
스스로가 가지는 한계가 있다

'부의 레버리지'까지 왔으면

우리가 처음에 목표로 했던 상위 10%의 목표는 충분히 달성할 수 있다.

여기까지가 당신의 목표였다면 더 이상 이 책을 읽지 않아도 된다.

이다음부터는 그 이상을 위한 과정이다.

순자산 10억 원의 목표는 이미 뛰어넘었다.

이제부터는 20억, 30억을 넘어 100억에 도전한다.

'부의 파도'는

어쩌면 그보다 훨씬 높은 목표로 가는 길이다.

세상의 모든 시스템은 스스로가 가지는 한계가 있다.

당신이 식당을 운영하는 사장이라고 가정해 보자. 우리나라 2022년 음식
점업 평균 매출액은 사업체당 연 2억 6,035만 원이었고, 종사자당 연 9,535
만 원이었다. 당신의 매장은 30평이다. 이 매장으로 올릴 수 있는 최대

매출은 어느 정도이겠는가? 어떤 음식을 팔아도 좋다고 가정한다면, 객단가가 높은 음식을 선택할 것이고, 회전율이 높거나 한 번 방문한 고객이 많은 지출을 할 수 있는 음식을 선택하려 할 것이다. 고기를 팔고, 술을 곁들여 판다면 더 높은 매출을 올릴 수 있을 것이다. 혹은 더 넓은 매장을 확보해서 2인에서 10인이 들어갈 수 있는 방을 만들고 그 방에서 주문하는 단가를 인당 5만 원 이상으로 유도한다면 높은 매출을 올릴 수 있을 것이다. 그러나 그 어떤 음식을 판다고 해도 테이블과 좌석수를 넘는 매출을 올릴 수는 없다. 그 공간의 한계는 그 식당이라는 사업 시스템이 가지는 한계다.

한 사람이 처리할 수 있는 매출에는 한계가 있다. 이것은 의사, 회계사, 건축사, 평가사 등 전문직종에서도 동일하다. 이러한 시스템을 넘고자 하는 것이 변호사다. 변호사들은 수임하는 사건의 금액 모수를 높여서 일정 비율을 청구함으로써 시간당 벌 수 있는 시스템의 한계를 넘고자 시도한다.

중개업도 마찬가지다. 중개업은 중개하는 대상물의 단가가 높은 것을 전략적으로 선택하고 취급함으로써 거래가격의 일정 비율을 청구하여, 한 사람이 처리할 수 있는 단가 개념을 뛰어넘으려 시도한다.

당신은 기업체를 가지고 있다. 그 기업체는 개인기업의 수준을 뛰어넘어 제법 큰 기업의 이미지를 갖추고 있다. 이 기업에서 당신이 벌어들일 수 있는 수입은 어느 정도인가? 당신은 높은 수준의 임금을 책정하여 받을 수 있다. 기업의 이익에 대해 배당을 받을 수도 있다. 그렇다면 얼마를 벌어들일 수 있을까? 기업체를 통해 벌어들일 수 있는 수입의 한계는 매출을 뛰어넘을 수는 없을 뿐만 아니라 각종 비용을 공제한 영업이익을 넘을 수 없다. 그래서 많은 기업들이 매출과 이익을 극대화하기 위해 노력한다. 그러나 기업활동에는 전방위적인 위험 비용이 수반된다. 따라서 이익을 벌었다 해서 전부 사용하면 안 된다. 생각보다 기업가가 기업을 통해 벌어들일 수 있는 수익은 많지 않다.

당신은 직장에서 성공한 샐러리맨이다. 업무 능력을 인정받아 높은 지위로 올라섰고, 고액의 연봉도 받고 있다. 이렇게 계속 성공한다면 얼마의 수익까지 얻을 수 있을까? 고액의 연봉을 유지하는 것은 쉽지 않다. 계속해서 좋은 실적을 내는 것은 쉬운 일이 아니다. 누군가가 자신을 대체할 경쟁자로 부상하기도 한다. 한순간 고액의 연봉이 큰 수익으로 연결될 것처럼 여겨지지만 이것이 장구하게 이어지는 것은 아니다. 한계가 있다.

당신은 조직에 속한 사람이지만 실적에 따라 성과급을 받는 사람이다. 그렇다면 한 사람의 인건비, 고액 연봉 수준의 인건비를 뛰어넘을 수 있다. 성사한 거래 액수에 따라 성과급이 정해지기 때문이다. 영업직에 속한 사람들이 주로 그런 입장이다. 하지만 실적의 호황은 오래 지속되기 어렵다. 경기는 항상 올랐다가 내려가기 때문이다. 한때 일하려는 사람들이 넘쳐나던 직종이 어느 시기에는 찬바람만 불고 얼마 남지 않은 사람들이 오히려 능력이 없게 느껴지기도 한다. 시스템에 한계가 있다.

그렇다.

세상의 모든 시스템에는 그 자체가 가지는 한계가 있다.

2

시스템의 한계를 뛰어넘는 현상, 부의 파도

우리는 종종 한계를 모르는 것처럼 돈을 버는 사람들의 소식을 듣는다. 짧은 시간에 막대한 부를 축적한 사람들의 이야기다.

어떤 순간에 좋은 실적을 거두고 많은 수입을 벌어들일 수는 있지만 큰 부를 축적하는 것은 다른 것이다. 부모로부터 큰 재산을 물려받거나 누군가의 전폭적인 지원을 받은 것도 아닌데, 벌써 큰 부자가 되어 있다니. 과연 그들은 어떻게 한 것일까?

사람이 일하는 것은 한정되어 있다. 게다가 큰 부를 쌓았다는 사람들을 보면, 하루를 48시간처럼 느껴지도록 일하는 것도 아니다. 이것은 한 사람이 일해서 벌어들일 수 있는 소득의 한계를 넘어선 것이 틀림없다. 마치 잔잔한 바다 한가운데서 한가로이 배를 타고 있었는데, 한바탕 폭풍우가 몰려와 거대한 파도로 배를 한껏 밀어내 순식간에 해안으로 보내 버리는 것과 같다. 짧은 시간에 이동한 결과가 노를 젓거나 단순히 바람을 타는 수준을 뛰어넘었다.

부가 시간의 흐름에 따라 차곡차곡 쌓이는 게 아니라 순식간에 거대한 부가 몰려와 그 사람 위로 쏟아져 내린 것 같다. **한 사람의 한계를 넘었다.** 그것도 한참.

웰쓰 엔지니어링에서는 이것을 '부의 파도'라고 부른다. 어떤 한계를 뛰어넘은 결과를 말한다. 부를 창출하는 시스템의 한계를 뛰어넘은 현상이다. 분명 이런 현상은 존재한다.

어떤 경우인가? 세 가지 경우를 살펴보자.

자비에르 레스토랑 그룹을 운영하는 피터 X. 켈리는 연 1,000만 달러의 매출을 올리고 있다.

레스토랑 4개와 케이터링 사업을 운영 중이다. 그는 제임스 브레드 파운데이션 어워드 후보에 자주 올랐고, TV 프로그램인 아이언 셰프 아메리카에도 출연했다. 그는 성공한 1959년생 기업가다.

켈리는 어린 시절부터 자신감이 있었고, 열심히 노력하면 어떤 장애물도 극복할 수 있다는 마음을 가지고 있었다. 그는 경쟁사보다 열심히 일해서 앞서려고 노력하는 사람이다. 그는 14세부터 23세까지 뉴욕의 레스토랑에서 일했다. 드디어 그는 창업을 결심한다. 그러나 그는 고용한 요리사와 운영철학이 맞지 않음을 알게 됐다. 서비스 담당자가 주방 셰프에게 주문하는 문화가 아니었기 때문이다. 결국 켈리는 자신이 요리사가 되기로 결심한다.

그는 무엇이 훌륭한 레스토랑을 만드는지 알아내기 위해 프랑스로 요리 순례를 떠났다. 미슐랭 레스토랑에 앉아 높은 수준의 전문성을 경험하게 된다. 1983년 3월 미국으로 돌아온 켈리는 뉴욕 개리슨에 자비에르 레스토랑을 오픈한다.

그가 말하는 성공 요인은, 친절한 서비스에 전념하고 작은 세부 사항의 중요성을 이해하는 사람들과 함께 일했다는 것이다. 켈리는 주방과 현관의 세세한 부분까지 세심하게 배려한 덕분에 손님들이 만족할 수 있게 되었다고 말한다. "손님이 행복한지 알 수 있는 한 가지 비결은 밖에서 대화하는 것입니다. 건물 내에서는 대부분 손님이 좋은 말만 해 줍니다. 밖으로 나가면 그들은 더 자유롭게 말하고 진실을 듣게 됩니다."

2012년 9월 4일, 가수 싸이의 〈강남스타일〉 뮤직비디오는 유튜브에 올린 지 52일 만에 1억 뷰를 돌파했다.

누구도 예상하지 못한 결과였다.

싸이는 갑자기 세계 한류 스타로 등극했으며, 전 세계에서 그를 초청하여 공연과 강연을 듣고 싶어 했다. 그 뒤를 이은 뮤직비디오는 소녀시대의 〈GEE〉였으며, 8,400만 뷰를 기록했다. 당시에는 획기적인 기록이었다.

프란시스 윌리엄 에퍼슨(Francis William Epperson)은 1905년 어느 추운 겨울밤, 소다 가루와 물 섞은 혼합물을 유리 안에 젓는 막대기와 함께 현관에 남겨두었다.

그는 자신도 모르는 사이에 얼음 막대사탕을 만든 것이다. 그의 나이 11세 때였다. 18년 후, 그는 레모네이드 가판대를 운영한다. 이때, 엡시클(Eppsicles)이라는 이름을 쓰기 시작했다. 이듬해인 1924년 얼음 막대사탕을 특허 등록을 했다. 그리고 팝시클(Popsicle)을 설립했다. 에퍼슨은 조 로위 코퍼레이션과 로열티 계약을 맺고, 1928년까지 6천만 개가 넘는 팝시클을 팔았다. 에퍼슨은 1983년 사망한 해에만 1억 5,500만 달러의 로열티를 받았다.

3

부의 파도를
어떻게 만들 것인가?

부의 파도를 만드는 세 가지 방법 : 심화, 중첩, 혁신

우연이든 의도적이든 부의 파도를 맞은 사람들은 행운아가 틀림없다. 그러나 행운아가 아니더라도 그런 파도를 일으킬 수는 없을까?

여기 부의 파도를 일으키는 세 가지 방법을 소개한다. 그리고 자본주의 시장에서 왕왕 벌어지는 또 한 가지의 길을 소개한다.

첫째, 심화.

부의 파도는 심화를 통해 만들 수 있다.

심화란 한 가지 일을 밀도 있게 잘하는 것을 말한다. 한 가지 일을 밀도 있게 잘하면 부의 파도를 낳을 수 있다.

미술가는 자신의 작품을 재료와 시간 투입에 따른 노동력을 산정한 가격에 팔 수 있다. 하지만 작품성을 인정받고 명성이 높아지면 완전히 달라진다. 그 미술가의 작품은 천정부지로 치솟는다. 심화의 사례다.

건축가는 자신이 설계한 대가를 건축물의 면적 기준으로 받는다. 하지만 그가 설계한 건축물이 하나의 사회적 작품으로 인정받는 순간 대가기준은 달라진다. 명성에 따라 큰 설계비를 받을 수 있게 된다.

변호사 역시 마찬가지다. 시간당 인건비로 책정되는 수임료는, 변호사의 능력에 따라 성장한다. 큰 성공을 거둘 것으로 예상되는 변호사의 수임료는, 기대되는 소송의 결과에 따라 천문학적인 금액으로 껑충 뛰기도 한다.

공인회계사나 세무사도 비슷하다. 인건비 기준으로 책정되는 그들의 보수는, 큰 결과가 기대되는 사안을 맡음으로써 부의 파도를 만들어 낼 수 있다.

직장에서 급여를 받고 일하는 사람도 마찬가지다. 성공한 샐러리맨 신화는, 그 사람이 맡은 일의 성과에 따라 기존 기준을 훨씬 뛰어넘어 큰 보상을 받는 경우 생겨난다. 대기업에서 그런 사례가 많은 이유는, 대기업이 경영자의 능력에 따라 큰 성과를 내기에 용이하기 때문이다.

이러한 사람들이 거둔 부는 모두, 자기 일을 심화하여 뛰어나게 잘해서 얻은 결과다.

심화는 부의 파도를 낳는다.

둘째, 중첩.

부의 파도는 중첩을 통해 만들 수 있다.

중첩의 원리는 복제다. 하나의 완성된 모형을 똑같이 복제해 나간다. 그리고 그 복제 시스템이 만들어 내는 부가 집중된다. 부의 파도가 일어난다.

중첩 시스템의 직관적 모델은 프렌차이즈다. 같은 사업시스템을 계속 복제하는 방식이다. 이것은 파도의 효과를 낳는다. 하나의 개체가 생산하는 이익을 대부분 그 개체가 가져가도록 하더라도 적은 이익을 공유해서 받는 프랜차이즈 모체는 큰 이익을 얻을 수 있다.

중첩 시스템의 대표적 형태는 방송이다. 콘텐츠 비즈니스다. 매체를 통해서 하나의 콘텐츠가 무한정 복제된다. 그리고 복제된 영상과 음원 등의 결과물을 향유하는 사람들이 대가를 지불한다. 그 대가가 원형의 콘텐츠를 만들어 낸 사람에게 집중된다. 그 과정에 기여한 매체와 다양한 활동주체들도 자신들이 기여도에 따라 이익을 배분받는다.

중첩은 부의 파도를 만드는 두 번째 방법이다.

셋째, 혁신.

부의 파도는 혁신을 통해 만들 수 있다.

혁신이란 없던 것을 만들어 내는 것이다. 완전히 없던 것을 창조해 내는 경우도 있고, 그전에 있었으나 전혀 다른 방식으로 그 결과를 만들어 내는 경우도 있다. 완전히 없었던 것을 만들어 내는 경우는 전구, 전화, TV나 컴퓨터의 발명 같은 경우다. 그전에 있었으나 전혀 다른 방식으로 그 결과를 만들어 내는 것은 디지털 카메라, 이동통신기술, 전기차 같은 경우다.

혁신은 기업 간에 자주 등장하는 현상이다. 혁신을 일으키는 기업은 새로운 시장을 독점하는 효과를 갖는다. 그러므로 폭발적인 효과를 거둘 수 있다.

무언가를 발명하는 것, 특허를 내는 것이 혁신에 속한다. 모든 발명과 특허가 좋은 성과, 부로 이어지는 결과를 낳는 것은 아니다. 하지만 이러한 속성이 혁신에서 요구된다. 기존 것을 획기적으로 개선하는 것은 혁신에서 나온다.

게리 해멀은 혁신을 위해 타당한 이유를 찾을 필요가 없다고 했다. 우리는 그렇게 타고났기 때문에 우리는 늘 새로운 것을 창출한다고 했다. 그렇다. 당신은 속성상 늘 새로운 것을 창출하는 사람이다. 당신은 이미 잠재적 혁신가다.

혁신은 부의 파도를 만들어 낸다.

그러므로 당신도 부의 파도를 만들어 낼 수 있을 것이다.

그리고 덧붙이는 또 한 가지 : 변신

추가적인 한 가지는 변신이다. 상장을 말한다.

부의 파도는 변신을 통해 만들 수 있다. 사업체가 가진 돈을 창출하는 능력으로 돈을 버는 데 그치지 않고, 그 사업체를 소유한 권리를 돈으로 바꿈으로써 부를 극대화할 수 있다. 현대 주식시장의 메커니즘이다. 권리가 돈으로 변했다. 변신이다.

이것은 또 다른 부의 파도를 만드는 방식이다. 부자가 된 많은 사람이 사용하는 방식은 아니다. 적어도 기업가의 역할을 하는 중에 상장이라는 기준까지 통과시키기 위해 회사를 성장시켜야 한다. 소수의 대상자에 관한 것이다. 하지만 비상장기업일 때 투자에 참여함으로써 이 효과를 얻을 수 있다.

근본적으로는, 기업활동을 통해 돈을 버는 것에서 기업을 소유하는 것으로도 전혀 다른 수입을 얻을 수 있다는 것이므로, 변신은 창업가에 해당한다고 할 수 있다.

4

부의 파도를 향하여

피터 X. 켈리의 경우는 심화와 중첩이 동시에 나타난 결과다.

싸이의 경우는 중첩의 결과다.

프란시스 윌리엄 에퍼슨의 경우는 혁신의 결과다.

그들은 모두 부의 파도를 이루어 낸 사람들이다.

심화, 중첩, 혁신을 통해서 부의 파도를 만들어 내라.

심화 :
한 가지 일을 더 날카롭고 깊게, 더 효과적으로

중첩 :
한 가지 시스템을 여러 개로, 동시에 움직이도록

혁신 :
기존의 일을 전혀 다른 방식으로, 놀라운 효율을 일으키도록

[표 9-1. 부의 파도]

당신과 맞는 것을 찾아 실행하라.

당신이 잘할 수 있는 일을 찾아라.

지금 하고 있는 일을 잘하라. 그리고 한 사람의 한계를 뛰어넘어라. 당신의 노력 정도를 넘어서는 결과를 얻을 것이다. 당신이 그간 쌓아 온 시간과 여러 관계가 하나의 거대한 개체가 되어 큰 힘을 발휘한다. 지금 당신이 투입한 시간과 노력은 한정적인데, 그 결과는 무한과 같은 크기로 나타난다. 그저 생긴 것은 아니다. 당신이 그간에 일구어 온 결과니까. 그러나 겸손해야 할 것이다. 겸손하게 여기고 무심하게 계속 그 휠을 돌린다면, 당신에게 더 큰 결과가 계속해서 찾아올 것이다. 부의 파도가 올 것이다.

당신이 잘하는 일을, 그 방식을, 그 형식과 형체를 복제하라.

완성된 하나의 지적재산권, 하나의 사업모델, 하나의 제품, 하나의 콘텐트다. 이것을 복제한다. 복제는 쉽지만 복제 기술을 갖는 것은 다른 영역이다. 그러므로 협력자의 도움을 구하라. 모든 것을 혼자서 할 필요

는 없다. 그렇게 효과적으로 작동하는 당신의 작품을 성공적으로 복제한다면 큰 결과가 기다린다. 부의 파도가 기다린다.

당신이 하는 일, 당신이 속한 산업에서 개선의 필요를 찾아라.

그리고 혁신하라.

혁신이란 전혀 다른 방식으로 동일한 결과를 만들어 내는 것이다. 혁신이란 전에 없던 것을 만들어 내는 것이다. 혁신은 대개 기술을 수반해야 한다. 하지만 발상만으로도 혁신을 일으킬 수 있다. 그것은 융합이다. 다른 분야에서 이미 적용되는 기술을 이 분야로 가져오는 것이다. 시야를 넓게 열면 된다. 마음을 모으고 원하는 바에 집중하면, 잠재의식이 움직여 그 답을 찾아줄 것이다. 우연한 기회에 번득이는 아이디어를 얻게 될 것이다. 생각지 못했던 곳에서 실마리를 찾게 될 것이다. 그리고 이것을 당신이 염원하던 목표에 적용하면, 혁신을 일으킬 수 있을 것이다. 혁신은 순간에 이루어지지 않는다. 반복되는 실험과 시도를 통해 완성된다. 집중하고 집착하고 몰입하라. 혁신이 당신 앞에 숨겨진 몸을 드러낼 것이다.

부의 파도는 이미 당신 것이다.

부의 파도 SUMMARY

부의 파도는 100억 목표를 향해 도전하는 사람들을 위한 장이다.
1%를 넘어 0.1%에 도전하는 영웅들의 여정이다.

1. 세상의 모든 시스템은 스스로가 가지는 한계가 있다

2. 시스템의 한계를 뛰어넘는 현상, 부의 파도

   부가 파도처럼 몰려와 한순간에 큰 부를 이룬다.

   요리사가, 가수가, 식품 제조업자가 그런 상황을 맞았다.

3. 부의 파도, 어떻게 만들 것인가?

   심화, 중첩, 혁신으로 부의 파도를 만든다.

   또 하나의 방법은 변신이다. 기업이 상장하면 소유권이 돈이 된다.

4. 부의 파도를 향하여

   심화 : 한 가지 일을 더 날카롭고 깊게, 효과적으로 한다.

   중첩 : 잘하는 일을 복제 가능한 형태로 만든다.

   혁신 : 기존 방식을 탈피한 새롭고 효율적인 방법을 고안한다.

제10장

웰쓰 엔지니어링 프랙티스

웰쓰 엔지니어링 시스템의 도구들, 사용법 익히기

아로낙스 박사,
노틸러스 호를 견학하시고 싶다면 안내해 드리지요.

_쥘 베른, 《해저 2만 리》 중에서

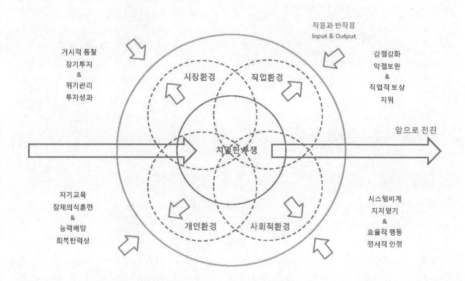

작용과 반작용
Input & Output

거시적 통찰
장기투자
&
위기관리
투자성과

강점강화
약점보완
&
직업적보상
지위

시장환경   직업환경

앞으로 전진

치열한 투쟁

자기교육
잠재의식훈련
&
능력배양
회복탄력성

개인환경   사회적환경

시스템비계
지지 얻기
&
효율적 행동
정서적 안정

1

웰쓰 엔지니어링 시스템 요약하기

지금까지 웰쓰 엔지니어링에 대해 깊이 생각해 보았다.

이제는 이것을 적용하자.

살아 있는 지식이 되도록 사용하자. 행동하자. 지식과 기술의 의의는 그것을 사용하여 결과를 이끌어냄에 있다.

지금부터 웰쓰 엔지니어링에 소개된 지식들을 요약하고 이것을 적용하기 위한 방법들을 살펴본다.

웰쓰 엔지니어링 시스템 요약하기

웰쓰 엔지니어링 시스템은 부로 가는 블랙박스의 콘텐츠다.

블랙박스는, 한 사람이 인생 여정을 가는 데 부에 다다를 것인지 평범이나 가난에 도착할 것인지 가늠하는, 복합적이고 장기적인 체계다.

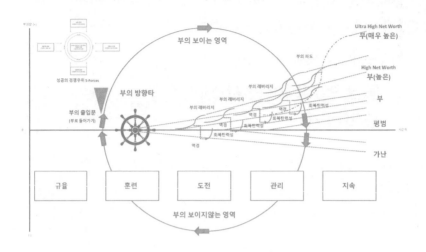

[그림 10-1. 웰쓰 엔지니어링 모형]

웰쓰 엔지니어링 시스템은 부의 출입문으로 들어가면서 시작된다.

부의 출입문을 들어서면, 처음 만나는 것은 부의 방향타다.

부의 방향타는 세 가지가 있다.

첫 번째는 현금흐름 방향타다. 이것은 지출은 수입보다 적은 상태를 유지해야 한다. 때로는 지출이 많아질 수도 있지만 방향은 반드시 수입이 많은 쪽을 향해야 한다.

두 번째는 인과법칙 방향타다. 이것은 투입과 산출이 인과관계로 이어져 있음을 의미한다. 투입은 반드시 산출보다 많아야 한다. 그래야 손실이 발생하더라도 원하는 수준의 산출을 얻게 된다. 당신의 시간, 노력, 지식, 경험, 열정, 자세, 관계, 돈, 기술 기타 모든 것을 넉넉하게 투입하여 원하는 수준의 부를 창출해야 한다.

세 번째는 패러다임 방향타다. 사고는 항상 긍정과 성장을 지향해야 한다. 부정적 사고를 가지거나, 뒤로 물러나거나 작아지는 방향으로 가지 않도록 주의해야 한다. 긍정적 사고를 가져야 하고, 앞으로 나아가고 커지는 방향으로 가야 한다. 사고가 긍정적이면 말과 행동이 긍정적으로 나타난다. 사고가 성장을 지향하면 말과 행동이 성장을 지향하게 된다. 당신의 부는 성장하게 된다.

부의 출입문으로 들어섰다는 것은, 일을 시작했다는 것이다. 일을 시작했다는 것은 돈 버는 활동을 시작했다는 것이다. 돈버는 활동 즉, 경제활동을 하는 것은 처음에 미숙했다가 나중에 능숙해지는 성장 과정을 거친다.

그 단계는 규율, 훈련, 도전, 관리, 지속의 과정으로 사람의 전 일생에 걸쳐 발전하게 된다. 모든 사람이 다 발전하는 것은 아니므로 모든 사람이 다 이 다섯 단계를 거치지 않는다. 마찬가지로 모든 사람이 다 이 단계를 순서대로 거치지 않는다. 이것은 발전의 왜곡된 결과를 낳는다. 발전한 것으로 보이지만 어딘가 오류가 생기는 원인이다. 규율이 부족하지만 훈련이 잘되어 있을 수도 있고 훈련이 부족하지만 도전이 성공할 수도 있다. 그렇게 되면 다음 단계로 발전하는 데 어려움을 겪는다. 한 단계 내에서도 더 발전하는 데 어려움을 겪는다. 소기업이 중견기업으로 발전하는 것은 쉽지 않으며, 중견기업이 대기업으로 발전하는 것도 쉽지 않다. 성공한 기업이 차기 경영진에게 완전하게 경영을 이전하는 것은 또 다른 도전이 된다. 이러한 단계의 전환은, 규율부터 시작해 잘 훈련받은 사람들이 모여서 협력하는 집단을 이룰 때 가능해진다.

도전의 단계는, 자기 일을 시작할 시기다.

도전의 단계에서 레버리지가 시도된다. 레버리지는 사업의 시작뿐 아니라 투자의 시작을 의미한다. 또한 하던 일에서의 성장을 의미한다. 부를 창출하는 데 한 사람의 한계를 넘고자 하는 시도다. 부의 통로를 확장하는 시도다.

레버리지를 했다면 그다음은 부의 파도를 일으켜야 한다. 레버리지를 통해 일으켰던 사업 시스템도 각각 한계가 있다. 그 시스템의 한계를 넘는 것을 부의 파도라고 한다. 부의 파도는 심화, 중첩, 혁신을 통해 일으킬 수 있다. 한 가지 일을 깊게 잘하고, 부를 창출하는 수단을 여러 개로 복제하고, 기존에 없던 것, 기존에 없던 방식을 창안함으로써 혁신을 일으키는 것이다. 이런 방법은 부의 파도를 낳는다. 레버리지를 뛰어넘는 큰 결과를 가져온다.

웰쓰 엔지니어링의 출발점에서 그리고 과정에서 개인의 경쟁력을 높여야 한다.

그 방법은 5요소를 강화하는 것이다. 5요소란 개인적 환경, 직업적 환경, 사회적 환경, 시장 환경과 치열한 투쟁이다. 환경을 강화하고 치열한 투쟁을 통해 웰쓰 엔지니어링 주체인 웰쓰 엔지니어의 경쟁력을 강화한다.

부를 창출하는 데 있어서, 보이는 영역과 보이지 않는 영역에서의 활동이 필요하다. 특히 보이지 않는 영역에서의 메커니즘 이해가 요구된다. 긍정적이고 발전적인 자아 이미지를 구축하여 잠재의식을 이끌어야한다. 견고한 뿌리 생각을 만들어 위기에 대비해야 한다. 끌어당김의 법칙은 행동의 법칙으로 보완해야 한다. 확언을 통해서 뿌리 생각을 강화하며, 잠재의식의 활동을 격려한다.

보이는 영역에서는 부를 창출하는 환경을 만들어야 한다. 웰쓰 엔지니어링 시스템에서 제시한 구조를 점검하는 필수확인점을 알고 점검해야 한다. 일에 있어서 당위성과 대응성의 원칙을 가지고 처리해야 한다. 부의 시스템 비계를 만들어 일을 처리하는 과정을 효율적으로 보완한다. 부로 가는 과정에는 역경은 피할 수 없으므로 회복탄력성을 갖추는 것이 필수다. 그리고 그것은 어려운 일이다. 모든 역량을 집중하여 키워야 한다. 행동해야 한다. 자기를 교육하고 강점을 강화하고 약점을 보완하며, 주변 사람들의 지지를 얻어야 한다.

이러한 웰쓰 엔지니어링 시스템을 배우고 이해하자. 그리고 자유자재로 활용할 수 있도록 연습하자.

당신만의 시스템으로 커스터마이징(customizing)하라.

2

웰쓰 엔지니어링 시스템 프레임워크

다음은 적용할 수 있는 프레임워크(framework)를 알아보자.

이 부분은 다소 기술적인 것으로, 실용적인 적용을 하기 위한 것이다. 잘 배우고 익혀 두면 도움이 된다. 하나씩 살펴보자.

G-STIC 프레임워크

지스틱이라고 읽는 G-STIC 프레임워크는 마케팅 관리론에서 등장하는 방법론이다.

목표(Goal), 전략(Strategy), 전술(Tactics), 실행(Implementation), 통제(Control)의 첫머리 알파벳을 따서 지스틱이라 이름을 붙인 것이다. 사업을 전개할 때, 그 사업의 목표와 일련의 실행구상을 표 하나로 정리하기 위해 만들었다. 이것을 사용하면 생각보다 유용하다. 제목에는 웰쓰 엔지니어링 플랜(Wealth Engineering Plan)이라 이름 붙였다.

5가지 본문에 3개의 전후 항목을 붙여 8가지로 구성된다.

상단에는 핵심을 요약한다. 이 사업의 제목, 내용, 전반적인 특성을 간략히 기재한다. 그리고 상황을 기록한다. 내부와 외부 상황을 기록한다. 이것은, 기록한 시점의 환경을 언급함으로써 추후 그 상황이 변화되었을 때 목표와 실행계획이 수정될 수도 있음을 암시한다.

[그림 10-2. G-STIC 프레임워크]

G에 해당하는 목표(Goal)를 적는다. 목표는 정성적 표현, 정량적 표현으로 기재한다.

다음은 전략(Strategy)이다. 전략에는 목표시장과 가치제안으로 구분한다. 누구를 상대로 사업을 할 것인가, 그 상대에게 어떤 가치를 줄 것인가. 이것은 내가 제공할 상품과 서비스를 규정하게 된다. 그리고 얼마를 벌어들일 수 있는지 그 잠재력을 규정하게 된다.

다음은 전술(Tactics)이다. 그래서 구체적인 행동은 어떤 일을 할 것인지 적는다.

전술이 나왔다면 다음은 실행(Implementation)이다. 실행에는 일정이 나와야 한다. 그리고 투입할 자원을 결정한다. 이것은 필요한 자원을 조달하기 위한 계획을 수반하게 된다.

다음은 통제(Control)다. 통제에서는 마일스톤 즉, 일정상의 주요 중간목표를 설정한다. 자원투입과 성과품의 도출에 대한 과정을 통제한다. 여기에는 환경변수도 고려한다. 최종적인 평가를 어떻게 할 것인지 계획한다.

이 프레임워크를 어떻게 작성해야 하는지 요령을 제시했다.

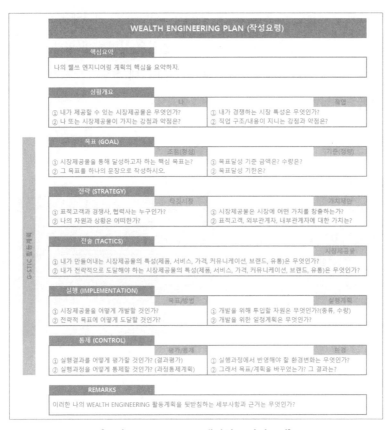

WEALTH ENGINEERING PLAN (작성요령)

핵심요약

나의 웰쓰 엔지니어링 계획의 핵심을 요약하자.

상황개요

나	직업
① 내가 제공할 수 있는 시장제공물은 무엇인가? ② 나 또는 시장제공물이 가지는 강점과 약점은?	① 내가 경쟁하는 시장 특성은 무엇인가? ② 직업 구조/내용이 지니는 강점과 약점은?

목표 (GOAL)

초점(정성)	기준(정량)
① 시장제공물을 통해 달성하고자 하는 핵심 목표는? ② 그 목표를 하나의 문장으로 작성하시오.	① 목표달성 기준 금액은? 수량은? ② 목표달성 기한은?

전략 (STRATEGY)

타깃시장	가치제안
① 표적고객과 경쟁사, 협력사는 누구인가? ② 나의 자원과 상황은 어떠한가?	① 시장제공물은 시장에 어떤 가치를 창출하는가? ② 표적고객, 외부관계자, 내부관계자에 대한 가치는?

전술 (TACTICS)

시장제공물
① 내가 만들어내는 시장제공물의 특성(제품, 서비스, 가격, 커뮤니케이션, 브랜드, 유통)은 무엇인가? ② 내가 전략적으로 도달해야 하는 시장제공물의 특성(제품, 서비스, 가격, 커뮤니케이션, 브랜드, 유통)은 무엇인가?

실행 (IMPLEMENTATION)

목표/방법	실행계획
① 시장제공물을 어떻게 개발할 것인가? ② 전략적 목표에 어떻게 도달할 것인가?	① 개발을 위해 투입할 자원은 무엇인가?(종류, 수량) ② 개발을 위한 일정계획은 무엇인가?

통제 (CONTROL)

평가/통제	환경
① 실행결과를 어떻게 평가할 것인가? (결과평가) ② 실행과정을 어떻게 통제할 것인가? (과정통제계획)	① 실행과정에서 반영해야 할 환경변화는 무엇인가? ② 그래서 목표/계획을 바꾸었는가? 그 결과는?

REMARKS

이러한 나의 WEALTH ENGINEERING 활동계획을 뒷받침하는 세부사항과 근거는 무엇인가?

(세로축: G-STIC 활동계획)

[그림 10-3. G-STIC 프레임워크 작성요령]

방법이란 언제나 개선 가능성을 안고 있으므로, 이 틀을 가지고 더 나은 방법을 찾아가기 바란다.

실행 프로세스 : Plan Do See

실행 프로세스에 대해서 생각해 보자.

실행 프로세스는, 플랜(Plan), 두(Do), 씨(See)다. 최근에는 PDS라고 약어가 널리 알려졌다. 제6장에서 일의 원칙을 설명한 바 있다. 계획하고 실천하고 바라보라고 제시했다. 이것에 대해 실행 프로세스를 다시 한번 점검한다. 아래 그림을 보자.

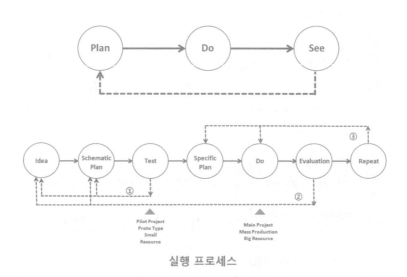

실행 프로세스

[그림 10-4 . 실행 프로세스]

상단의 플랜-두-씨는 일의 원칙을 선언적으로 알려준다. 감각적으로 일하기도 하지만 대부분 기업과 조직에서는 먼저 목표를 세우고 그다음 그 목표를 달성하는 방법을 찾는다. 그리고 찾아낸 방법을 실천한다. 그리고 매월, 분기별, 연말이나 연초에 그 목표와 결과를 확인한다. 목표설정과 방법이 적절했는지 분석하는 것이다. 목표를 세울 때 환경과 실천할 때 환경이 달라져서 결과가 달라진 것인지, 방법 선정에 잘못이 있었는지, 목표설정이 잘못된 것인지 확인하고자 한다. 그리고 다시 목표를 세운다. 다시 계획을 세운다. 그리고 그 계획을 실행한다. 정기적으로 결과는 어떠한지 점검하고 목표와 계획을 검토한다.

하단의 일곱 개 원은, 보다 세분화된 일의 진행원칙을 말해 준다.

먼저 구상(Idea)이다. 그 구상은 목표와도 같다. 목표란, 실행 가능한 수단을 전제로 하므로, 구상이란 곧 달성 가능한 목표일 수 있다. 그러나 다소 과감한 아이디어와 목표를 설정할 수도 있다. 구상이 구상으로 끝나는 것은 어떠한 실행계획도 세울 수 없을 때다. 그러나 실행방안을 찾을 수 있다면 구상은 구상에서 끝나지 않는다. 이것은 계획이 될 수 있다. 원하는 목표를 달성할 만한 계획이 될 수 있을지 확인해야 한다.

그것을 위해서 시범적 계획(Schematic Plan)을 세운다. 구상에서 조금 더 구체화한 수준의 계획을 세우고 실행해 본다.

이것이 테스트(Test)다.

만약 실현 가능한 계획이라고 생각되면 더 본격적인 계획(Specific Plan)을 세운다.

적절하지 않다고 생각되면 구상이나 계획 단계로 돌려보낸다(과정 ①). 구상이나 계획을 다시 세우는 것이다. 본격적인 계획을 세우는 단계까지 갔다면 이것을 본격적으로 실행(Do)한다.

그리고 그 결과를 평가(Evaluation)한다. 씨(See)의 단계다. 무언가 적절하지 않다면 다시 구상이나 시범적 계획으로 되돌려 보낸다(과정②). 이것은 중대한 결함이 있다고 생각될 때이다. 하지만 적절하게 실행할 수 있다고 판단되고 단지 정도의 문제만 있다면 반복(Repeat)으로 넘어간다.

반복에서는, 계획안을 수정하며 다시 시작할 수도 있고, 수립한 계획을 반복해서 실행할 수도 있다(과정③). 진짜 성과는 이 단계에서 나타난다. 반복하면서 완성도를 높이고 효율을 높인다. 계획에서 달성할 수 있는 한계를 고려하여 적절한 투입을 실행한다. 그리고 원하는 결과를 얻는다.

합리적 계획 프로세스 : The Rational Planning Process

다음은 문제를 대상으로 해결방안을 찾는 일의 원칙이다.
합리적 계획 프로세스(The Rational Planning Process)라고 명한다.
도시공학 방법론에서 가져왔다. 아래 표를 보자. 이해를 돕기 위해 한글과 영문을 동시에 표기했다.
8단계 절차를 수행한다.
먼저, 문제를 정의(Problem Identification)한다. 당면한 과제를 도출하는 것이다. 눈에 펼쳐진 어지럽고 복잡한 상황이 있다. 문제는 있는데 무엇이 문제인지 직관적인 식별이 어렵다. 이때, 문제를 정의해야 한다. 원인을 파악하고 본질을 통찰해야 한다. 그래서 어떤 문제가 있는지 명확하게 규정할 필요가 있다. 그래야 해결책을 찾아갈 수 있다.
다음은 목표를 설정(Objective Setting)한다. 이것은 정성적인 현상과 문제를 정량적 과제로 전환하는 과정이다. 구체적인 대상과 달성해야 할 정도를 정해야 한다.
그 후, 대안적 해결방안을 개발(Development of Alternative Solutions) 한다. 이것은 다양한 해결책이 있을 수 있다는 것을 암시한다. 현실적으로 실행할 방안 하나를 도출하는 것이다.

The Rational Planning Process

합리적 계획 프로세스

[그림 10-5. 합리적 계획 프로세스]

이 **대안적 해결방안을 평가(Evaluation of Alternative Solutions)한다.** 구상 단계에서 적절할 것으로 예상했던 해결책이 실제 어느 정도 작용했는지 확인하는 것이다. 이 과정은 실제 실행이 아니라 관계자들의 검증 절차를 통해 이루어질 수도 있다. 누군가 제안한 방법에 대해 관계자들이 평을 하는 것이다. 일종의 회의 과정이다.

이 **회의를 거쳐 최적이라 여겨지는 대안을 선택(Selection of Preferred Solutions)한다.**

그리고 **실행(Implementation)한다.**

실행 후에는 **점검(Monitoring)하고 통제(Control) 한다.**

그리고 **결과를 본다(Review).**

이것이 **합리적 계획 프로세스(The Rational Planning Process)다.**

생각보다 본격적인 실행 전에 사전 절차를 많이 거치는 것을 알 수 있다. 그리고 실행 후에 검토하는 과정이 많다는 것도 느끼게 된다.

이것은, 어떤 분야든, 하나의 실행의 중요성을 의미한다. 실행이라는 것은, 그 실행자의 시간, 노력, 자원들이 투입되는 것으로서, 한번 실행이 되면 불가역의 과정에 들어감을 의미하기 때문이다. 사업을 시작하는 것도 마찬가지다. 한번 결심하고 실행을 시작하면 돌이키기 어렵다. 그래서 문제가 발생했을 때, 과제가 주어질 때, 신중하게 대안을 모색하고 선택하여 실행해야 한다. 그리고 그 결과를 주의 깊게 관찰하고 분석해야 한다. 그 이후부터는 되는 계획을 세우고, 효과가 있는 실행만을 하려고 노력해야 한다. 시간과 돈, 자원은 유한하다.

웰쓰 엔지니어링 시스템 대쉬보드
: Wealth Engineering System Dashboard

웰쓰 엔지니어링을 실천하기 위하여, 점검하는 도구를 제안하고자 한다. **웰쓰 엔지니어링 시스템 대쉬보드(Wealth Engineering System Dash board)다.**

이것은 비행기의 계기판처럼 웰쓰 엔지니어링을 추구하는 사람, 웰쓰 엔지니어의 갈 곳과 현재 상황을 알려 준다. 더 기술적인 표현과 시각적인 구성을 할 수 있지만, 지면으로 제안하는 한계를 고려하여 개념적인 제시에 그치는 것을 이해해 주기 바란다. 적극적인 웰쓰 엔지니어는 이것을 잘 활용하고 응용하여 자기 것으로 흡수할 것이다.

대쉬보드는 4개의 면으로 분할된다. 차량과 비행기 계기판을 참고하여 상단에 두 개의 원과 가운데 하나의 사각형, 하단에 사각형 하나를 배치했다. 하단의 사각형에 목표를 기재한다. 상단 가운데 사각형에는 직업활동을 기재한다. 두 원에는 재무와 신체 및 정신활동에 대한 목표와 상황을 기재한다. 각 면마다 일곱 개의 질문을 던지고 답을 한다. 네 면에 일곱 질문씩 모두 스물여덟 질문이다. 그 답의 표현은 정성적, 정량적으로 표시하기로 한다.

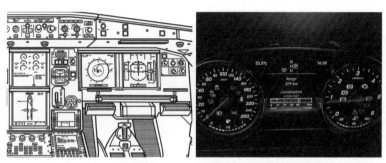

에어버스 A320 콕핏   자동차 대쉬보드

[그림 10-6. 비행기와 자동차의 대쉬보드]
이미지출처 : https://www.behance.net/gallery/47167015/Airbus-A320-
cockpit?locale=ko_KR, Mike Nudelman

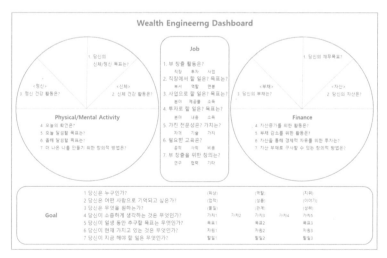

[그림 10-7. 웰쓰 엔지니어링 대쉬보드]

각 면의 질문들은 다음과 같다.

1면 (목표)

1-1. (존재) 당신은 누구인가?

1-2. (사명) 당신은 어떤 사람으로 기억되고 싶은가?

1-3. (비전) 당신은 무엇을 원하는가?

1-4. (가치) 당신이 소중하게 생각하는 것은 무엇인가?

1-5. (목표) 당신이 일생 동안 추구할 목표는 무엇인가?

1-6. (자원) 당신이 현재 가지고 있는 것은 무엇인가?

1-7. (과제) 그러면 당신이 지금 해야 할 일은 무엇인가?

2면 (직업)

2-1. (역할) 당신은 어떤 활동을 통해 부를 창출할 것인가?

2-2. (근로) 당신이 직장에서 해야 할 일은 무엇이고, 얼마를 벌 것인가?

2-3. (사업) 당신이 사업으로 할 일은 무엇이고, 얼마를 벌 것인가?

2-4. (투자) 당신이 투자로 할 일은 무엇이고, 얼마를 벌 것인가?

2-5. (전문성) 당신이 가진 전문성은 무엇이고 얼마의 가치가 있는가?

2-6. (자기교육) 당신이 더 가치 있는 사람이 되기 위해 필요한 교육은 무엇인가?

2-7. (창의) 당신이 부를 더 창출하기 위한 창의적인 방법은 무엇인가?

3면 (활동)

3-1. (목표) 당신의 신체적, 정신적 활동 목표는 무엇인가?

3-2. (육체) 신체를 건강하게 만들기 위하여 오늘 할 일은 무엇인가?

3-3. (정신) 정신을 건강하게 만들기 위하여 오늘 할 일은 무엇인가?

3-4. (확언) 오늘 당신에게 해 줄 말은 무엇인가?

3-5. (일일) 오늘 당신이 이루어야 하는 일은 무엇인가?

3-6. (1년) 올해 당신이 이루어야 하는 일은 무엇인가?

3-7. (창의) 더 나은 당신을 만들기 위하여 창의적으로 해야 할 일은 무엇인가?

4면 (재무)

4-1. (목표) 당신의 재무적 목표는 무엇인가?

4-2. (자산) 현재 당신의 자산은 얼마인가?

4-3. (부채) 현재 당신의 부채는 얼마인가?

4-4. (자산증가) 자산을 늘리기 위해 당신이 할 일은 무엇인가?

4-5. (부채감소) 부채를 줄이기 위해 당신이 할 일은 무엇인가?

4-6. (4% 룰) 자산을 통해 경제적 자유를 달성하기 위한 계획은 무엇인가?

4-7. (창의) 자산과 부채를 통해 당신이 구사할 수 있는 창의적인 방법은 무엇인가?

당신의 목표와 현황, 구체적인 계획과 수정방안 등을 월 1회 주기로 기록하며 관리해 보자. 1년에 한 번 점검하는 것도 괜찮다.

나는 매년 11월이면, 다음 해의 목표를 정성적 표현을 써서 정리한다. 그리고 그 목표 옆에 정량적 목표를 기재한다. 그리고 1년간 붙여두고 계속 확인한다. 당장 1년 만에 이루어지지 않더라도 수년 뒤에 보면, 꽤 많은 진보와 성취가 있었음을 확인할 수 있다.

3

웰쓰 엔지니어링
시스템 프랙티스

웰쓰 엔지니어링 시스템 프랙티스

웰쓰 엔지니어링 시스템 프랙티스를 해 보자. 연습이다.

일단은, 지스틱(G-STIC)을 작성하자. 근로소득, 자영업, 사업소득, 투자소득에 맞춰 한 장의 표로 정리해 보라. 처음부터 만족스럽긴 어렵겠지만 일단 시도하다 보면 요령이 생긴다. 반복하면 더 능숙해진다. 세 번쯤 연습하길 권한다.

그리고 웰쓴 엔지니어링 시스템 대쉬보드를 작성하자. 이것은 좀 인내를 요구한다. 그리고 산재된 자산이나 부채를 파악하는 것이 쉬운 일은 아니다. 숨기고 싶은 내용도 있을 것이다. 하지만 전부 드러내지 않아도 된다. 중요한 것은, 하나로 집계하는 활동이다. 흩어져 있던 자원을 하나로 모으다 보면 무언가 집중력이 생긴다. 그리고 할 수 있다는 자신감도 생긴다. 반대로 실망감이나 두려움이 생길 수도 있다. 부채를 바라보며, 많지 않은 자산을 바라보며. 일단 현실을 인정하자. 하루나 이틀 자고 나면 괜찮아질 것이다. 그리고 다시 생각하라. 대쉬보드가 질문하는 대로 그래서 무엇을 할 것인지 생각하라. 곰곰이 생각하다 보면, 당신의 잠재의식이 갈 길을 알려줄 것이다. 어쩌면 한 달이나 일 년 뒤에 그 길을 깨닫게 될지 모른다. 그러나 얼마의 시간이 걸리든, 당신이 그 길을 가고자 마음을 먹었다면, 반드시 길이 보일 것이고, 그 길이 당신 앞에 열릴 것이다.

그다음 할 일은, 문제를 정의하는 것이다. 당신이 답답함을 느끼고 있다면, 문제를 종이에 써 보라. 뭐가 문제인지 모른다. 그러나 점차 문제가 명확히 떠오른다. 문제가 명확해지면 해결책도 명확해진다. 단지 당장 어떤 방법을 써야 해결이 될지 모르는 것이지 해결책이 무엇인지 발견할 수는 있다. 그렇게 당신은 문제 해결에 한 걸음 다가간다. 방법의 발견도 하루나 이틀 자고 나면 떠오를 수 있다. 자원의 한계를 느껴 좌절감이 든다면, 잠시 마음을 가다듬자. 그리고 외부로부터의 도움을 구하자. 그것은 누군가에게 적극적으로 연락하는 것일 수 있고, 혼자 조용한 명상을 하는 것일 수 있다. 갑자기 전화가 걸려 올 수도 있다. 그런 것은 좋은 징조다. 알 수 없는 메커니즘에 의해 나의 소원이 이루어지는 중이다.

기록하고 정리하는 것이 익숙해졌다면, 계획을 세워 보자. 플랜-두-씨다.

그리고 구체적 실행 과정 7단계를 해 보는 것이다. 막연한 구상도 좋다. 이미 하는 익숙한 일도 좋다. 종이에 쓰는 계획을 남겨 보자. 계획에는 정량적인 목표를 써야 한다. 얼마를 투입하고, 얼마의 시간을 쓰고, 얼마를 벌겠다. 언제까지 벌겠다. 뭔가 판매한다면 가격은 얼마로 할 것이다. 인건비를 제공한다면 시간당, 하루당 인건비는 얼마다, 혹은 연봉은 얼마다라고 기재한다. 계획이라는 것도 반복해서 작성하다 보면 실력이 는다. 내가 하는 일은, 사업은 소중한 것이다. 그렇게 소중한 일은 대충 할 수는 없는 것이다.

나의 일을 소중하게, 성의 있게 만들어 나가자.

웰쓰 엔지니어링 시스템 체크리스트

웰쓰 엔지니어링 시스템 체크리스트를 만들어서 점검해 보자.
11가지 구분으로 45항목을 만들었다. 대부분 그렇다, 아니다로 점검하고, 내용을 기재하는 방식도 12가지로 구성했다.

체크리스트는 계획서에 비해 단순하게 접근하는 것이 좋다. 필요한 사항을 기록하고 정밀하게 관리하는 것은 별지로 구분해서 실행하면 된다. 웰쓰 엔지니어링 시스템 체크리스트는 웰쓰 엔지니어링의 구성 목차를 따라 작성한 것이므로, 이 책의 요약이라고 봐도 무방하다. 읽었던 내용들을 상기하며, 머릿속으로 체계를 갖춰두면 더 좋다. 도움이 되기를 바란다.

주관식으로 대답해야 하는 질문들은, 스스로 자주 질문하며 조금씩 바꿔 나가도 좋다. 불변의 목표를 찾으려는 것이 아니라 해야 할 목표와 비전을 구체화하려는 것이다.

목표와 비전이 구체적일수록 달성 가능성이 높아진다.

번호	구분	항목	점검
중앙	Wealth Engineering System Check List		

번호	구분	항목	점검
1	블랙박스	당신은 부를 원하는가?	Y□, N□
2	들어가기	문을 열고 들어갔는가?	Y□, N□
3		일찍 시작하기를 했는가?	Y□, N□
4		일을 시작했는가?	Y□, N□
5	웰쓰 엔지니어링	부의 함수, 부를 계산했는가?	Y□, N□
6		인적 자원 경쟁력 강화하는가?	Y□, N□
7	부의 방향타	현금흐름 방향타, 잡았는가?	Y□, N□
8		자원투입 방향타, 잡았는가?	Y□, N□
9		패러다임 방향타, 잡았는가?	Y□, N□
10		가계부를 쓰는가?	Y□, N□
11	규율에서 지속까지	규율을 배웠는가?	Y□, N□
12		훈련은 충분한가? (상위10%)	Y□, N□
13		도전을 하는가? (선택)	Y□, N□
14		관리할 수 있는가? (통제)	Y□, N□
15		지속가능한가?	Y□, N□
16	레버리지	당신의 레버리지는 무엇인가?	-
17		자영업을 할 것인가?	Y□, N□
18		사업을 할 것인가?	Y□, N□
19		직장에서 성공할 것인가?	Y□, N□
20		직장에 오래 있을 것인가?	Y□, N□
21		투자를 어떻게 할 것인가?	-
22		당신의 믹스는 무엇인가?	-

23	보이지 않는 영역	당신의 가치관은 건전한가?	Y□, N□
24		부를 창출하는 원리를 이해했는가?	Y□, N□
25		끌어당김의 법칙을 실행하는가?	Y□, N□
26		자아이미지를 구축했는가?	Y□, N□
27		뿌리생각을 심었는가?	Y□, N□
28		잠재의식을 통제하는가?	Y□, N□
29		당신의 훈련은 무엇인가?	-
30		당신의 전략은 무엇인가?	-
31	보이는 영역	회복탄력성이 있는가?	Y□, N□
32		당신의 강화 전략은 무엇인가?	-
33		당신의 전략은 무엇인가?	-
34	부의 파도	부의 파도를 일으킬 것인가?	Y□, N□
35		심화를 할 것인가?	Y□, N□
36		중첩을 할 것인가?	Y□, N□
37		혁신을 할 것인가?	Y□, N□
38	프레임워크	G-STIC을 수립했는가?	Y□, N□
39		계획을 수립하고 평가했는가?	Y□, N□
40		WES-대쉬보드를 작성했는가?	Y□, N□
41	종합	당신은 어떤 사람으로 기억되기 원하는가?	-
42		당신이 원하는 것은 무엇인가?	-
43		당신이 소중하게 생각하는 것은 무엇인가?	-
44		당신이 평생 추구할 목표는 무엇인가?	-
45		그래서 당신이 할 일은 무엇인가?	-

[표 10-1. 웰쓰 엔지니어링 시스템 체크리스트]

The Wealth Engineering Organizational System

　다음은 개념적인 이해를 돕기 위한 것이다. 심상 즉 이미지를 강화하기 위한 접근이다. 다이어그램으로 현황을 파악하고 방향을 기억하면 직관적 개념을 정립하는 데 도움이 된다. 성공학의 경쟁우위로 제시한 다섯 가지 요소를 기억할 것이다. 이것의 작용을 그림으로 표현했다.

　우주의 힘은, 작용과 반작용이 짝을 이룬다. 어떤 힘이 한 방향으로 작용하면, 그 반대에서 동일한 힘이 발생하기 마련이다. 개인 환경, 직업 환경, 시장 환경, 사회적 환경 및 치열한 투쟁이라는 다섯 가지 요소는 각각 어떤 힘을 투입함으로써 그 반대의 효과 즉, 투입에 따른 산출을 얻어낸다.

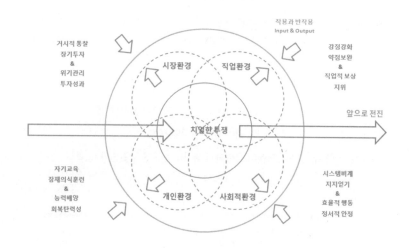

Wealth Engineering Organizational System

[그림 10-8. 웰쓰 엔지니어링 구조 시스템]

개인 환경에서는 자기교육, 잠재의식 훈련 등을 통해 역량을 배양하고 회복탄력성을 길러 부를 창출하는 능력을 갖춘다.

직업 환경에서는 강점을 강화하고 약점을 보완함으로써 직업적 지위를 획득하고 보상 정도를 높인다.

시장 환경에서는 거시적 동향을 파악하고 장기 투자를 시도함으로써 위기관리능력을 갖추고, 투자성과를 달성한다.

사회적 환경에서는 시스템 비계 즉, 효율적인 업무환경, 생활환경을 만들어 같은 양의 노력으로 더 많은 것을 거둘 수 있는 토양을 제공한다. 또한 주변 사람들의 지지를 얻음으로써 정서적 안정을 얻는다. 부 창출 수준의 성장 가능성을 높여 둔다.

이들은, 웰쓰 엔지니어링 활동주체인 치열한 투쟁이 앞으로 전진하도록 힘을 준다.

이 그림은, 보다 효율적이고 효과적인 부 창출을 위하여 주체의 전반적인 환경을 유리하게 관리해 나가는 것을 의미한다.

이 그림을 기억해 두자. 당신의 여정에 인생 지도를 파악하는 원리적 지침으로 작용해 줄 것이다.

4

웰쓰 엔지니어링은
잘 작동할 것인가?

웰쓰 엔지니어링은 잘 작동할 것인가?

그렇다. 잘 작동할 것이다.

그러니 염려하지 말고 하나씩 실천해 보라.

모든 것에서 잘하려고 할 필요 없다. 한 가지, 나에게 맞는 것을 찾아야 한다.

그리고 그것을 실행에 옮기는 것이다.

이것이 현명한 전략이다.

가슴에서 뭔가 욕망이 꽉 차오르는 것을 느끼는데 정작 하나도 행해 보지 못한다면 슬픈 일이다.

감동을 느꼈다면, 냉정으로 돌아오라.

그리고 하나를 골라라.

고른 것을 실천해 보자.

이제 당신의 인생이 부를 향해 작동하기 시작한다.

1,000번 반복하기

수많은 성공학의 선배들이, 패러다임을 바꾸고 습관을 바꾸는 방법으로서, 1천 번 반복하기를 권한다.

1천 번 반복하는 법을 알려 주겠다. 손가락을 펴고 한 마디 긍정과 확신의 말을 할 때마다 왼손가락을 접고 펼치며 10개를 센다. 10개를 세면, 오른손 손가락 하나를 구부린다. 다시 열 번을 반복하며 왼손가락을 구부렸다 편다. 오른손가락 하나를 더 접는다. 이렇게 오른손으로 100번 반복한 횟수를 센다. 100번이 되면, "100번"이라고 외친다. 다시 처음부터 100번 세기를 반복한다. 그리고 "200번"이라고 외친다. 300, 400, 500은 기억할 수 있다. 그렇게 1,000번까지 도달한다. 만약 중간에 끊지 않고 1,000번 말하기를 반복했다면 머리가 어지러울 것이다. 잠시 휴식을 취해야 한다. 시간이 꽤 걸린다. 1,000번에 도달하지 못했는데 중간에 멈춰야 한다면 백 단위까지는 세야 한다. 두세 시간이 지나기 전에 이어서 계속한다. 어떻게든 1,000번까지 반복한다. 막상 해 보면, 내가 의미를 알고 말하는 것인지, 주문을 외우는 것인지 알 수 없다. 쉬운 일이 아니다.

밥 프록터는 하루에 1,000번씩 90일을 반복하면 패러다임을 바꿀 수 있다고 말했다.

씹어 먹기

이 표현은 켈리 최의 《웰씽킹》에서 따 왔다. 다른 어떤 말보다 실천을 하는 사람의 각오가 담겨 있는 표현이다. 길게 설명하지 않아도 단전부터 솟아오르는 강한 의지가 느껴지는 멋진 표현이다. 그 표현을 그대로 인용한다.

씹어 먹기의 대상은 어떤 사고방식과 방법이다. 어떤 모델이다. 어떤 좋은 모범이다. 그 방법을 찾는 경로는 책이다. 물론 영상, 강연, 조언, 상담, 강의와 교육도 있다. 그러나 결국 책 하나를 완벽히 나의 것으로 만들겠다는 상황을 그리는 것이 좋다. 그러므로 씹어 먹기의 요령은 이것이다.

책 한 권을 들고 책장이 너덜너덜해질 때까지 보겠다고 마음먹는다. 책을 반복해서 읽는다. 책을 읽을 때는 밑줄을 긋는다. 페이지 중간중간 메모나 그림도 그린다. 그리고 낙서도 하고 접기도 하고 뭔가를 붙이기도 한다. 표지는 하도 접어서 잘 펴지지 않는다. 책 중앙부를 힘껏 펼쳤더니 제본한 부분이 갈라져 버렸다. 책장이 떨어지지 않을까 걱정될 정도다. 줄을 그은 것은 벌써 서너 번이어서 글씨가 까맣게 변하고 있다. 마음에 드는 글귀는 그 여백에 다시 적어 본다. 적다 보면 원문을 인용하기도 하지만, 나만의 언어로 바꾸기도 한다.

나는 머리가 아플 때, 가끔 시를 쓴다. 시를 쓰는 좋은 방법은, 시집 하나를 펼쳐 놓고 마음에 드는 시를 고른 후, 그 시를 따라 적어 보는 것이다. 그러다 보면 나의 언어가 내면에서 솟아오르게 된다. 남을 흉내 내던 글들은 어느새 나의 언어로 변화하여 전혀 다른 작품으로 탄생한다. 모방이 창조로 바뀌는 과정이다. 다른 사람의 사상이 나의 사상으로 체화되는 과정이다. 다른 사람의 방법이 나의 것으로 스며드는 과정이다. 그래서 성공자가 제시한, 받아들이기 쉽지 않은 어려운 방법을, 그 거친 양식을 나에게도 소화가 되도록, 나에게도 영양분이 되도록 잘근잘근 씹어서 먹는 과정이다.

당신이 잡은 그 책을, 당신이 잡은 그 주제를 씹어 먹어 버리기 바란다.

당신의 것으로 만들어라.

껍질 깨기

만약 당신이 이 책을 읽다가 껍질을 깰 수 있다면, 그것은 이 책의 본분을 다한 것이 된다. 저자로서 큰 보람을 갖게 되며, 깊은 감사를 전하게 된다.

> 중견사원 시절, 직장 상사는 뭔가 더 높은 차원의 접근을 원했다. 그러면서 가까운 다른 직원을 가리키며, "저 친구는 미친 사람처럼 일에 매달리더니 마침내 '껍질을 깼다.'"고 말했다. 더 높은 차원으로 올라섰다는 말인 것은 알 수 있었다. 하지만 지금 나에게 무슨 문제가 있고, 저 직원은 뭐가 더 잘하게 되었다는 것인지 알 수 없었다.
>
> 극적인 사건은 없이 시간이 흘렀다. 몇 년 후 후배를 만나 그 후배의 직장 고민으로 대화하다 그 후배가 말했다. "형은 어떻게 그렇게 사장의 마음을 잘 헤아려요?"
>
> 그때 알게 됐다. 나도 껍질을 깬 것임을.

이것은 피터 드러커가 1933년 런던에서 겪었던 일과 비슷하다. 누구나 지금보다 더 높은 차원으로 올라가야 할 때를 맞이하게 된다.

당신에게는 어쩌면 지금이 아닐까?

스스로 질문을 던져라.

"지금 내가 깨야 할 껍질은 무엇인가?"

이것은 피터 드러커가 했던 질문, "새로운 일을 맡은 지금, 내가 효과적인 사람이 되기 위해 무엇을 할 필요가 있는가?"와 같은 의미다.

계속 고민하라.

그리고 한 가지 주제에 집중하라.

집착하라.

원하는 곳까지 도달하지 못했다고 생각되면 집착하라. 몰입하라.

어느덧 껍질 위에 올라선 자신을 발견하게 될 것이다.

소리에 귀를 기울여라

내가 대학교 시절, 설계를 가르치는 교수님 중에 이런 분이 계셨다. 설계의 기술과 건축물의 배치 방법, 평면을 구성할 때, 화장실과 거실의 거리나 방향을 기대했던 우리는 철학적인 주문을 듣게 되었다.

"대지의 소리에 귀를 기울이세요."

뭔가 트레이싱지 위에 깊게 새겨질 질은 잉크를 기대했던 우리는 실망감을 느꼈다.

하지만 시간이 지날수록 그 말을 잊을 수가 없었다. 마침내 나는 그 말을 다른 분야에도 적용하게 되었다.

"당신이 어떤 주제에 매달려 그것을 장악해야 하는 입장이라면, 그 주제가 하는 소리에 귀를 기울이세요."

그렇다. 당신에게도 말한다.
당신이 붙잡고 있는 그 대상을 바라보라.

그것이 말하는 소리에 귀를 기울여라.

보편적인 접근

무언가를 학습하고 배우기 위해 일반적으로 사용하는 방법은 쓰는 것이다. 우리가 업무 중이나 개인적으로 무언가를 쓸 때, 이런 소리를 듣게 된다. 그렇게 적으면 나중에 다시 보나? 맞는 말이다. 하지만 쓰는 행위는 다시 보기 위해서 하는 것이 아니다. 그저 내 안으로 입력하는 행위다. 들으면서, 쓰면서, 쓰는 과정에서 쓰이는 글을 보면서 나에게 입력한다. 효과가 좋다.

썼으면 그 내용을 자신의 안으로 차곡차곡 집어넣어야 한다. 명상하면 좋다. 잠재의식의 대가들은, 잠이 들 무렵과 잠이 깰 무렵이 외부에서 무언가를 잠재의식에 심기 좋은 때라고 했다. 그러니 잠자리에 들기 전, 침대에서 일어나자마자 침대 밖으로 나오기 전에 스스로 말을 걸자. 그때 할 말은 미리 써 보는 것이다. 잠재의식에 거는 주문이다.

당신이 배우고 학습한 것이 유익한 것이라고 여겨지면, 그 내용을 요약해서 글로 적어 보자. 그리고 그 글을 나의 잠재의식에 주입해 보자.

이 방법들은 차분하다. 보편적이다. 일상적이다. 강한 의지로 힘을 끌어내지 않아도 된다. 물이 흐르듯 자연스럽게, 습관적으로 할 일이다. 배운 내용을 받아 적듯이 쓰고, 배운 내용을 명상하고, 나의 계획으로 쓴다.

나는 강의를 받을 때면 종이에 받아 적는 습관이 있다. 그래서 강연자의 얼굴을 바라보는 시간보다 내가 쓰는 종이를 바라보는 시간이 더 많다. 강연을 받아 적다 보면 키워드와 문장을 받아 적다가 어느새 그림을 그리게 된다. 그 그림은, 두 개의 원을 그리고 그 사이를 화살표로 연결하는 도식이 되는 경우가 많다. 인과관계를 명확한 이미지로 만들어 보는 것이다. 가끔은 정말 그림을 그린다. 한 사람이 다른 사람에게 말하는 장면, 어떤 건물로 들어가는 사람의 모습, 산을 오르거나 배를 타고 여행하는 장면, 동물이나 나무, 산과 구름이 등장하기도 한다. 정기적인 강연인 경우, 노트 한 권 이상이 기록으로 쌓이기도 한다. 그런 기록은, 나중에 짧은 시간에 중요한 개념을 회상할 때 도움을 준다. 그리고 그 그림들은, 그날 들었던 강연이 나의 생각과 언어로 변화되었음을 명확하게 보여 준다. 이제 그 말들은 나의 말이 된 것이다.

당신도 당신에게 들어온 말들을 당신의 말로 바꾸기 바란다. 하나씩 적은 글들이 차곡차곡 쌓이면 당신의 사상이 된다. 당신의 가치관이 되고 당신의 자아 이미지가 된다. 당신만의 생각이 된다.

웰쓰 엔지니어링도 당신의 생각으로 변화할 것이다. 당신 것이 될 것이다. 당신의 사상은, 당신의 생각은 언젠가 살아 움직일 것이다.

당신이 생각한 것은 결국 당신 앞에 나타난다.

웰쓰 엔지니어링 프랙티스 SUMMARY

1. 웰쓰 엔지니어링 시스템 요약하기

   부의 출입문으로 들어간다, 부의 방향타를 맞춘다, 성공 요인 5-Forces를 갖춘다, 규율, 훈련, 도전, 관리, 지속의 흐름을 갖는다, 레버리지로 생산성을 높인다, 역경에 맞서 회복탄력성을 갖는다, 일련의 활동 배경으로 보이지 않는 영역과 보이는 영역에서 플라이휠이 돌아간다, 부의 파도를 일으킨다, 부의 목표에 도달한다. 당신의 상황에 맞게 커스터마이징(customizing)하라.

2. 웰쓰 엔지니어링 프레임워크

   G-STIC 프레임워크는 전체 전략을 한 페이지에 요약한다.

   실행 프로세스는 구상을 계획으로 만드는 데 기여한다.

   합리적 계획 프로세스는 복잡한 현상을 해결하는 대안을 발견하고, 선택하는 데 기여한다.

   웰쓰 엔지니어링 시스템 대쉬보드는 부를 위한 계획 전반을 점검하고 계획을 운용하는 데 도움을 준다.

3. 웰쓰 엔지니어링 시스템 프랙티스

   웰쓰 엔지니어링 시스템 체크리스트는 45항목으로, 목표와 비전을 구체화하는 데 도움을 준다.

   웰쓰 엔지니어링 구조 시스템은 치열한 나의 상태를 직관적으로 보여 줌으로써 자아 이미지를 형성하는 데 도움을 준다.

4. 웰쓰 엔지니어링은 잘 작동할 것인가

   1,000번 반복하고, 씹어 먹고, 껍질을 깨고, 소리에 귀를 기울인다.

   당신이 생각한 것은 결국 당신 앞에 나타날 것이다.

제11장

웰쓰 엔지니어링이
제공해 주지 못하는 것들

균형 잡힌 삶과 일상 속의 웰쓰 엔지니어링 작동을 위해

자혜는 자혜를 낳는다.
만약 우리 형제들로부터 사랑을 받는 것이 우리가 추구하는 최대 목적이라면,
그것을 획득할 확실한 방법은 우리가 그들을
진정으로 사랑한다는 것을 행동으로 보여 주는 것이다.

_애덤 스미스

By Nugoon Sriwilai, IconScout

1

웰쓰 엔지니어링이
제공해 주지 못하는 것들

우리는 지금까지 부에 대해 말해 왔다.

그러나 웰쓰 엔지니어링은 다음과 같은 것들을 말해 주지 못한다. 이런 것들은 당신 스스로 찾아내고 가꾸고 키워야 한다.

소양과 문화

2013년 영국 사회학자 세비지, 디바인, 커닝햄 등은 BBC의 도움을 받아 161,400개의 설문 결과를 모아 영국 내 계층연구를 실시했다. 이것은 표본편향이 우려되어 1,062명의 대면 조사로 보완됐다. 연구 결과는 영국 내 여섯 개의 계층이 있다는 것이었다. 엘리트, 확립 중산층, 기술 중산층, 부유한 근로자, 전통적 노동계급, 신흥 서비스 근로자다. 그 계층을 나누는 기준은 크게 두 가지다. 하나는 부, 다른 하나는 문화 즉 소양이다. 기준의 정도를 '자본'이라고 표현한다. 이것은 프랑스 사회학자 피에르 부르디외에서 기인한다. 그는 1984년과 1986년에 사회적 계층을 나누는 원인을 분석하고자 '자본'을 설명했다. 동시에 문화적 자본으로서 '아비투스'라는 개념을 도입했다. 아비투스란 '사회가 지속적인 성향, 즉 훈련된 능력과 결정적인 방식으로 생각하고 느끼고 행동하는 구조화된 성향의 형태로 개인에게 축적되는 방식이며, 개인들을 안내하는 요소'라고 설명한다. 결국 물질적 자본인 부와 사회적 또는 문화적 자본인 소양이 사람의 계층을 결정한다는 결론에 다다르게 된다.

웰쓰 엔지니어링은 당신의 소양과 문화를 만들어 줄 수 없다.

인생에서 소양과 문화는 중요하다.

당신은 어떤 품성을 가진 사람인가? 무엇이 그 품성을 만들었는가?

당신이 쓰는 말투는 어떠한가? 당신이 생각하고 대화하는 주제는 무엇이고 어떤 용어를 사용하는가? 사물을 사건을 어떤 관점으로 바라보는가?

당신의 옷차림은 어떠한가? 당신의 걸음걸이나 앉아 있는 모습은 어떠한가? 당신은 먹을 때 어떤 습관이 있는가?

당신은 혼자 있을 때 무엇을 하며 시간을 보내는가? 당신은 가족과 함께 있을 때 무엇을 하며 시간을 보내는가? 당신은 가족들에게 어떻게 말하는가?

당신은 여가 시간에 무엇을 하며 시간을 보내는가? 당신의 놀이는 무엇인가?

이러한 것에 대해 당신은 당신이 좋게 여기는 모습을 찾아내고 스스로 그 모습이 되도록 노력하는 것이 좋다.

가족과 인간관계

나는 가족을 데리고 여행을 많이 다니는 편이었다. 주로 국내 여행이었고 해외로는 중국이나 일본, 베트남 정도를 다녀왔다. 긴 시간 휴가를 내는 것이 쉽지 않았기에 만약 열흘 정도 시간이 주어진다면 유럽 여행을 가겠다고 생각하고 있었다. 2016년 11월 드디어 내게 그런 기회가 왔다. 이직을 준비하게 된 것이었다. 나는 회사 사장님께 얘기했다. "저 가족들 데리고 유럽 좀 다녀오겠습니다."

며칠 뒤에 관리부장이 내게 전화해서 그 여행비는 어디와 연락해서 결제하면 되는지 물어봤다. 나는 회사의 배려로 가족 여행을 다녀올 수 있었다.

그 뒤로 나는 시간을 내는 요령이 생겨 가족을 데리고 유럽이나 미국 등지를 몇 번 다녀올 수 있었다. 장기간의 여행은 가족들 간의 관계를 보이지 않게 다져 주었다.

다음 질문들에 대답해 보자.

당신은 가족이 있는가?

당신은 부모와 잘 지내는가?

당신은 당신의 형제자매와 잘 지내는가?

당신은 사랑하는 연인이 있는가?

당신에게 배우자가 있는가?

당신에게 자녀가 있는가?

당신은 당신만의 가족이 있는가?

당신은 가족과 잘 지내는가?

당신은 친구가 있는가?

당신은 친구와 원만하게 지내는가?

당신은 당신의 정서를 채워 줄 친구와 인간관계가 있는가?

이 질문들에 대한 대답은 당신 스스로 찾아 나가야 한다. 웰쓰 엔지니어링은 그 답을 주지 못한다. 그러나 적정한 부를 얻는다면 그 대답을 찾는 데 도움이 될 것이다.

사회적 지위와 공헌

사회와 관련된 질문이다. 부 자체만으로는 다음 질문에 대한 대답을 충족하지 못한다.

당신은 적당한 사회적 지위를 가지고 있는가?

당신은 당신이 원하는 수준의 사람으로 인정받고 있는가?

당신은 적절한 공헌을 하고 있는가?

당신은 자선을 베푸는 사람인가?

당신은 당신의 일을 통해 사회에 기여하고자 하는가?

당신은 어떤 사람으로 기억되고 싶은가?

이 질문들은 사람을 보다 더 인간답게 만들어 준다. 부가 그 답이 되지 못한다. 하지만 부가 인간다운 삶을 영위하도록 돕는다는 것을 부인하기 어렵다.

2

웰쓰 엔지니어링이
일상에서 잘 작동하기 위하여

웰쓰 엔지니어를 위해 몇 가지 지침을 정리해 보자. 도움이 될 것이다.

1. **목표를 적어라.** 한 장에 인생, 재무, 직업, 가정, 개인의 분야별 목표를 적어라.

2. **아침에는 할 일을 적어라.** 보통 20가지 이내다. 그 중 핵심 3개에 집중하라.

3. **자신에게 말을 하라.** 긍정과 확신의 언어로. 확언이다. 자기를 격려하라.

4. **일을 시작할 때, 이해관계를 정리하라.** 고객을 식별하라. 원하는 것을 주어야 한다.

5. **부의 방향타를 점검하라.** 지출을 통제하고 노력을 많이 하고 긍정적으로 생각하라.

6. **전문성과 효율성을 높이는 활동을 지속하라.** 지금보다 더 좋

은 방법이 있을 것이다.

7. **오늘 당신의 레버리지는 무엇인가?** 무엇을 더 얻을 것인가?

8. **사람들의 지지를 얻어야 한다.** 기회는 외부에서 온다. 귀를 열어 두라.

9. **운동하라.** 걷고, 뛰고, 무거운 것을 들고, 운동경기를 한다.

10. **지금 할 수 있는 즐거운 일을 찾아라.** 놀고 즐기고 웃어라. 항상 즐거워야 한다.

3
그리고
당신의 진정한 성공을 위하여

스타벅스의 하워드 슐츠는 자신의 창업 스토리가 담긴 책 제목을 《그것에 당신의 마음을 쏟아 넣으라(Pour Your Heart into It)》고 정했다.

나는 그 심정을 이해한다.

나는 그와 같이 이 책에 나의 마음을 쏟아 넣었다.

이 책을 저술하는 동안, 길지 않은 부의 축적 과정에서, 그동안 겪어왔던 경험과 그동안 겪어 왔던 수많은 조언과 모범들 그리고 그동안 행했던 강의의 내용들을 반영하고자 했다.

나는 실패의 아픔을 잘 알고 있다. 빚지는 것, 당장 쓸 돈을 벌지 못하는 것, 갚아야 할 날짜가 다가왔는데 낼 돈이 없는 것, 독촉 전화를 받고 돈을 달라는 사람을 만나야 하는 것의 두려움을 잘 안다. 정말 괴롭다. 그 일을 상상만 해도 두렵다. 그래서 성공의 필요성을 절실히 느낀다.

모건 하우절이 말한 것처럼 단순히 경제적인 독립을 원할 뿐이다. 세상의 압박으로부터 자유를 얻고 싶을 뿐이다.

나는 성공을 한다는 것을, 인생을 사는 데 필요한 재정적 압박에서 벗어나는 것으로 인지하고 있다. 따라서, 성공을 원한다는 말은, 최소한의 자유를 얻는다는 말이고, 건전한 부담 외의 부담을 갖지 않게 된다는 말이다. 나는 당신이 그런 입장이 되기를 원한다. 정말이지 간절히 원한다. 당신이 누구든 말이다.

그래서 웰쓰 엔지니어링은 현학적인 접근을 배제하고 싶었다. 실천적 접근을 추구하고 싶었다. 무언가 독창적인 원리나 방법론을 추구해야 하는 것이 아니라, 보다 보편적이고 체계적인 원리와 방법론을 제시하고 싶었다. 중요한 것은 이것을 기억하고 연습해서 실행하는 것이기 때문이다. 그리고 이것이 진짜 성공의 결과로, 당신이 재정적 자유 상태에 도달하는 결과로 작동하게 하고 싶었다. 웰쓰 엔지니어링은 그 역할을 해 낼 것이다. 그리고 이 책을 읽는 당신은 그 실행을 해 낼 것이다. 당신은 이미 뛰어난 식견과 지식을 가지고 있고, 이미 더 나은 방법을 실천하고 있을 것이다. 웰쓰 엔지니어링이 그러한 당신에게 조금 더 도움이 되는 보조 역할을 할 수 있다면 충분하다. 이미 알고 있는 내용들이지만 흩어진 지식들을 망라하는 역할을 할 수 있다면 충분하다. 중요한 것은, 이 책을 읽은 당신이 '결국 성공에 도달하는가' 여부다. 그리고 '그 성공을 끝까지 유지하는가'다.

나는 그것을 바란다.

나는 그것을 원한다.

당신은 그렇게 될 것이다.

당신은 성공자로 남을 것이다.

웰쓰 엔지니어링이 제공해 주지 못하는 것들 SUMMARY

1. 웰쓰 엔지니어링이 제공해 주지 못하는 것들

   소양과 문화 : 당신의 품성은 어떠한가? 당신의 놀이는 무엇인가?

   가족과 인간관계 : 당신은 가족과 잘 지내는가? 친구와는?

   사회적 지위와 공헌 : 당신은 타인에게 인정받는가? 공헌하는가?

2. 웰쓰 엔지니어링이 일상에서 잘 작동하기 위해

   목표를 적어라, 아침에 하루 할 일을 적어라, 자신에게 말을 하라, 이해관계를 정리하라, 부의 방향타를 점검하라, 전문성과 효율성 높이는 일을 지속하라, 레버리지를 점검하라, 지지를 얻어라, 운동하라, 지금 즐거운 일을 찾아라.

3. 그리고 당신의 진정한 성공을 위하여

   나는 이 책에 마음을 쏟아 넣었다.

   당신은 성공자로 남을 것이다.

아직도 운이 없다고 생각하는가?

주위를 둘러보자. 당신에게는 가족이 있다. 친구가 있다. 어떤 사람이 곁에 있다. 그리고 이 책이 있다.

10월의 어느 밤 나는 잠을 이루지 못하는 나를 발견했다. 한 열흘쯤 그런 시간을 겪고 선후배들이 오랜만에 만나는 자리에 참석했다. 나중에, 찍힌 사진을 보니 살이 4kg 정도 빠져서 나이보다 3년은 더 늙어 보이는 얼굴을 하고 있었다. 마음을 터놓을 수 있는 사람들이어서 내 처지를 토로했다. 공감하는 표정들로 나는 위안을 얻었다. 그러나 그 뒤로 수개월 간 상황이 나아지진 않았다. 단지 조금씩 마음을 단단하게 만들며 나아질 때를 기다릴 뿐이었다. 나는 당시 억세게 운이 나쁜 사람이었다. 하지만 잠은 조금씩 잘 자게 되었다.

내가 책을 통해 당신과 만날 수 있다는 것은 얼마나 운이 좋은 것인가. 이것은 나에게 더욱 그렇다. 당신에게도 이 책을 만난 건 행운이다. 아마도 당신이 서점에 방문한 시간대가 지금보다 2~3년만 비켜나가도 이 책을 만나지 못했을 것이다. 사실 우리 모두 운이 좋은 시대에 살고 있다. 너무 운이 좋은 사람들이 많아 자신이 운이 없어 보이는 것뿐이다. 아직도 자신이 없고, 나는 피해자에 가깝다는 생각이 든다면, 이 책을 다시 읽어 보자. 역경에 대해서, 나에 대해서 전했던 이야기를 읽어 보자. 누구에게나 막막한 순간은 온다. 하지만 극복할 수 있다. 당신도 잠을 잘 자기 바란다.

여기까지 와 주신 당신께 감사의 인사를 전한다

여기까지 와 주신 당신께 감사의 인사를 전한다.

나는 성공학의 선배들을 책으로 만났다.

직접 강의를 들을 기회도 있었지만 거의 모든 선배와 스승들은 책으로 만났다. 나는 그들을 개인적으로 알고 있지 않지만, 내가 개인적으로 알고 있는 수많은 사람보다 더 깊은 이해를 할 수 있었다. 책을 통해서 나는 시간과 공간을 뛰어넘어 그들을 만났다. 그리고 나의 의식과 잠재의식 속에 그들의 가르침을 투영했다.

이 책은 한 편의 강의다. 이 책을 통해 당신과 만났다. 그리고 나는 당신과 이 책을 통해 인격적으로 교류했다. 그러니 우리는 공통의 인식과 개념을 공유하는 사이가 됐다. 그러므로 나는 당신을 두 팔 벌려 환영한다. 우리는, 내가 그러했던 것처럼, 시간과 공간을 뛰어넘어 만날 수 있을 것이다. 그러니 내가 당신의 존재를 정확하게 인지하지 못한다 해도 우리는 이미 만난 사이다. 그것은 신기한 일이며 복된 일이다. 내가 운이 좋다면 세대를 뛰어넘어 당신과 만나고 있을 것이다. 너무나 고마운 일이다.

나는 독자 여러분의 성공을 기원한다. 나는 이 책을 펼쳐 읽고 있는 독자는 성공하고자 하는 꿈과 열망이 있으며, 자신의 삶을 사랑하고, 역경을 두려워하지 않으며, 매일 자신을 발전시켜 마침내 진정한 성공을 거두고자 하는 사람임을 알고 있다. 그런 멋진 사람이 바로 당신이다! 나는 당신을 응원한다!

웰링턴 장군은, 1815년 6월 18일 워털루 전투에서의 승리 후에 이런 말을 남겼다.

"우리는 이미 이튼 스쿨 운동장에서 승리했다."

그렇다.

당신은 웰쓰 엔지니어링을 펼친 순간 이미 성공했다!

웰쓰 엔지니어링에서 밝힌 바와 같이, 모든 부의 원천은 사람이다. 인재다. 기업이 움직이는 동력도 사람이고, 기업이 발전하는 이유도 사람이다. 기업이 투자시장에 모습을 드러내어 가격으로 평가받는 것이 주식인데, 결국 그 주식의 가치를 올리는 것도 사람이다. 부동산이 값어치를 가지게 하는 것도 사람이고 부동산에서 활동하며 돈을 버는 것도 사람이다. 그래서 사람이 중요한데, 바로 당신이 그 중요한 사람인 것이다. 게다가 자기 스스로 개발하기 위해 밤낮으로 고민하고 새로운 것을 배우고자 하고 가보지 못한 곳으로 가 보려 한다. 세상이 당신과 같은 사람으로 가득 차 있다면 그 세상은 분명히 발전할 것이고 좋아질 것이다. 그리고 그 발전에 기여한 당신은 반드시 부로 보상을 받을 것이다.

살다 보면 이 책에서 알게 됐던 내용들을 잊게 될 것이다. 이 책을 통해 사고의 틀을 바꾸었던 기억도 잊혀질 것이다. 하지만 상관없다. 당신의 잠재의식은 이 책의 내용들을 남김없이 기억하고 있으며, 무의식중에 당신에게 유리한 힘으로 작용하도록 그 자원을 사용할 것이다. 그러니 걱정하지 말자. 기뻐하면 된다. 이미 당신은 성공했다! 이미 당신은 웰쓰 엔지니어링을 사용하고 있다. 웰쓰 엔지니어링은 당신도 모르는 사이에 당신에게 체화될 것이다. 바르고 효율적인 방향으로 당신에게 부를 가져다줄 것이다.

다시 한번 당신께 감사드린다.

부의 광장에서 함께 만나길 고대한다.

참고문헌

- 게리 해멀, 《지금 중요한 것은 무엇인가》, 2012, 방영호 역, 시공사, 원저작은 What Matters Now, 2012.
- 고토사카 마사히로, 《경영전략의 역사》, 2020, 김정환 역, 센시오.
- 그랜트 카돈, 《집착의 법칙》, 2023, 최은아 역, 부키.
- 김기형, 《부동산 거품의 시기별/국별 비교》, 2006, 교보증권 주간 부동산.
- 김승호, 《사장학 개론》, 2023, 스노우폭스북스.
- 김용삼, 《인생은 딱 한 번만 성공하면 된다》, 1998, 지구.
- 나폴레온 힐, 《생각하라 그리고 부자가 되어라》, 2021, 이한이 역, 반니.
- 댄 스트러첼, 《부자의 패턴》, 2021, 송이루 역, 비즈니스북스, 원저작은 《The Top 1% : Habits, Attitudes & Strategies for Exceptional Success》, 2017.
- 데이비드 A. 바이스, 마크 맬시드, 《구글 스토리 상상할 수 없었던 세계의 탄생》, 2019, 우병헌 역, 인플루엔셜, 원저작은 《The Google Story》(2018 Updated Edition).
- 도널드 서순, 《불안한 승리 자본주의의 세계사 1860~1914》, 2020, 유강은 역, 도서출판 뿌리와이파리, p. 624~659, 원저작은 《The Anxious Triumph A Global History Of Capitalism 1860~1914》, 2019, Penguin Books Ltd. London.
- 도널드 J. 트럼프, 《CEO 트럼프 성공을 품다》, 2007, 권기대 역, 도서출판 베가북스 원저작은 《TRUMP 101-The Way to Success》.
- 도널드 J. 트럼프, 빌 쟁커, 《도널드 트럼프 억만장자 마인드》, 2008, 김원호 역, 청림출판, 원저작은 《Think Big and Kick Ass In Business And Life》.
- 따런, 《리자청에게 배우는 기업가정신》, 2005, 양호영 역, 럭스미디어, 원저작은 《李嘉誠 經商自白書》, 2004.
- 로버트 기요사키, 샤론 레흐트, 《부자 아빠 가난한 아빠 2》, 2000, 형선호 역, 원저작은 《The Cashflow Quadrant : Rich Dad's Guide to Financial Freedom》.
- 로버트 마일즈, 《워렌 버핏 실전 가치투자》, 2006, 권루시안 역, 도서출판 황매, 2004, 원저작은 《Warren Buffett Wealth》.
- 롭 무어, 《레버리지》, 2017, 김유미 역, 다산북스, 원저작은 《LIFE LEVERAGE》, 2016.
- 레이 달리오, 《변화하는 세계질서》, 2022, 송이루, 조용빈 역, 한빛비즈, 원저작은 《The

Changing World Order, 2021).

- 레이 달리오, 《원칙》, 2018, 고영태 역, 한빛비즈, 원저작은 《PRINCIPLES : Life and Work》, 2017.

- 레이 크록, 《사업을 한다는 것》, 2016, 이영래 역, 센시오, 원저작은 《Grinding it out》, 1976, McGraw-Hill Education.

- 리처드 브랜슨, 《리처드 브랜슨 비즈니스 발가벗기기》, 2010, 박슬라 역, 웅진씽크빅, 원저작은 《Business Stripped Bare》, 2008.

- 마이클 포터, 《경쟁론》, 2001, 김경묵, 김연성 역, 세종연구원, 원저작은 《On Competition》, 1998.

- 맥스웰 몰츠, 《맬스웰 몰츠 성공의 법칙》, 2019, 신동숙 역, 비즈니스북스, 원저작은 《Psycho-Cybernetics : Updated and Expended》, 2015.

- 모건 하우절, 《돈의 심리학》, 2021, 이지연 역, 인플루엔셜, 원저작은 《The Pychology of Money : Timeless lessons on wealth, greed, and happiness》, 2020.

- 밥 프록터, 《밥 프록터 부의 확신》, 2022, 김문주 역, 비즈니스북스, 원저작은 《Change Your Paradigm, Chage Your Life》, 2021.

- 방용성, 주윤황, 《창업경영(제3판)》, 2022, 창명.

- 배재수, 전현우, 《미국 주택시경기 동향 및 향후 전망》, 2005, 해외조사실 구미경제팀.

- 보도 섀퍼, 《보도 섀퍼 부의 레버리지》, 2023, 한윤진 역, 비즈니스북스, 원저작은 《Endlich mehr verdienen : 20% mehr Einkommen in einem Jahr》, 2018.

- 보도 섀퍼, 《보도 섀퍼의 이기는 습관》, 2022, 박성원 역, 토네이도미디어, 원저작은 《DIE GESETZE DER GEWINNER》, 2018.

- 빌 올렛, 《스타트업 바이블》, 2014, 백승빈 역, 비즈니스북스, 원저작은 《Disciplined Entrepreneurship ; 24 Steps to a Successful Startup》, 2013.

- 서민교, 《프랜차이즈 경영론(개정판)》, 2014, 벼리커뮤니케이션.

- 세이노, 《세이노의 가르침 피보다 진하게 살아라》, 2023, 데이원.

- 스테파니 윈스턴, 《성공하는 CEO들의 일하는 방법》, 2005, 김경섭 역, 쓰리메카닷컴.

- 스튜어트 다이아몬드, 《어떻게 원하는 것을 얻는가(밀리언 개정판)》, 2022, 김태훈 역, 원저작은 《GETTING MORE》, 2010.

- 식품의약품안전처 기획조정관, 빅데이터정책분석팀, 《2020식품의약품통계연보》, 2020, 식품의약품안전처.

- 신동일, 《슈퍼리치의 습관》, 2012, 살림출판사.
- 신현정, 신동림, 임재호, 《The Rich Seoul 2023년 서울 부자 보고서》, 2023, 우리금융경영연구소.
- 알 리스, 잭 스트라우트, 《마케팅 불변의 법칙》, 2008, 이수정 역, 한국물가정보, 원저작은 《THE 22 IMMUTABLE LAWS OF MARKETING》, 1993.
- 얼 나이팅게일, 《전 세계 1%만이 알고 있는 부와 성공의 진리 사람은 생각하는 대로 된다》, 2023, 정지현 역, 빌리버튼, 원저작은 《WE BECOME WHAT WE THINK ABOUT》, 1987.
- 오스 기니스, 《소명》, 2000, 홍병룡 역, IVP.
- 오세덕, 이명재, 강제상, 임영제, 《조직론》, 2019, 윤성사.
- 우석, 《부의 인문학》, 2019, 오픈마인드주식회사.
- 월리스 와틀스, 《부의 바이블》, 2023, 김정우 역, 책들의정원, 원저작은 《The Science Of Getting Rich》, 1910.
- 월터 아이작슨, 《일론 머스크》, 2023, 안진환 역, 북이십일21세기북스, 원저작은 《ELON MUSK》.
- 윤선영, 황선경, 김수형, 이동철, 《2024년 대한민국 웰스 리포트》, 2024, 하나은행 하나금융경영연구소.
- 이희영, 《세계 최고두뇌 최대부호 성공집단 탄생시키는 유대 탈무드 황금률 방법》, 2002, 동서문화사.
- 전선하, 싸이, '강남스타일' 1억뷰 돌파…역대 TOP10은?, 2012.09.04., 조선일보.
- 잭 웰치, 《잭 웰치 끝없는 도전과 용기》, 2001, 이동현 역, 청림출판, 원저작은 《Jack : STRAIGHT FROM THE GUT, 2001》.
- 조셉 머피, 《부의 초월자》, 2022, 조율리 역, 다산북스, 원저작은 《Grow Rich with the Power of Your Subconscious Mind》.
- 조셉 머피, 《잠재의식의 힘》, 2023, 조율리 역, 다산북스, 원저작은 《The Power of Your Subconscious Mind》.
- 조 지라드, 《세계 최고의 판매왕 조 지라드 최고의 하루》, 2004, 김병철 역, 다산북스.
- 존리, 《존리의 부자되기 습관》, 2020, 지식노마드.
- 존 아사라프, 머레이 스미스, 《부의 해답》, 2008, 이경식 역, 알에이치코리아, 원저작은 《THE ANSWER》, 2008.

- 찰스 해넬, 《부와 성공의 문을 여는 찰스 해넬 마스터키 시스템》, 2023, 양소하 역, 터닝 페이지, 원저작은 《The Master Key System》.
- 켈리 최, 《부를 창조하는 생각의 뿌리 웰씽킹》, 2021, 다산북스.
- 테드 터너, 빌 버크, 《테드 터너 위대한 전진》, 2011, 송택순 역, 해냄출판사, 원저작은 《CALL ME TED》.
- 토머스 J. 스탠리, 《백만장자 마인드》, 2000, 장석훈 역, 북하우스, p. 209, 원저작은 《The Millionaire Mind》, 2000.
- 토마스 J. 스탠리, 윌리엄 D. 댄코, 《이웃집 백만장자》, 2022, 홍정희 역, 원저작은 《THE MILLIONAIRE NEXT DOOR 20TH ANNIVERSARY EDITION》.
- 피터 드러커, 《프로페셔널의 조건》, 2001, 이재규 역, 청림출판, p. 162~163, 원저작은 《The Essential Drucker》, 2000.
- 피터 콜리어, 데이빗 호로위츠, 《록펠러 가의 사람들》, 2004, 함규진 역, 원저작은 《The ROCKEFELLERS》, 1976.
- 필립 코틀러, 《필립 코틀러의 마케팅 A to Z》, 2003, 홍수원 역, 세종연구원.
- 하워드 슐츠, 조앤 고든, 《온워드》, 2011, 안진환, 장세현 역, 도서출판 세계사, 원저작은 《ONWARD》.
- 한상복, 《한국의 부자들 2》, 2003, 위즈덤하우스.
- 황농문, 《몰입》, 2007, 랜덤하우스코리아.
- 황원경, 김진성, 강윤정, 《2023 한국 부자 보고서》, 2023, KB금융지주 경영연구소.
- Anand Rai, What are some good examples of unexpected success?, https://www.quora.com/What-are-some-good-examples-of-unexpected-success, 2024.02.14.
- A New Model of Social Class? Findings from the BBC's Great British Class Survey Experiment, tutor2u, 2020.9.18.
- Anthony Shorrocks, James Davies, Rodrigo Lluberas, Daniel Waldenstrom, Global Wealth Report 2023 Leading perspectives to navigate the future, 2023, Credit Suisse Research Institue.
- Anthony Shorrocks, James Davies, Rodrigo Lluberas, Daniel Waldenstrom, Global Wealth Databook 2023 Leading perspectives to navigate the future, 2023, Credit Suisse Research Institue.
- Ben Brody, Carol Caffin, Nancy L. Claus, Kate O, 11 Inspiring Tales of Unexpected

Success, 2012.1.27. Westchester, https://westchestermagazine.com/life-style/11-inspiring-tales-of-unexpected-success/

- Chris Couch, URBAN RENEWAL Theory and Practice, 1990, MACMILLAN EDUCATION LTD.
- Kast F.E. and Rosenzweig J.E., Organization and Management : A Systems and Contingency Approach(3rd Ed.), 1981, McGraw Hill, New York.
- Kimberly Whitler, An Unexpected Success Story: How A Small Town Boy Created (And Sold) A Large Biotech Firm, 2021.04.24., Forbes, https://www.forbes.com/sites/kimberlywhitler/2021/04/24/an-unexpected-success-story-how-a-small-town-boy-created-and-sold-a-large-biotech-firm/?sh=536591062431.
- McLoughlin, B, Urban and Regional Planning : A Systems Approach(London : Faber and Faber), 1969.
- PsychReel, Micheal Jackson's personality Traits (A 3 point guide), 2022.01.06., https://psychreel.com/michael-jacksons-personality-traits/#article-heading-4.
- Philip Allmendinger, 《Planning Theory(3rd Ed.)》, 2017, Palgrave.
- powercube.net/other-forms-of-power/bourdieu-and-habitus/

WEALTH
ENGINEERING
웰쓰 엔지니어링

ⓒ 강호남, 2024

초판 1쇄 발행 2024년 9월 30일

지은이	강호남
펴낸이	이기봉
편집	좋은땅 편집팀
펴낸곳	도서출판 좋은땅
주소	서울특별시 마포구 양화로12길 26 지월드빌딩 (서교동 395-7)
전화	02)374-8616~7
팩스	02)374-8614
이메일	gworldbook@naver.com
홈페이지	www.g-world.co.kr

ISBN   979-11-388-3581-7 (03320)